企业高技能人才职业培训系列教材

城轨电动列车驾驶员（四级）

CHENGGUIDIANDONG LIECHE JIASHIYUAN

编审委员会

主　　任　仇朝东

委　　员　顾卫东　葛恒双　葛　玮　孙兴旺　刘汉成

执行委员　孙兴旺　瞿伟洁　李　晔　夏　莹　叶华平　李　益　杜晓红

主　　编　李　佩

编　　者　（按姓氏笔画排序）

李　佩　李跃进　陆国春　林　华　姚　军　姚晓荣　姚纯洁

姜文君　戴健豪

主　　审　鲁新华

中国劳动社会保障出版社

图书在版编目(CIP)数据

城轨电动列车驾驶员：四级/人力资源和社会保障部教材办公室等组织编写. —北京：中国劳动社会保障出版社，2015
企业高技能人才职业培训系列教材
ISBN 978-7-5167-1726-4

Ⅰ.①城… Ⅱ.①人… Ⅲ.①城市铁路-电力动车-驾驶员-职业培训-教材 Ⅳ.①U266.2

中国版本图书馆 CIP 数据核字(2015)第 055942 号

中国劳动社会保障出版社出版发行
（北京市惠新东街 1 号 邮政编码：100029）
*
北京鑫海金澳胶印有限公司印刷装订 新华书店经销
787 毫米 ×1092 毫米 16 开本 14.25 印张 240 千字
2015 年 3 月第 1 版 2025 年 1 月第 2 次印刷
定价：33.00 元

营销中心电话：400-606-6496
出版社网址：http://www.class.com.cn

版权专有 侵权必究

如有印装差错，请与本社联系调换：（010）81211666

我社将与版权执法机关配合，大力打击盗印、销售和使用盗版图书活动，敬请广大读者协助举报，经查实将给予举报者奖励。

举报电话：（010）64954652

内容简介

本教材由人力资源和社会保障部教材办公室、中国就业培训技术指导中心上海分中心、上海市职业技能鉴定中心、上海申通地铁集团有限公司轨道交通培训中心依据城轨电动列车驾驶员（四级）职业技能鉴定细目组织编写。教材从强化培养操作技能，掌握实用技术的角度出发，较好地体现了当前最新的实用知识与操作技术，对于提高从业人员基本素质，掌握城轨电动列车驾驶员（四级）的核心知识与技能有直接的帮助和指导作用。

本教材以既注重理论知识的掌握，又突出操作技能的培养，实现了培训教育与职业技能鉴定考核的有效对接，形成一套完整的城轨电动列车驾驶员培训体系。本教材内容共分为5章，主要包括：相关专业技术、电动列车车辆、运行安全、列车驾驶、列车故障应急处置。

本教材可作为城轨电动列车驾驶员（四级）职业技能培训与鉴定考核教材，也可供本职业从业人员培训使用，全国中、高等职业技术院校相关专业师生也可以参考使用。

企业技能人才是我国人才队伍的重要组成部分，是推动经济社会发展的重要力量。加强企业技能人才队伍建设，是增强企业核心竞争力、推动产业转型升级和提升企业创新能力的内在要求，是加快经济发展方式转变、促进产业结构调整的有效手段，是劳动者实现素质就业、稳定就业、体面就业的重要途径，也是深入实施人才强国战略和科教兴国战略、建设人力资源强国的重要内容。

国务院办公厅在《关于加强企业技能人才队伍建设的意见》中指出，当前和今后一个时期，企业技能人才队伍建设的主要任务是：充分发挥企业主体作用，健全企业职工培训制度，完善企业技能人才培养、评价和激励的政策措施，建设技能精湛、素质优良、结构合理的企业技能人才队伍，在企业中初步形成初级、中级、高级技能劳动者队伍梯次发展和比例结构基本合理的格局，使技能人才规模、结构、素质更好地满足产业结构优化升级和企业发展需求。

高技能人才是企业技术工人队伍的核心骨干和优秀代表，在加快产业优化升级、推动技术创新和科技成果转化等方面具有不可替代的重要作用。为促进高技能人才培训、评价、使用、激励等各项工作的开展，上海市人力资源和社会保障局在推进企业高技能人才培训资源优化配置、完善高技能人才考核评价体系等方面做了积极的探索和尝试，积累了丰富而宝贵的经验。企业高技能人才培养的主要目标是三级（高级）、二级（技师）、一级（高级技师）等，考虑到企业高技能人才培养的实际情况，除一部分在岗培养并已达到高技能人才水平外，还有较大一批人员需要从基础技能水平培养起。为此，上海市将企业特有职业的五级（初级）、四级（中级）作为高技能人才培养的基础阶段一并列入企业高技能人才培养评价工作的总体框架内，以此进一步加大企业高技能人才培养工作力度，提高企业高技能人才培养效果，更好地实现高技能人才培养的总体目标。

为配合上海市企业高技能人才培养评价工作的开展，人力资源和社会保障部教材办公室、中国就业培训技术指导中心上海分中心、上海市职业技能鉴定中心联合组织有关行业和企业的专家、技术人员，共同编写了企业高技能人才职业培训系列教材。本教材是系列教材中的一种，由上海申通地铁集团有限公司轨道交通培训中心负责具体编写工作。

企业高技能人才职业培训系列教材聘请上海市相关行业和企业的专家参与教材编审工作，以“能力本位”为指导思想，以先进性、实用性、适用性为编写原则，内容涵盖该职业的职业功能、工作内容的技能要求和专业知识要求，并结合企业生产和技能人才培养的实际需求，充分反映了当前从事职业活动所需要的核心知识与技能。教材可为全国其他省、市、自治区开展企业高技能人才培养工作，以及相关职业培训和鉴定考核提供借鉴或参考。

新教材的编写是一项探索性工作，由于时间紧迫，不足之处在所难免，欢迎各使用单位及个人对教材提出宝贵意见和建议，以便教材修订时补充更正。

企业高技能人才职业培训系列教材

编审委员会

第1章　相关专业技术

第2章　电动列车车辆

第1章 相关专业技术

学习目标

完成本章的学习后，您能够：

- ✔ 掌握轨道交通线路和设备的基本组成及定义
- ✔ 掌握轨道交通车站的分类和结构功能
- ✔ 掌握车辆段及停车场的组成
- ✔ 掌握轨道交通变配电系统的供电方式
- ✔ 掌握轨道交通降压站的分类及作用
- ✔ 掌握轨道交通接触网的结构形式及悬挂类型
- ✔ 掌握轨旁设备的组成及作用
- ✔ 掌握轨道电路的基本原理及作用
- ✔ 掌握列车运行自动控制系统的组成及作用

知识要求

1.1 城轨交通线路

1.1.1 轨道交通线路的类型和基本组成

1. 轨道交通线路的类型

城市往往是中心区域建筑物林立，街道繁华，交通繁忙且比较拥挤；由中心城区向外，建筑、道路逐渐减少，空间逐渐开阔；到城市最外圈，一般都比较空旷。城市的这些特点决定了城轨交通线路的铺设形式主要有地下线路（见图1—1）、地面线路（见图1—2）和高架线路（见图1—3）三大类型。

图1—1 地下线路

图1—2 地面线路

图1—3 高架线路

在城市的中心区域，由于受到诸多限制，城轨交通线路只能采取沿城市道路地下铺设的形式，称为地下线路。而中心区域以外的区域由于空间开阔、土地比较充裕，一般采取普通铁路路基作为轨道基础的铺设形式，称为地面线路。在城市外围，一般还可采取沿既有道路于高架上铺设的形式，称为高架线路。

2．轨道交通线路的基本组成

（1）地下线路。地下线路铺设于隧道内。隧道的开挖一般有明挖法和暗挖法两种。其中暗挖法包括盾构法，盾构法又分为单圆盾构、双圆（双线）盾构。目前，我国普遍采用单圆盾构法进行隧道施工。隧道又有圆形隧道和矩形隧道之分，一般区间隧道为圆形隧道，站台两端为矩形隧道。

地下线路可采用混凝土整体道床或与普通铁路相同的碎石道床。在世界城轨交通发展的初期一般沿袭铁路的做法，即采用碎石道床。随着城轨交通的发展，为了适应城市的特点，城轨交通线路道床逐渐采用整洁美观、结构稳定的混凝土整体道床。地下线路主要由隧道、整体道床、侧沟、轨枕（混凝土长枕、混凝土短枕、支撑块等）、钢轨、扣件、钢轨连接零件等组成。

（2）地面线路。地面线路普遍采用碎石道床，碎石道床一般由石碴层和黄沙层组成，也有只铺设石碴层的。地面碎石道床线路的造价低廉，道床弹性较好，但稳定性较差，运营时的噪声比较大。

地面线路主要由路基、碎石道床、侧沟、轨枕（木枕、混凝土枕等）、钢轨、扣件、钢轨连接零件等组成。

（3）高架线路。高架线路铺设于城市高架桥面之上，一般沿城市道路一侧或中央铺设。桥面轨道线路一般可采用混凝土整体道床或碎石道床。

由于城轨交通高架桥的长度远远大于一般意义上的桥梁，考虑到线路和超长桥梁之间的相互影响，确保桥梁和线路的稳定性，城轨交通高架线路普遍采用混凝土整体道床。高架线路结构稳定，比地面线路占地少，但其影响城市景观，容易受城市道路规划影响，噪声也比较大。

高架线路主要由高架桥、整体道床、侧沟、混凝土支撑块、钢轨、扣件、钢轨连接零件等组成。

1.1.2 轨道线路设备

1．轨道线路的基本结构

（1）钢轨及钢轨配件

1）钢轨。钢轨（见图1—4）是轨道最重要的组成部件，它直接承受列车的荷载，

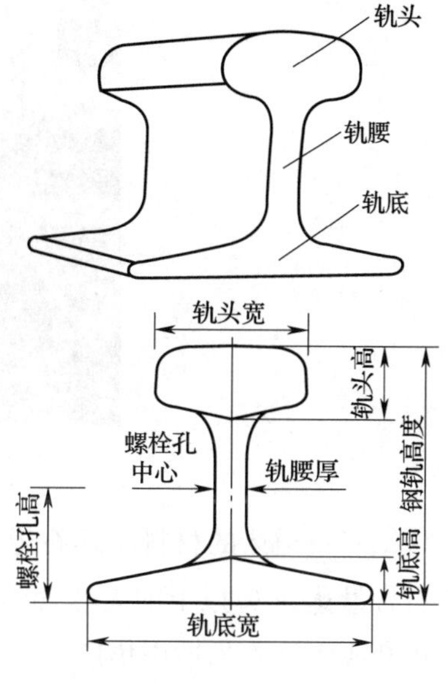

图1—4 钢轨横截面

依靠钢轨头部内侧面与机车车辆轮缘的相互作用引导列车运行，依靠它本身的刚度和弹性把机车车辆荷载分布开并传递给轨枕。

2）钢轨配件。钢轨配件又称接头连接零件，主要由接头夹板和接头螺栓将钢轨与钢轨的端部连接起来，使钢轨接头部位共同承受弯矩和横向力。同时，利用接头夹板与钢轨之间的摩擦力，将钢轨接头处前后两根钢轨的间隙——轨缝控制在一定的限度内。

（2）轨枕及扣件

1）轨枕。轨枕是轨下基础部件之一。它的功用是支撑钢轨，保持轨距和方向，并将钢轨对它的各向压力传递到道床上。

轨枕分为木枕和钢筋混凝土枕，这两种轨枕主要用于停车场和地面线路的碎石道床。城轨交通线路大多铺设整体道床，根据其特点，在传统的木枕和钢筋混凝土枕的基础上又出现了改良的短木枕、混凝土短枕、混凝土支撑块等。短木枕主要用于停车库内检查坑式整体道床。城轨交通正线线路大多采用混凝土短枕、混凝土支撑块及混凝土长枕。

2）扣件。扣件是钢轨与轨枕或其他轨下基础连接的重要连接零件，它的作用是固定钢轨，阻止钢轨产生纵向和横向位移，防止钢轨倾斜，并能提供适当的弹性，将钢轨承受的力传递给轨枕或道床承轨台。

（3）道床。道床是铺设在路基之上、轨枕之下的结构层，它主要有承受并传递荷载、稳定轨道结构的作用。道床从结构和形式上可分为碎石道床和整体道床两种。

1）碎石道床（见图1—5）

①碎石道床的特点。碎石道床结构简单，容易施工，减振、减噪性能较好，造价低，但其轨道建筑高度较高，因此造成结构底板下降，加大隧道的净空，排水设施复杂，养护工作频繁，更换轨枕困难。道床作业时粉尘飞扬，危害工作人员健康。为此，城轨交通的隧道内不采用碎石道床，而采用整体道床。高架混凝土桥面上的轻轨线也不采用碎石轨枕道床，而采用新型的道床形式，以减小桥面荷载，在减少维修工作量的同时，还可避免列车运行时因偶然有石子飞落桥面而伤害行人。一般在地面线及停车场道岔区域采用木枕或钢筋混凝土枕的碎石道床。

图 1—5　碎石道床

②碎石道床的材料。碎石道床的材料有碎石、熔炉矿碴、掺有碎石的筛选卵石、卵石含量达 50% 以上的天然含沙卵石及粗沙和中沙等。城轨交通一般采用碎石，也有用粗沙或中沙作为道床垫层的。

碎石道碴作为轨道道床一般有三种规格，即 25～70 mm 标准道碴、15～40 mm 中碴、3～20 mm 细碴。

2）整体道床。整体道床又称无碴道床，其特点是整体性好，坚固、稳定、耐久；轨道建筑高度小，减少隧道净空，轨道维修量小，适应地铁和轻轨交通运营时间长、维修时间短的特点，但其弹性差，列车运行引起的振动、噪声比较大，造价比较高，施工时间长。

整体道床主要有无枕式整体道床、轨枕式整体道床、弹性整体道床等类型。

（4）轨缝。线路轨道结构以往普遍采用以标准长度钢轨铺设的普通线路。这种线路是将标准轨用钢轨连接零件进行连接，钢轨之间需预留一定的轨缝，称为钢轨接头。此种线路的钢轨接头是其薄弱环节，由于接头的存在，列车运行通过时会发生冲击和振动，影响行车的平稳性和乘客的舒适性，加速钢轨与机车车辆的磨耗和伤损，缩短了使用寿命，并增加了其养护、维修的费用。

对于采用标准长度钢轨铺设的普通线路，为适应钢轨热胀冷缩的需要，钢轨接头处必须留有一定的缝隙——轨缝。

2．曲线

（1）曲线的基本概念。曲线（见图 1—6）是轨道的薄弱环节之一。地铁线路由一个方向转向另一个方向、由一个坡度转向另一个坡度时，必须圆顺过渡，其间以平面曲线、竖曲线连接。平面曲线由缓和曲线与圆曲线组成，即在直线与圆曲线间用缓和曲线连接。本书主要介绍平面曲线，简称曲线。

（2）曲线的分类

1）按曲线半径的数目分为单曲线、复曲线。单曲线是只有一个半径的圆曲线。复曲线是转向角方向相同、直接或用缓和曲线连接的几个不同半径的圆曲线。

2）按相邻两曲线的转向角方向分为同向曲线、反向曲线。同向曲线的两相邻圆曲线转向角方向相同。反向曲线的两相邻圆曲线的转向角方向相反，反向曲线一般称为“S”曲线。

一般条件下，两相邻曲线间夹直线最小长度应不小于 50 m。城轨交通因受到城市空间限制，两曲线间的夹直线可放宽至不小于 30 m。

3）缓和曲线和圆曲线。缓和曲线是直线与圆曲线之间的过渡曲线，其半径由无限大逐渐过渡到圆曲线半径。缓和曲线一般应满足曲线超高顺坡、轨距加宽递减以及曲线正矢均匀变化的要求。缓和曲线长度应根据曲线半径、行车速度和地形条件选用，一般来讲，曲线半径大，缓和曲线可以选择短些；反之选择长些，有条件时尽量采用较长的缓和曲线。

3．道岔

（1）道岔的定义。道岔是引导车辆由一条线路转向另一条线路的过渡设备。道岔是轨道线路的重要组成部分。道岔构造复杂，也是线路的薄弱环节之一。

（2）道岔的分类。道岔按其用途和结构分为单式道岔、复式道岔、交分道岔、渡线等。

1）单式道岔。使一条线路通向两条线路的道岔叫作单式道岔（见图 1—7），主要包括普通单开道岔、单式不对称道岔（又称异向道岔）、单式同侧道岔等类型。

图 1—6　曲线

图 1—7　单式道岔

普通单开道岔保持主线为直线，侧线在主线的左侧或右侧岔出（面对道岔尖端而言）。侧线向右侧岔出的，称为右向单开道岔，简称“右开道岔”（见图1—8）；侧线向左侧岔出的，称为左向单开道岔，简称“左开道岔”（见图1—9）。

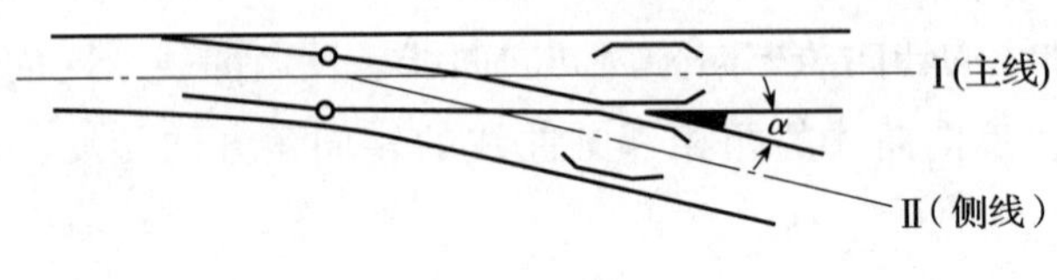

图1—8　右开道岔

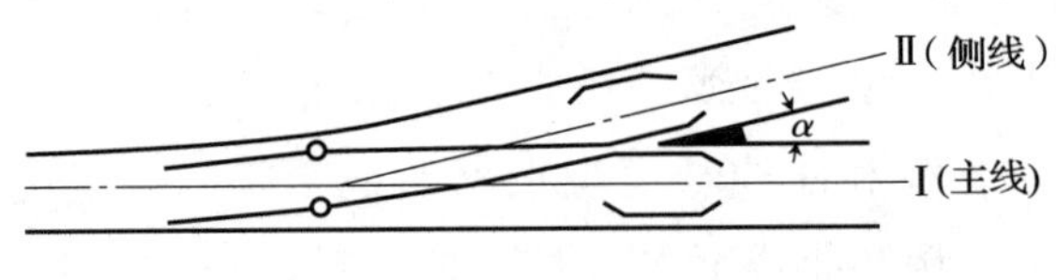

图1—9　左开道岔

2）复式道岔。为了节省用地，缩短线路总长，或由于受地形限制，道岔铺设位置不能按照一前一后逐组错开铺设时，必须把一组道岔纳入另一组道岔内，便形成复式道岔。复式道岔分为复式对称道岔（又称三开道岔，见图1—10）、复式异侧不对称道岔（又称不对称三开道岔，见图1—11）两种。

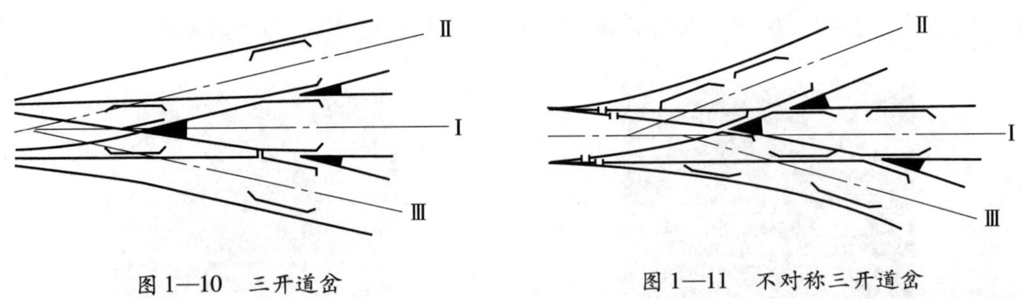

图1—10　三开道岔　　图1—11　不对称三开道岔

3）交分道岔。两条线路相互交叉，列车不仅能够沿着直线方向运行，而且能够由一条直线转入另一条直线，这种道岔叫作交分道岔。

①单式交分道岔。两条线路相交，中间增添两副转辙器和一副连接曲线，列车可沿某一侧由一条线路转入另一条线路，这种道岔叫作单式交分道岔，如图1—12所示。

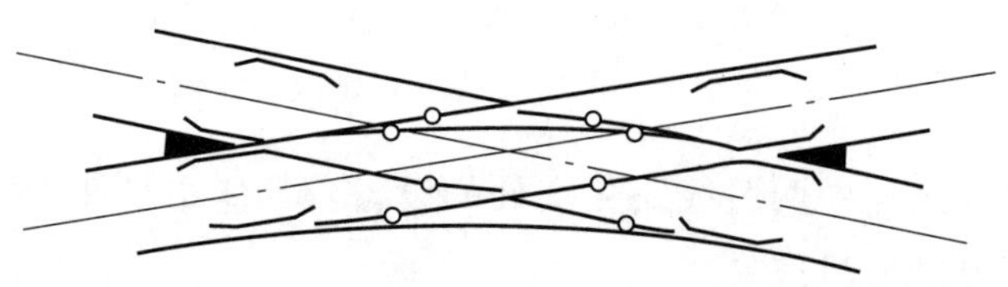

图1—12　单式交分道岔

②复式交分道岔。两条线路相交，中间增添四副转辙器和两副连接曲线，列车能沿任何一侧由一条线路转入另一条线路，这种道岔叫作复式交分道岔，如图1—13所示。这种道岔既能达到线路交叉的目的，又能起到线路连接的作用。一组复式交分道岔能起到四组单式道岔的作用，但与普通道岔相比，不仅能节省用地面积，同时也能节省调车作业时间。

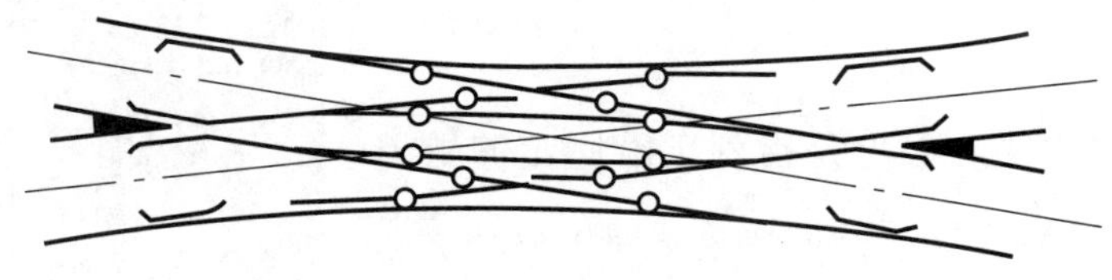

图1—13　复式交分道岔

4）渡线。利用道岔或固定交叉连接两条相邻线路的设备称为渡线。

（3）道岔的组成。城轨交通中普遍采用普通单开道岔，一组普通单开道岔（简称单开道岔）由转辙器、连接部分、辙叉及护轨组成，如图1—14所示。

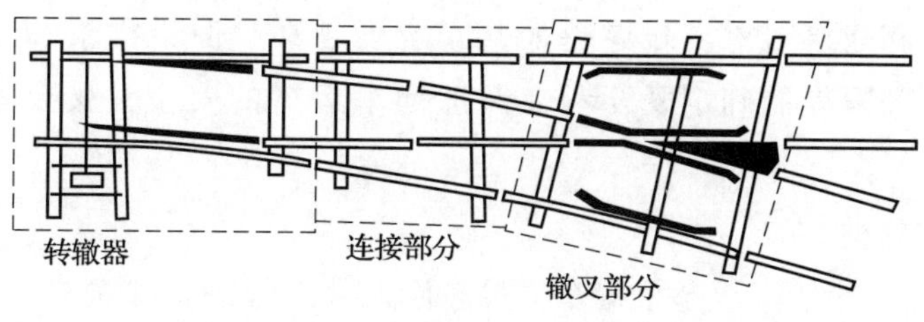

图1—14　普通单开道岔的组成

1）转辙器。转辙器是引导车轮进入道岔不同方向的设备，其作用是将尖轨置于不同的位置时使列车沿着直向或侧向运行。

转辙器主要包括两根基本轨、两根尖轨、连接零件及跟部结构等。

2）连接部分。转辙部分和辙叉部分的连接轨道称为连接部分。它包括四股钢轨，即两股直线钢轨和两股曲线（道岔曲股连接部分为导曲线）钢轨，重叠组成。

3）辙叉部分

①辙叉。辙叉是道岔中两股线路相交处的设备。其作用是使列车能够按确定的行驶方向跨越线路正常地通过道岔。

辙叉的分类有三种，即钢轨组合式、高锰整铸式和可动心轨式辙叉。城轨交通普遍使用高锰整铸辙叉，如图1—15所示。

图1—15　高锰整铸辙叉

②护轨。护轨与辙叉的配合有两个方面的作用，一方面是控制车轮的运行方向，使其正常通过“有害空间”而不错入轮缘槽；另一方面是保护辙叉尖端不被轮缘冲击撞伤。

4．限界

（1）限界的定义。限界是指列车沿固定的轨道安全运行时所需要的空间尺寸。城轨交通车辆在隧道内或高架桥上运行，一方面，隧道或高架桥要有足够的空间，以供车辆通行，配置线路结构、通信、信号、供电、给排水等设备；另一方面，为了确保列车安全运行，凡接近城轨交通线路的各种建筑物及设备必须与线路保持一定的距离。因此，限界主要分为车辆限界、设备限界、建筑限界、受电弓限界等，起控制作用的主要是设备限界和建筑限界。限界越大，安全度越高，但工程量和工程投资也随之增加。因此，合理限界的确定既要考虑保证列车运行的安全，又要考虑系统建设成本。

（2）限界的分类

1）车辆限界。车辆限界是根据车辆的轮廓尺寸，考虑其弹簧挠度、各项间隙、磨耗、误差等技术参数的影响，对车辆在运行中可能出现的最大横向和竖向的偏移进行分析及计算确定的。

2）设备限界。设备限界是在车辆限界的基础上，考虑轨道的轨距、水平、方向、高低等在某些地段出现最大容许误差时，引起车辆的附加偏移量，以及在设计、施工、列车运行中不可预计的因素在内的安全预留量。设备限界是一条轮廓线，所有固定设备及土木工程的任何部分都不得侵入此轮廓线内，它是保证城轨交通系统中的列车等移动设备在运营过程中的安全所需要的限界。

3）建筑限界。建筑限界是指在行车隧道和高架桥等结构物的最小横断面所形成的有效内轮廓线基础上，再考虑其施工误差、测量误差、结构变形等因素，为满足固定设备和管线安装的需要而必需的限界。换言之，建筑限界以内、设备限界以外的空间主要是为各类误差、设备变形和其他管线安装所预留的空间。

4）受电弓限界。受电弓限界是根据车辆、轨道、接触网的触线、动态电间隙、各项公差等进行计算确定的。

上述限界一般是按车辆在平直线轨道上运行时制定的，对于曲线和道岔区的限界，一般应在直线地段限界的基础上，根据车辆的有关尺寸及不同的曲线半径、超高、道岔类型等，再分别考虑适当的加宽量和加高量。

5）区间隧道的限界与车站限界。矩形隧道限界如图 1—16 所示，明挖法施工形成的矩形隧道，其单洞、单线隧道建筑限界宽度为 4 000 mm，高度为 4 300 mm。圆形隧道限界如图 1—17 所示。地下直线车站建筑限界如图 1—18 所示，图 1—19 所示为高架侧式站台车站直线建筑限界。

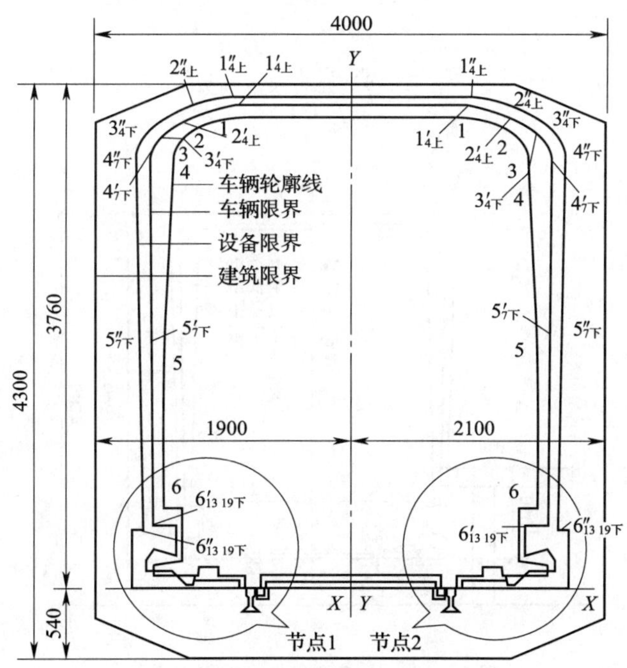

图 1—16　区间直线段矩形隧道限界

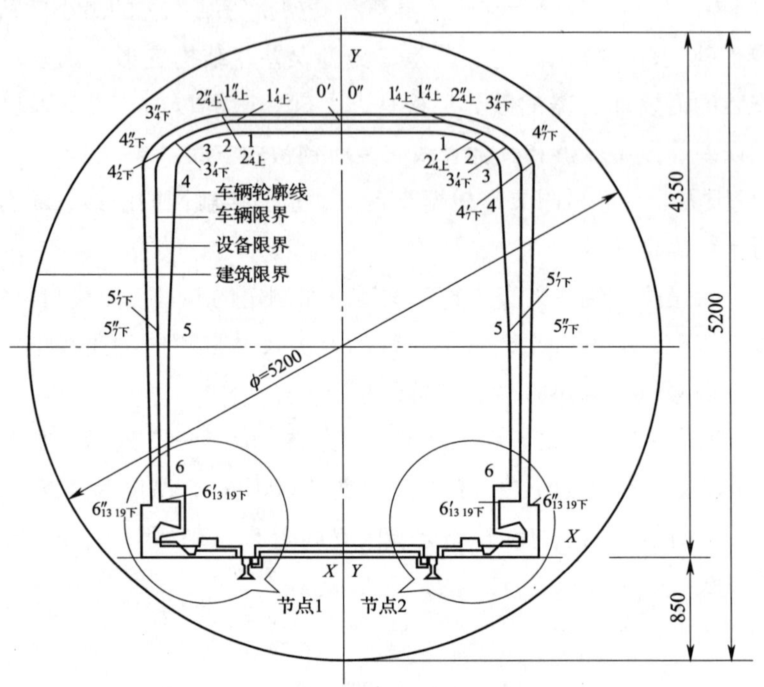

图 1—17 圆形隧道限界

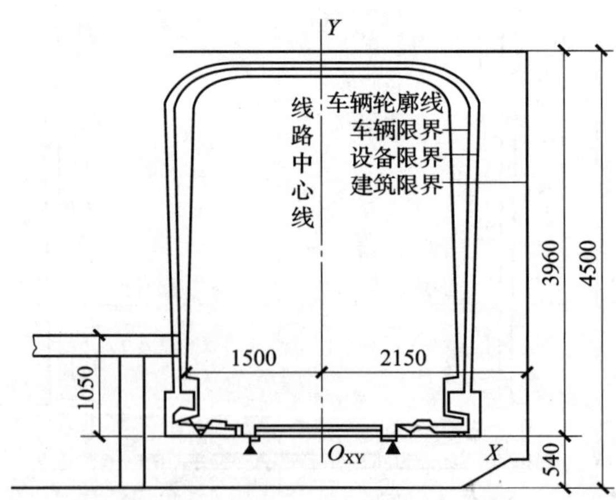

图 1—18 地下直线车站建筑限界

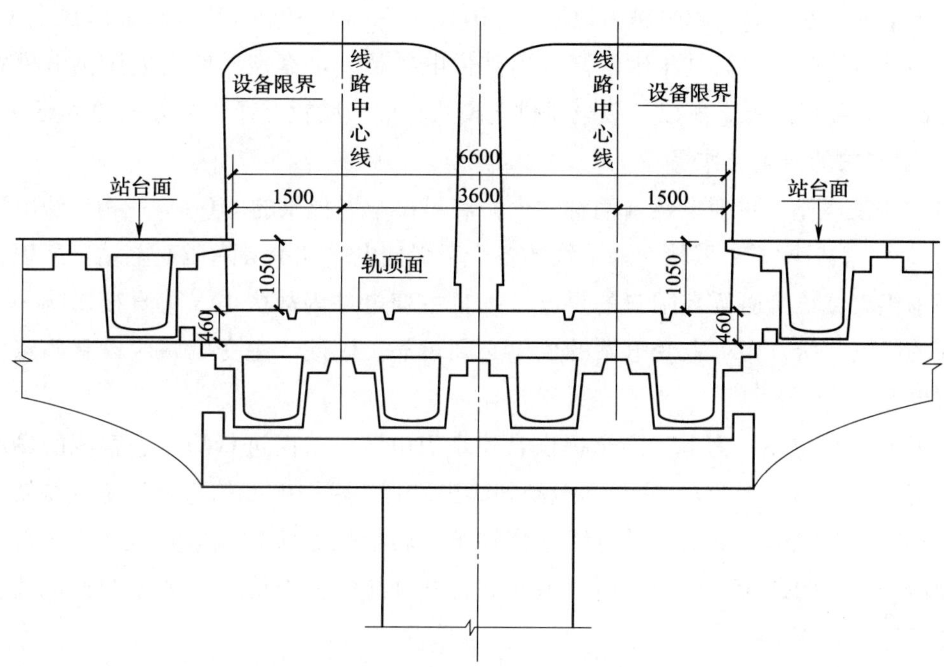

图 1—19　高架侧式站台车站直线建筑限界

1.2　城轨交通供电系统

1.2.1　变配电系统

我国城轨交通供电系统的受电方式都为集中式供电。国外也有分散式和集中、分散混合的供电方式。

1. 受电及供电方式

（1）集中受电供电。集中供电方式是指本供电系统网络由国家或城市的高压电网组成的供电系统在两到三个受电点集中供给。国家电网一般对特大用电单位提供 110 kV 的高电压，所以用电单位必须将集中供电的高电压经降压系统获取所需的电压值，从而减少长途输电的电能损耗。

（2）降压供电方式。城轨交通有多种降压方式。一般采用 110 kV—35 kV—10 kV—0.4 kV 四级降压供电模式，如上海的一、二、三号线等。近几年随着制造技术和工艺水平的不断提高，越来越多地采用110 kV—35 kV—0.4 kV三级电压供电模式，如上海的九号线等。三级电压供电模式因其供电质量、可靠性比四级电压供电模式有显著提高，且损耗降低，所以三级电压供电模式将成为城轨交通供电方式的主要方式。

2. 变电站的分类及作用

（1）主变电站。主变电站（简称主变）将城市电网提供的110 kV三相交流电压降压至35 kV，然后配送到城轨交通沿线的各个牵引变电站和中心降压变电站。所以，主变电站承担着城轨交通所有用户的供电，一旦主变电站因故失电，将直接影响一、二级负荷的供电。所以要求主变电站的供电必须可靠，因此，主变电站应设有两路以上的进线电源。

（2）牵引变电站。为电动列车提供直流牵引电源，从而进行降压、整流的场所就是牵引变电站（简称牵变），它是向电动列车提供直流牵引电源的重要设施。城轨交通电动列车都由接触网或专用的供电线（俗称第三轨或供电轨）获取直流牵引电源。由于主变电站输出的是35 kV交流电，为此需将此高压交流电降压、整流变换成适合电动列车使用的直流电源。

为确保电动列车的可靠供电，通常每三座车站的两个区间就设置一座牵引变电站，万一发生局部供电故障时，牵引变电站能进行跨区域的供电，冗余的供电网络确保了电动列车供电的可靠性。

（3）降压变电站。从中心降压站输出的10 kV电源并不能直接提供给城轨交通系统内的设备使用，还必须进一步降压，经降压后再输出到不同的供电用户。在城轨交通系统内，除电动列车外，各专业设备都从降压变电站受电。

1.2.2 接触网

1. 接触网的基本要求

电动列车运行中，受电弓受流过程伴随一定压力，并与接触线接触摩擦动态取流。电动列车在运行中不可避免地会产生受电弓离线而引起的电弧，承受气温、风、潮气及大气污染的影响，使接触网昼夜不停地处于振动、摩擦、电弧、污染、伸缩的动态运行状态中。这些因素对接触网各种线索、零件都产生恶劣影响，使其发生故障的可能性增加。

为了保证对电动列车良好的供电，通常要求接触网在任何气象因素（冰、风、雨、雪等）和最大运行速度下都能保证安全供电。因此，接触网应顺直平滑，高度一致，在高速行车中能始终保持正常、稳定的接触受流；接触网应具有足够的耐磨性、耐腐蚀、电损耗小、良好的导电性、使用寿命长等特性，并力求结构简单，易于施工、维修。

由于接触网是一种既无备用又易损耗的供电装置，还受环境和气候条件的影响，一旦发生故障，整个供电区间即中断供电，在其间运行的电动列车失去电能供电，造成停运。因此，接触网应满足以下基本要求：

（1）在恶劣的气候条件下机械结构具有稳定性。

（2）设备及零件具有足够的耐磨性和耐腐蚀性。

（3）设备结构简单，零部件互换性强；便于维护、抢修。

（4）电动列车受流器与接触网直接接触滑行面应保持平滑过渡且无突变。

总的来说，无论是悬挂式还是接触轨式，接触网都必须确保能可靠地为电动列车供电。要求接触网无论在任何条件下都能保证良好地供给电动列车电能，并在符合上述要求的情况下，尽可能地节省投资、结构合理、维修简便及便于新技术的应用。

2. 接触网的结构形式及悬挂类型

（1）架空式。架空悬挂式接触网将线索或导电排及零部件可靠连接接续，把导电体、支持装置、绝缘元件、电气设备等连接成一个能传递电能且有支持功能，同时具备相应强度的整体系统，以确保牵引电流的不间断供给。

架空悬挂式接触网在地面与地下隧道内的架设方法是不同的。隧道架空式接触网分为柔性悬挂接触网与刚性悬挂接触网。柔性悬挂接触网采用弹性支架、链形悬挂形式；刚性悬挂接触网采用刚性汇流排悬挂形式。地面架空式接触网采用腕臂与软（硬）横跨相结合的悬挂形式。

1）柔性悬挂。柔性悬挂可概括为简单悬挂和链形悬挂两大类。其特点是受电弓与接触悬挂接触良好，适应较高速运行。柔性悬挂又分为地面架空式和隧道架空式。

2）刚性悬挂。刚性悬挂如图1—20所示，是指固定的导电体受流过程中在受电弓或集电靴的作用下基本不变形。汇流排是刚性悬挂的关键部件，一般用铝合金材料制成。刚性悬挂接触网将传统的接触线夹装在汇流排中，用汇流排取代承力索和馈线，并靠它自身的刚性保持接触线的固定位置，使接触线不因重力而产生较大弛度。刚性悬挂主要由铝合金汇流排、接触线、绝缘元件和悬挂装置组成，一般用于隧道段。其中铝合金汇

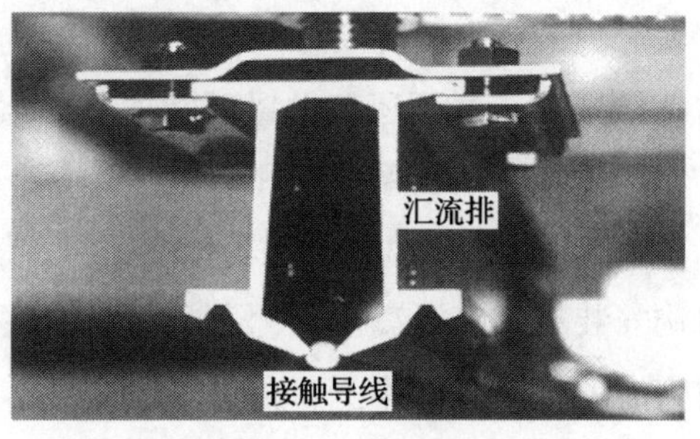

图1—20　刚性悬挂

流排既作为固定接触线的嵌体，同时又作为导电截面的一部分。

（2）接触轨式。在城轨交通牵引供电系统中，直流 750 V 供电一般采用第三轨。它的优点是隧道净空高度低、结构简单、造价低，缺点是人身和防火方面安全性差，与架空式接触网难以衔接。

接触轨系统主要由接触轨、接触轨支架或绝缘子、绝缘防护罩、弯头、连接板、膨胀接头、锚结、隔离开关、电缆等主要零部件构成。其中接触轨、弯头、连接板、膨胀接头、锚结一般由接触轨厂家配套。

1.3 城轨交通信号技术

1.3.1 轨旁设备

1. 信号机

（1）信号机的设置原则。城轨交通的地面信号是列车运行的辅助信号，平时地面信号都由轨旁列车自动控制子系统自动控制，设置成自动信号或连续通过信号，它根据列车运行时刻表和列车实时信息自动动作；只有在人工控制的情况下，才由调度员或车站值班员排列进路、开放信号。地面信号机的设置原则如下：

1）对于正线有岔站，为了防护道岔和实现联锁关系，设置地面信号机，一般中间站（无岔站）都不设信号机；信号机一般设置于运行线路的右侧。

2）折返站的折返线出、入口都设置防护信号机。

3）一般情况下，正线区间都不设通过信号机。

4）停车场的出入库线应设置出入库地面信号机，以指挥列车的出入库。

5）在停车场内，根据调车作业的需要设置各种用途的调车信号机。

6）在 ATC 系统没有同步开通的特定情况下，有些城轨交通根据列车运行间隔设置出站信号机，甚至还有设置区间通过信号机的。当 ATC 系统开通后这些信号机就失去作用，只作为后备系统使用。如图 1—21 所示为折返站地面信号机的布置。

（2）色灯信号机的结构原理。色灯信号机有高柱和矮柱两种类型，高柱信号机的机构安装在钢筋混凝土信号机柱上，矮柱信号机的机构安装在信号机水泥基础上，城轨交通的信号机基本上都是矮柱信号机，在正线它安装在钢支架、隧道壁和防护栏上。矮柱透镜式色灯信号机直接用螺栓固定在信号基础上。

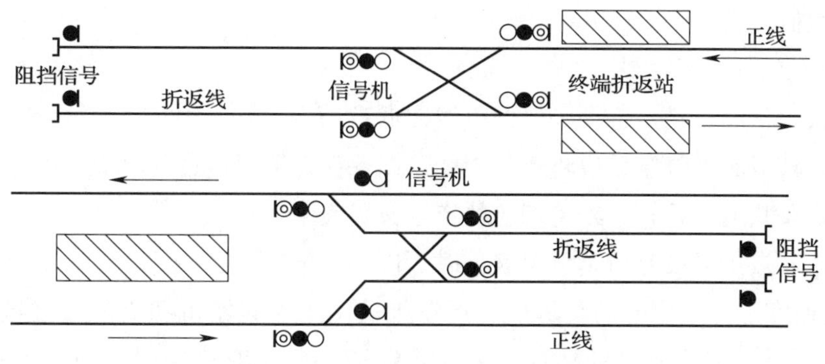

图 1—21 折返站地面信号机的布置

城轨交通采用二显示和三显示的信号机构，机构的主要部件是透镜组，它由一块外径为 139 mm 的有色外棱梯透镜和一块外径为 212 mm 的无色内棱梯透镜通过透镜框组装而成，透镜框上还装有可调灯座。可调灯座可在上、下、前、后、左、右六个方向调整，使灯泡的主灯丝位于透镜组主光轴的焦点上，灯丝光源发出的光经有色外棱梯透镜和无色内棱梯透镜前后两次折射，产生平行的有色光束射向前方，以满足信号显示距离的要求。

随着超高亮度发光二极管（LED）的问世，新型的 LED 信号机已得到广泛应用。LED 信号机是运用近代光电器材和电子稳压技术研制的免维护信号器材。该信号机具有发光强度高、显示距离远、节能、使用寿命长、消除了灯丝突然断丝和点灯冲击电流缺陷的优点，具有小型化、轻量化、色泽一致、光束集中、应变速度快的特点。近年来，城轨交通的新建线路及停车场的地面信号机较多选用 LED 色灯信号机，如图 1—22 所示。

图 1—22 LED 信号机

2．转辙机

（1）转辙机的作用与要求

1）转换道岔的位置，带动尖轨做直线往返运动。

2）道岔转至所需位置后应将道岔锁闭，确保在车辆通过道岔时尖轨不移位。

3）正确反映道岔状态，给出相应的道岔位置表示。

4）当道岔被挤或没有道岔位置表示时，应及时报警。

城轨交通大部分采用电动转辙机，近年来采用电液转辙机和交流转辙机的线路也不少。另外，由于钢轨质量的增加，一般正线道岔采用双机牵引，如图 1—23 所示。转辙机的传动机构是将电动机的高速旋转变换成动作杆的低速直线运动，再由动作杆带动道岔尖轨运动。传动机构的另一作用是实现尖轨的锁闭。

图 1—23　道岔及双机牵引转辙机

（2）转辙机的传动机构。转辙机的传动机构有齿轮传动和液压传动两类。

1）齿轮传动机构。采用齿轮传动时必须采用摩擦连接器，其原因之一是当尖轨转换完毕时电动机还不能立即停转，利用摩擦连接器克服电动机的转动冲击。另一原因是当尖轨在转换过程中受阻而不能继续动作时，摩擦连接器进入摩擦状态，使电动机能继续转动而不致烧毁。

2）液压传动机构。液压传动机构如图 1—24 所示，是由电动机来驱动液压泵，加压的液体注于储能油罐中，使罐内空气压缩，以储存一定能量。在转换道岔时，电动机工作，同时将控制油路的阀门打开，使受压的油液注入液压缸中，借助

图 1—24　道岔及双机牵引液压转辙机

活塞与液压缸的相对运动推动液压缸，再由液压缸带动动作杆，实现道岔尖轨的转换。

当道岔的尖轨转换到规定的位置，且与基本轨保持一定的密贴力时，转辙机将尖轨锁闭在密贴状态，以保证在列车通过道岔时尖轨不致因受振动而离开基本轨。

3）转辙机的辅助设备。道岔转辙机在轨间还设有连接杆、尖端杆、密贴调整杆和表示杆等转辙设备。典型的 ZD6 - D 型电动转辙机如图 1—25 所示，它由电动机、减速器、摩擦连接器、主轴、动作杆、表示杆、移位接触器、底壳等组成。

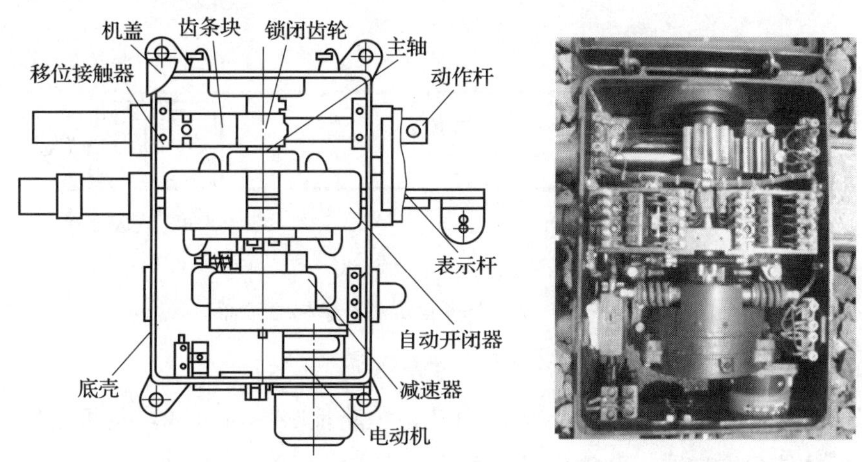

图 1—25 ZD6 - D 型电动转辙机的结构

1.3.2 轨道电路

1. 轨道电路的基本原理

轨道电路是以线路的两根钢轨作为导体，两端设置电气绝缘，接上送电和受电设备构成的电路，最简单的交流轨道电路以及数字轨道电路如图 1—26 所示。图 1—26a 所示为设有钢轨绝缘节的交流轨道电路，图 1—26 b 所示为无绝缘轨道电路。当轨道区段没有列车占用时，轨道电路发送端的电流经由两根钢轨至接收端，使轨道继电器工作；当列车占用该轨道区段时，列车车轮将两根钢轨短路，导致轨道电路的大部分电流通过车轮而分路，轨道继电器因电流不足而失磁，从而检测列车的到达；列车驶离该轨道区段后，车轮的分路取消，轨道继电器又恢复工作，所以轨道电路是检测列车占用轨道区段的专用设备。

城轨交通正线的轨道电路都不设轨端绝缘节，一般称为无绝缘轨道电路，如图

1—26b 所示，其“S”形的连接线是轨道电路的电气绝缘设备，简称“S”Bond；其发送设备和接收设备都设置于信号设备室，通过电缆引至钢轨。

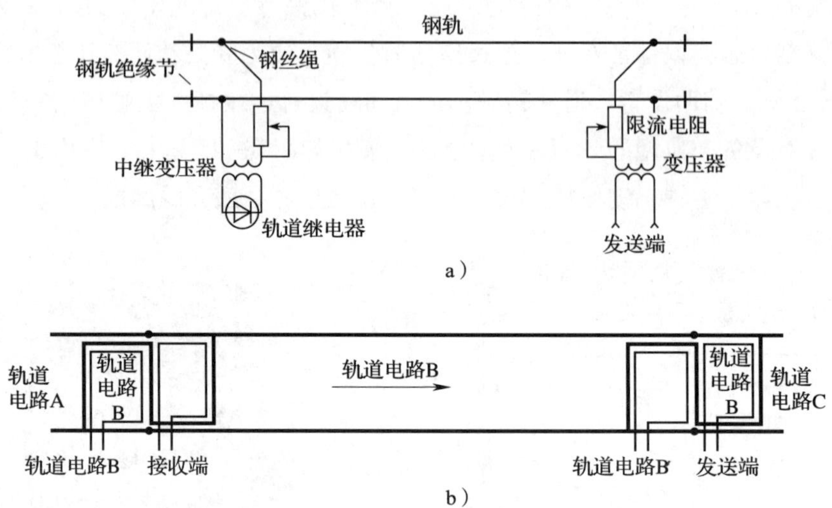

图 1—26　交流轨道电路和数字轨道电路

2. 轨道电路的作用

（1）检测列车是否占用轨道区段。由轨道电路反映该轨道区段是否空闲，若轨道区段空闲，才能建立进路、开放信号；列车占用信号所防护的进路时，信号自动关闭；从而把信号显示和轨道电路状态结合起来。

（2）通过轨道电路向列车传递实时信息。城轨交通信号系统中，通过轨道电路向列车传递行车实时信息；当轨道电路检测到列车已经占用时，其轨道电路的发送端立即通过轨道电路向列车传送目标速度、目标距离或进路地图等信息，列车接收到这些信息后自动控制列车运行速度。

1.3.3　应答器

1. 应答器的定义

应答器又称信标，它也是信号系统的基础设备，随着 ATC 系统的普及，应答器在城轨交通中得到广泛的应用。不同的应答器应用于不同的信号制式，而且称呼也不相同。应答器有有源应答器和无源应答器之分，又称有源信标和无源信标。

在点式列车自动防护子系统（ATP）中，利用设置在每个车站出站信号机处的应答器向列车传送 ATP 信息；在基于模拟轨道电路的 ATC 系统中，利用设于区间和车站的应答器（又称标志器）实现列车在车站的程序对位停车控制；在基于“距离定位”制式的 ATC 系统中，用无源应答器进行列车定位校核，有源应答器用于车地信息交换。CBTC 系统中无源应答器主要用于列车定位校准，而有源应答器主要用于信号后备系统中向列车传送点式信息。

2. 应答器的组成

应答器由地面、车载两部分设备构成，如图 1—27 所示。

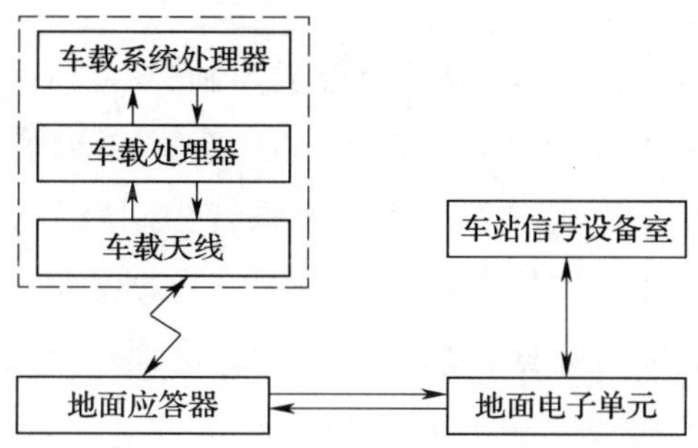

图 1—27　地面应答器和车载应答器的动作

（1）地面应答器设备。信号系统为每一个地面应答器分配一个固定的坐标，地面应答器的主要功能是接收车载应答器天线传递的载频能量及向车载天线发送数据信息。地面应答器是一种可以发送数据报文的高速数据传输设备。地面应答器应能提供上行数据链路，实现地对车的数据传输。地面应答器应具有足够的、可用的固定信息容量，当与地面电子单元连接时，能提供实时可变的数据信息。

（2）车载应答器设备。每个地面应答器对应于线路某一个固定的坐标，所以，列车收到地面应答器信息可以对列车行走里程进行精确的定位及校正。列车收到前一个地面应答器的信息后，可判断该应答器的特性、位置。这些信息特性包括地面应答器所处的位置、位置参数的精度、列车的运行方向等。如果接收到的地面应答器的信息与预期的不同，车载应答器解码设备应有相应的表示或相应的输出，以便车载 ATP 设备做出相应的反应，并采取相应的安全措施。

1.3.4　列车运行自动控制系统

1. 基于轨道电路的 ATC 系统

（1）结构和基本功能。列车自动控制系统（ATC）包括列车自动监控系统（Automatic Train Supervision，ATS）、列车自动防护系统（Automatic Train Protection，ATP）

和列车自动运行系统（Automatic Train Operation，ATO）三个子系统，它是一套完整的管理、控制、监督系统。位于管理级的 ATS 子系统较多地采用软件方法实施联网，指挥列车安全运行；发送和接收各种行车命令的 ATP 子系统确保列车的运行安全，完成列车运行进路控制、速度控制及实现列车间隔控制；车载 ATP 子系统接收轨旁 ATP 设备传递的指令信息，实现列车运行速度的自动调整及控制，进行列车运行超速防护和列车在车站的程序对位停车控制。三个子系统既相对独立又相互联系，以保证列车安全、快速、短间隔地有序运行。

1）ATC 系统结构。ATC 系统的设备分布于控制中心（central control）、车站信号设备室、轨旁（wayside）及车上（vehicle）。ATC 系统的结构。如图 1—28 所示，指挥列车运行的控制中心设有作为 ATC 系统中枢的系统控制服务器及用于调度控制的工作站；数据传输系统包括通信前置服务器、路由器及数据通信网等，实现控制中心与全线车站信号设备室之间的实时数据信息交换；调度员通过调度员工作站下达行车控制命令。

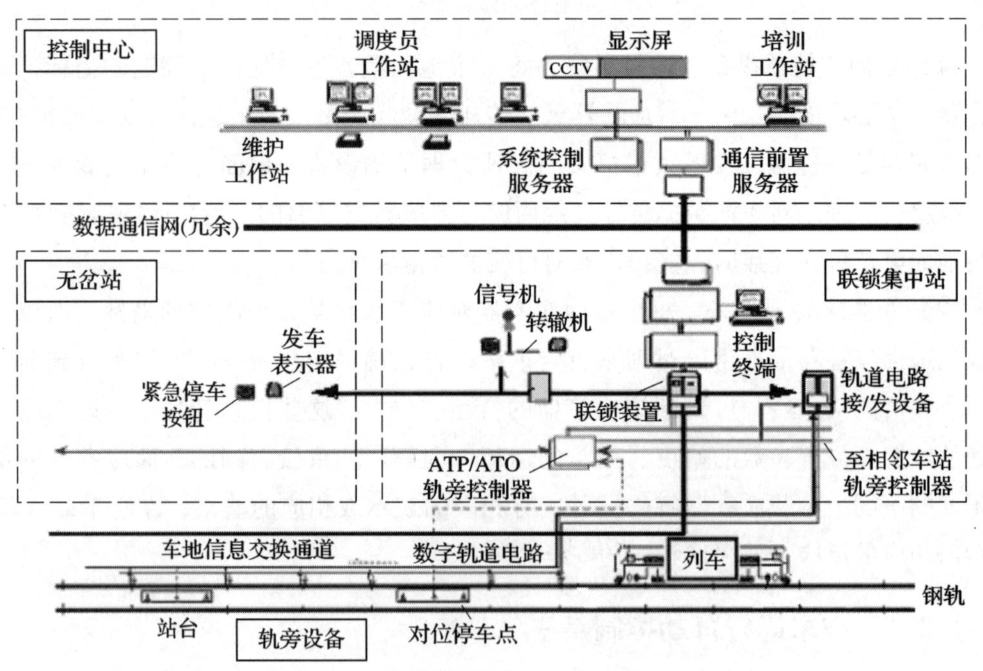

图 1—28　ATC 系统的结构

现场的列车在线信息、车次号信息以及道岔和信号机的状态信息等在控制中心的显示屏及调度员工作站上显示。

设于联锁集中站设备室的服务器接收调度员的控制指令，通过联锁装置排列进路、开放信号，并将列车在线信息、信号设备的状态信息等传送给控制中心。通过 ATP 子系统的轨旁设备发送列车检测信息，以检查轨道区段内有无列车占用，并向列车发送限速命令或允许运行的目标距离信息、门控命令、对位停车指令等。

车上 ATC 设备接收并解译地面送来的调度指令和 ATP 速度命令或距离信息，完成速度自动调整和车站程序对位停车，实现列车的自动运行；同时，将列车的运行状态和设备状态信息经车站服务器传送给控制中心。

2）ATC 系统功能。ATC 系统实现行车指挥和列车运行自动化。

①控制中心 ATS 子系统的主要功能。列车运行和调整控制；时刻表的编辑、修改、存储及调整和控制；列车位置的实时监视和列车运行轨迹记录；列车运行进路的自动设置，车站联锁状态的监督；运行图管理；线路监控和报警显示、故障记录等。

②联锁集中站 ATC 设备的主要功能

a. ATS 子系统的功能。遥控指令的解译、信号设备状态信息的编辑和传送、进路控制指令的发送及表示、折返站折返模式控制指令的发送、车—地交换信息的编译和发送、旅客向导信息与目的地信息的编辑和传送、设定列车运行等级等。

b. ATP、ATO 子系统的功能。轨道区段空闲的检测；列车运行进路和列车安全间隔控制；列车限速控制；车站程序对位停车控制；对位停车校核、列车车门和站台屏蔽门开闭控制；停站时间控制及目的地选择等。

③车载 ATC 的主要功能

a. ATS 子系统的功能。接收非安全控制信息；接收运行等级及目的地等数据；发送列车状态的自诊断信息；提供旅客导向信息等。

b. ATP/ATO 子系统的功能。接收和解译限速指令；根据限速，对列车进行速度自动调整、控制及超速防护；测速、测距；对位停车程序控制和对位停车点校核；控制车门开、闭，发送站台屏蔽门开、闭信息；自动折返和出发控制等。

3）ATC 系统的控制模式。城轨交通通过 ATC 系统在控制中心集中控制列车运行，当遥控发生故障或运行需要的情况下，可以将控制权下放，由相应的联锁集中站进行控制。

①行车调度的控制方式

a. 集中控制模式

- 全自动模式。ATC 系统根据列车运行时刻表，由控制中心自动办理进路，调度全线列车的运行。

• 自动调度模式。根据运行时刻表自动办理列车进路，但列车在车站的停站时分、运行等级等由调度员进行调整。

• 集中人工模式。列车的始发进路由调度员人工办理，列车运行目的地也由调度员设定。一般车站都设为自动或连续通过进路，列车运行进路由列车的目的地号“自动触发”，所以，列车运行进路可处于“自动”状态，但是列车在各站的停站时间、出发时间、运行等级等都由调度员设定。

b. 联锁集中站控制模式。上述三种均为集中控制方式，在调度员授权下，可将控制权下放给联锁集中站，由联锁集中站的车站值班员对所管辖区段的列车运行进路进行控制。

②列车的操纵模式。根据信号系统和列车控制方式的区别，列车的操纵模式一般有以下几种：

a. ATO 模式。在 ATO 模式下，驾驶员根据操作规程关闭列车门，完成出发检查后，按下出发按钮，列车自动启动运行，在区间根据地面限速指令，自动调整列车运行速度，列车到达下一站，自动完成程序对位停车控制。在这种模式下，驾驶员的任务是到站开启列车门、到点关闭列车门和按压出发按钮。

b. 手动 ATP 模式。在该模式下，驾驶员关闭车门和执行出发检查后，手动启动，列车 ATP 子系统进行速度控制和超速防护，车站的停车控制也由驾驶员负责操纵。在这种模式下，列车的运行基本上依赖于驾驶员，但是有 ATP 子系统进行超速防护。

c. 慢速前行模式（close in）。在手动 ATP 模式下，列车收不到有效的机车信号，或显示为零限速，这时驾驶员应按低于 20 km/h 的速度慢速运行，当列车收到有效的速度命令后，可以转为手动 ATP 模式。

d. 反向模式。这种模式下，驾驶员处于列车的尾部，列车收不到速度命令，由驾驶员控制以不超过 10 km/h 的速度反向运行，当速度超过 12.5 km/h 时，车载 ATP 子系统会施加全常用制动。

e. ATC 关闭和旁路模式。在该模式下，车载 ATC 系统可以有电，但其输入、输出均被隔离，不起作用，列车由驾驶员人工驾驶，负责运行安全。

4）连续式和点式 ATP 系统。在基于轨道电路的 ATC 系统中，向列车传送 ATP 信息的方式有连续式和点式两种。这两种方式的共同之处是都设有轨道电路。但是连续式 ATP 子系统的轨道电路不仅用于检测列车，也用于向列车传送 ATP 信息；而点式 ATP 子系统的轨道电路只用于检测列车，向列车传送 ATP 信息完全依赖于设置在特定地点的地面应答器。

连续式ATP系统是城轨交通的主流，会在后面ATP一节中做详细介绍。点式ATP子系统的ATC系统不包括ATO子系统，当然不能实现列车的自动运行。其优点是结构简单、可靠性高、价格低于连续式ATP系统。目前，点式ATP系统只在上海城轨交通五号线得到应用。

（2）ATS子系统。列车自动监控子系统（ATS）实现对列车运行的控制和监督，一般分为CATS和LATS，前者是控制中心的ATS设备，后者是指联锁集中站的ATS设备。控制中心的ATS设备包括系统控制服务器、传输控制服务器、调度员工作站、显示屏、运行图绘图仪、打印机、UPS等，每条线路一般设两位行车调度员，监督和控制全线的列车运行。正常情况下列车运行进路的排列、信号控制、列车运行间隔控制和调整等操作都是根据列车运行时刻表由ATS系统自动完成的，不需要调度人员操作。在特殊情况下也可以由行车调度员操作。控制中心显示屏和行车调度员工作站显示屏如图1—29和图1—30所示。

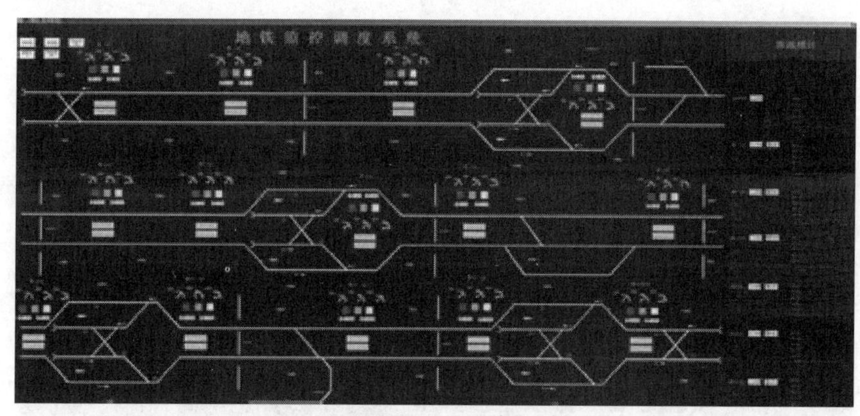

图1—29　控制中心大显示屏

行车调度员可以将行车控制权下放给联锁集中站，所以在联锁集中站都设有ATS分机，当需要“站控”时，在征得调度员同意后，联锁集中站的行车值班员可以对所管辖的车站进行控制，平时联锁集中站的行车值班员只能监督列车运行。在“紧急”情况下，联锁集中站可以不经过行车调度员同意，实现“紧急站控”；“站控”结束后，车站行车值班员应将该车站的信号系统复原，才能“交权”。联锁集中站行车值班员工作站如图1—31所示。

（3）ATP子系统。列车自动防护子系统（ATP）实现列车运行安全间隔防护和超速防护。通过ATP子系统检测列车位置，并向列车传送ATP信息（目标速度信息或目标距离信息）。列车收到ATP信息后自动实现速度控制，确保列车在目标距离内不超过

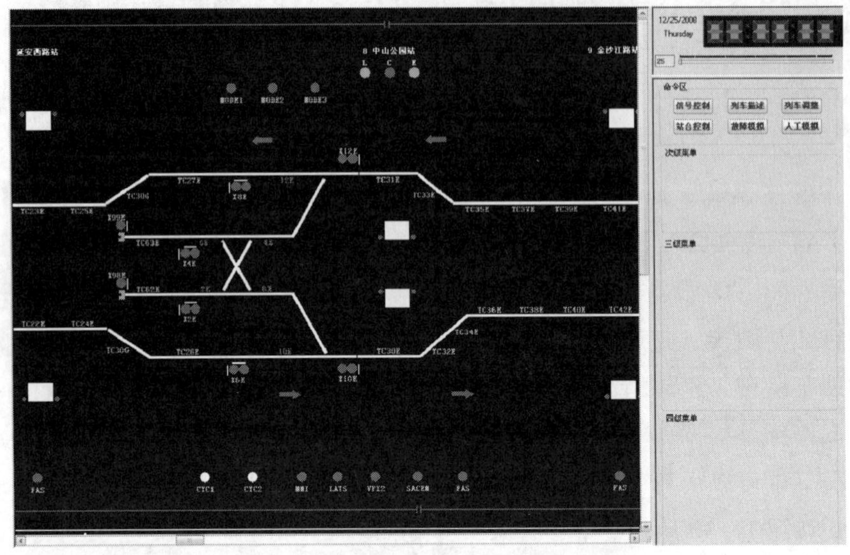

图 1—30　行车调度员工作站显示屏

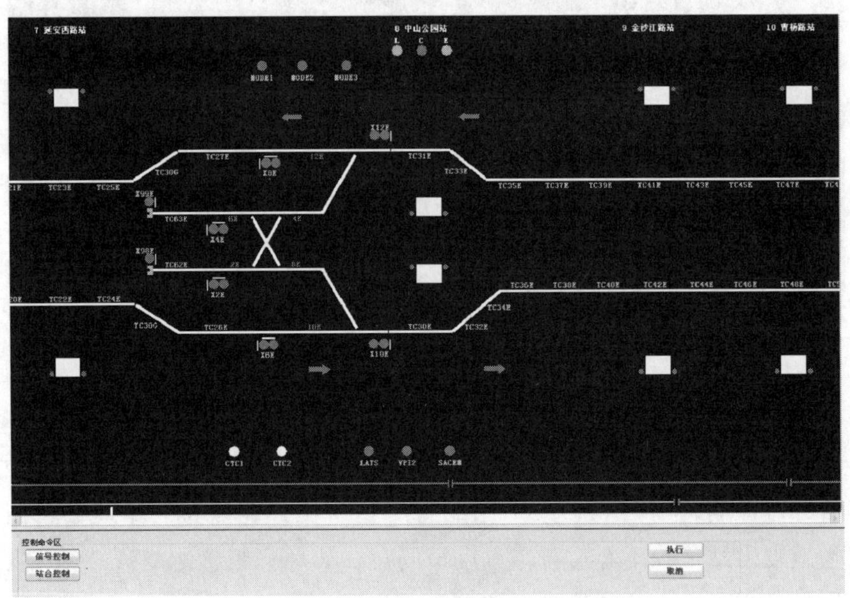

图 1—31　联锁集中站行车值班员工作站

目标速度的前提下安全运行。所以 ATP 子系统应包括轨旁 ATP 设备和车载 ATP 设备，并与 ATS、ATO、车站联锁设备等都有接口相连。下面分析 ATP 子系统轨旁设备和功能。

1）基于无绝缘模拟轨道电路的ATP子系统。模拟轨道电路的ATP子系统通过阻抗连接器，在轨道电路中传送用于检测列车的模拟检测信号，以检测列车是否占用该轨道区段；当检测到列车占用该轨道区段时，通过阻抗连接器，在轨道电路中向列车发送速度命令等模拟信号，所以阻抗连接器不仅是轨道电路的分割设备，也是轨道电路的发送、接收（相邻轨道区段）设备，还是向列车传送“速度命令”的重要设备。

2）数字编码轨道电路的ATP子系统。以数字编码轨道电路为基础的ATP子系统是城轨交通ATC系统的主要制式，国内已应用于很多条线路。数字轨道电路的车载信息主要以发送“目标速度”信息为主，但也有发送“进路地图”的“距离定位”制式，这为移动闭塞奠定基础。

（4）车载ATC设备与ATO子系统

1）车载ATC设备。城轨交通列车以编组方式运行，每列车的两端设有驾驶室。车载ATC设备一般都集中设在头尾两端的车辆上。

不同的ATC系统对应于不同的车载设备，典型的模拟轨道电路“速度码”制式的车载ATC设备如图1—32所示。

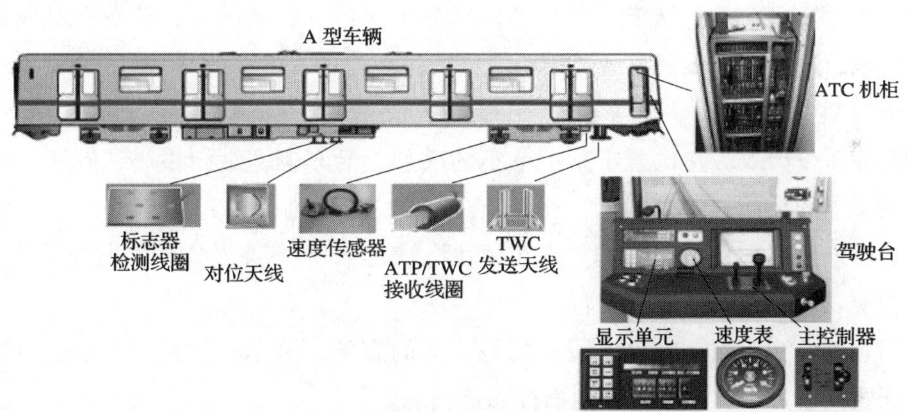

图1—32　车载ATC设备

①ATC系统设备架。它置于驾驶室的左侧，机架与车体连接，防振底座和机架在电气上隔离，机架上设有ATP、ATO、ATS模块，直流调压器，安全/非安全继电器（包括开门继电器，紧急、常用制动继电器，驱动继电器等）及制动保证单元。

②显示单元及速度表等。它设于驾驶室操纵台上，如图1—33所示，显示单元上有各种控制表示灯，包括列车车次号、列车目的地号、列车运行等级、列车长度；还有车次号和目的地号的设定开关；以及启动、停车、程序停车、跳停、慢速运行、超速等指示灯和其他相关的按钮。

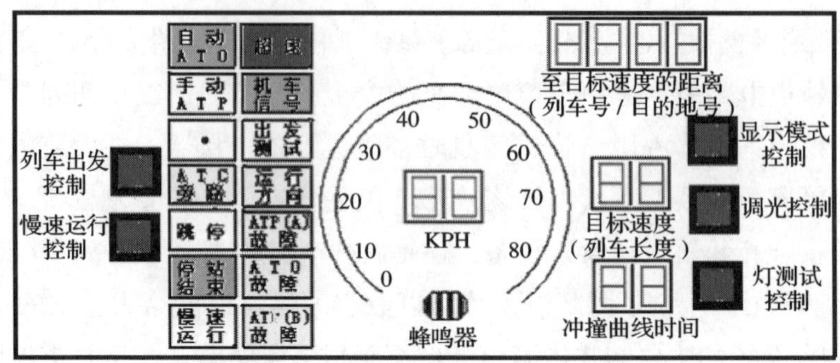

图 1—33 车载 ATC 系统状态显示单元

③ATP/TWC 接收线圈。它设于列车头部车辆第一个轮对前，其线圈的中心线对准每根钢轨的中心，两组接收线圈串接，用于接收地面 ATP 速度信息、开门信息以及 TWC 信息，所以，车载接收器分别调谐在车载 ATP 信号载频频率（速度信号和开门信号的载频频率均为 2 250 Hz）和 TWC 信息的信号频率（9 650 Hz）。

④速度传感器。它是车轴脉冲发生器，用它来获取列车实际运行速度和运行距离信息。一般设置两个速度传感器，分别设在第一节车的不同轴和不同侧。

⑤TWC 发送天线。它安装在第一节车的底部、第一轮轴前方，其中心对准轨道线路的中心线，通过天线将列车运行状态信息等送至地面，经联锁集中站 TWC 模块将信息转送至控制中心。

⑥车载对位天线。它也置于第一节车的底部，沿车辆的纵向中心线安装，用于接收对位停车点的地面“对位线圈”信息（有源），并向地面传送列车“已经对位”的信息，通过地面“对位线圈”和“对位模块”，交换对位信息及向地面发送列车长度信息，使相应长度的站台屏蔽门开启。

⑦标志器检测线圈。它也安装在第一节车的底部，沿车辆的纵向中心线设置，位于对位天线的后方。它用于检测地面标志器信息。

⑧车载 ATC 设备。它视 ATC 系统而异。对于数字编码轨道电路“目标速度”制式的 ATC 系统，其车载设备中不设标志器接收线圈和对位天线；显示单元增加了数字显示。它通过接收在站台区域设置的 TWC 环线信息及环线交叉点的定位信息等，实现车地信息交换和车站程序对位停车。

⑨接收“进路地图”的车载设备。除了接收车载信号的两个接收线圈外，还有一个信标信息接收天线，接收沿线路铺设的各种定位信标信息，相对于模拟轨道电路的 ATC 车载设备，其车底部的设备要少。在每个驾驶室有一套 ATC 设备，通过接收线圈接收来自轨旁的 SACEM 信息（是指由地面发送的车载信息）。

2）车载 ATP 子系统功能分析。车载 ATP 子系统是确保列车运行安全的关键设备，它与地面 ATP 设备相配合，完成速度或距离信号的接收和解译，实现超速防护、制动保证、零速检测、车门控制、后退防护等。

①ATP 信号的接收和解译。地面 ATP 子系统通过钢轨向列车发送速度命令和门控命令，其载频为 2 250 Hz；车载 ATP 接收线圈以耦合方式从钢轨接收经低频调制的 ASK 车载信号，再通过滤器、解调器送至速度信号译码 CPU，该 CPU 译出的速度或门控命令再送至系统处理 CPU。

②超速防护。实现列车的超速防护是 ATP 子系统的重要功能，以确保列车不会超出“速度命令”所规定的速度；该功能由超速控制器 CPU 来完成。超速控制器的 CPU 接收来自系统处理 CPU 的限制速度信息和来自速度传感器的列车实际信息，如果列车的实际速度超出 ATP 限速，出现超速状态，在自动模式下列车将自动调整速度，在人工模式时由驾驶员采取措施减速。ATP 超速的“触发”点一般设定在比限速高 3 km/h。

速度传感器由两个完全独立的软、硬件信道处理，通过计算在固定周期内的脉冲数来计测速度。而轮轴转动的次数与车轮的周长直接相关，周长的变化取决于车轮的磨损，新的车轮直径为 840 mm，完全磨损的车轮直径为 770 mm，所以，根据车轮的磨损程度用加强补偿探测信号的办法对测速精度进行调整，每 5 mm 为一挡，共设 15 个设定值，因此，测得的列车速度综合了轮径磨耗信息，是较为精确的实际速度。在检出列车超速的 3 s 左右时间内，列车以 0. 715 m/s^2 的减速率降低速度（上述作用时间和减速率因车而异）。如果在规定时间内达不到最小制动率，系统的制动保证功能将发出指令，施加不可逆转的紧急制动，一旦紧急制动被启动，将保证列车到停车为止。

另外，“零速”检测在所有的操作模式都生效，当列车速度小于 3 km/h 时，ATP 子系统便确认为“零速”，并由超速 CPU 进行零速检测，当列车实际速度小于零速度设定值时，则零速检测信息返送至系统处理器。

③列车门的开闭控制。当列车到达对位停车点时，列车对位天线检测到由站台对位线圈送出的 13. 235 kHz 的频率，证明列车已正确地在站台对位，车载 ATO 子系统发出“列车进行全常用制动”的指令，并生成一个列车停稳信号给车载 ATP 子系统。车载 ATP 子系统接收到该指令后，施加全常用制动，并检测到速度为零。这时，车载 ATP 子系统生成一个列车“对位”信号给车载 ATO 子系统，并通过车载对位天线送出载频为 21. 945 kHz、调制低频为 77 Hz 的“对位”信号。

地面对位线圈接收并译出“对位”信号后，触发车站信号设备室的 ATP 模块，送出打开列车门信息，该信息通过站台区域的轨道电路发送，其载频为 2 250 Hz，调制频率为4.5 Hz（左门）或5.54 Hz（右门）。

列车ATP接收线圈从钢轨接收到打开车门信号后，使相应的“门控继电器”励磁，并点亮相应侧的门控表示灯，这时驾驶员按压与表示灯相一致的门控按钮，即当门控继电器的前接点与车辆门控电路的安全接点相一致时，才能开启站台侧的所有车门。

同时，车载ATP子系统指令列车对位天线停发列车对位信号，改发打开站台屏蔽门信号；开启站台屏蔽门的数量应与列车门的数量相一致，即根据列车编组的不同，发送不同的开启屏蔽门信号，其开启屏蔽门信号的载频为21.945 kHz，6节编组的列车，发送的调制频率为115 Hz；而8节编组的列车，发送的调制频率为171 Hz。车站信号设备室的对位模块收到由列车发来的开启屏蔽门信号后，传送给屏蔽门控制子系统，使相应的屏蔽门控制继电器励磁，与列车编组相对应的屏蔽门自动开启。

当停站计时结束时，车站ATP模块停止发送打开车门信号，使列车相应的门控继电器失磁，驾驶员可按压车门关闭按钮，门控电路启动列车门关闭程序。列车启动列车门关闭程序的同时，列车ATP子系统终止发送开启屏蔽门信号，使站台屏蔽门控制继电器失磁，启动站台屏蔽门关闭程序。

停站计时结束后，站台侧发车指示灯点亮。在启动列车门和屏蔽门关闭程序后，地面ATP子系统通过站台区域轨道电路向列车发送速度命令，车辆ATP系统译出速度命令，并将列车门关闭信号一起送给车载ATO子系统，ATO子系统收到上述信号后，点亮驾驶室控制台上的ATO表示灯，提示驾驶员按压ATO启动按钮，驾驶员按压此按钮后，列车按ATO自动运行模式启动加速并自动运行。

在人工模式下，驾驶员必须以人工控制方式将列车停于对位停车点，当列车对位表示灯点亮时，证明列车正确对位，在确认对位停车后，驾驶员可按压站台侧门控按钮，才能打开车门；关闭车门也由驾驶员控制。

3）车载ATO子系统的主要功能及工作原理。当列车处于自动（ATO）操作模式下，车载ATO子系统才能发挥作用，该系统自动履行驾驶员操作的非安全功能，自动完成列车的加、减速等速度调节控制，并自动完成列车在车站的程序对位停车。

①速度调节功能。ATO模块的调速器以渐进和恒定的速率使列车达到由限速设定的运行速度，当列车到达限定速度后，通过连续比较实际速度和限速，控制列车的牵引和制动系统。它应用闭环控制技术达到速度调节的目的。根据ATP速度命令、ATS运行等级及车站停车曲线所决定的最低参考速度，来控制、调节列车的速度，使列车速度保持在上述参考速度加减0～5 km/h的范围内，速度调节器将列车的实际速度和上述参考速度进行比较，并计算正（提供动力）或负（制动）牵引力。

②车站程序对位停车控制。根据 ATC 制式的不同，停车方式有曲线式制动和台阶式制动两种。

基于模拟轨道电路的 ATC 系统，为了实现列车在车站的程序对位停车控制，根据列车运行方向，在离对位停车点 350 m、150 m、25 m 和 8 m 处分别设有对位停车用标志器，在对位停车点设置对位线圈；其中 8 m 标志器和对位线圈是有源的设备，其余的标志器都是无源的设备。

350 m 的标志器是车站程序对位停车控制的起始点，为了保证设备的可靠动作，设置了两个标志器，其工作频率分别为 110 kHz 和 140 kHz。当列车收到上述频率之一时，车载 ATO 子系统便启动车站程序对位停车控制，列车生成第一制动模式曲线，并点亮驾驶室操作台上的程序对位停车表示灯。

列车运行至站台区域，收到距离对位停车点 150 m 处两个中间标志器的信息，它们的频率分别为 120 kHz 和 150 kHz。当列车收到上述中间标志器频率之一时，车载制动控制系统生成第二制动模式曲线，实际上，第二制动模式曲线是对第一制动模式曲线进行修正，也是对上一次制动的缓解。

列车继续前进，离对位停车点 25 m 处，收到由内方标志器发送的信息，其频率为 160 kHz，从而列车制动控制系统生成第三制动模式曲线，进行第二次制动修正，相当于第二次缓解。

当列车距离对位停车点 8 m 时，接收由有源标志器送来的 14. 35 kHz 频率信号，列车制动控制系统进行第三次制动修正，再一次实现制动缓解，使列车准确地停于对位停车点。当列车收到由地面对位线圈送出的 13. 235 kHz 频率信号时，证实列车已在对位停车点停车，车载系统检出此信号后实施全常用制动。其后进入列车车门开启程序。如图 1—34 所示为台阶式车站程序对位停车原理。

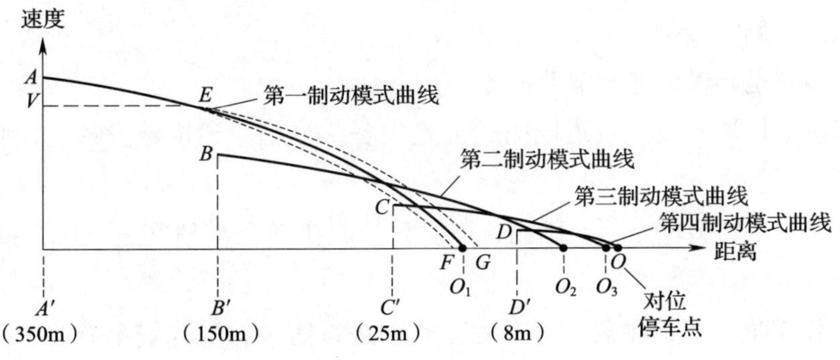

图 1—34　台阶式车站程序对位停车原理

对位停车的设计精度一般设定为 ±（25～50）cm，在车站设有站台屏蔽门的情况下，一般对位停车精度控制在 ±25 cm；不设站台屏蔽门的情况下，停车精度可放宽为 ±50 cm。

在数字编码轨道电路中，采用站台区域设置 TWC 环线的方式，根据环线“交叉点”来进行列车定位的校正；在以“距离定位”为原则的数字报文式轨道电路的 ATC 系统中，采用在站台区域设置“定位信标”的方法，对执行车站程序对位停车控制的列车进行定位校正。

理论知识复习题

一、判断题（将判断结果填入括号中。正确的填“√”，错误的填“×”）

1. 钢轨依靠它本身的刚度和弹性把机车车辆荷载分布开并传递给轨枕。（　）

2. 轨枕是轨下基础部件之一。（　）

3. 道床是铺设在路基之下、轨枕之上的结构层，它主要有承受并传递荷载、稳定轨道结构的作用。（　）

4. 曲线是轨道的薄弱环节之一。（　）

5. 限界是指列车沿固定的轨道安全运行时所需要的尺寸。（　）

6. 城轨交通供电系统主变电站的 35 kV、10 kV 侧采用单母线。（　）

7. 牵引变电所内两台 65 kV 整流变压器组接于同一段母线上。（　）

8. 中心降压站是从主变电站的 35 kV Ⅰ/Ⅱ段母线上各引入一路电源构成线路变压器组接线方式。（　）

9. 接触悬挂的类型主要可分为简单接触悬挂和环形接触悬挂两种。（　）

10. 正线接触轨一般布置在车辆行车方向的左侧，在道岔区等个别地段布置在车辆行车方向的右侧。（　）

11. 转辙器是转辙装置的辅助设备。（　）

12. 阻抗连接器不仅是轨道电路的分割设备，也是轨道电路发送、接收相邻轨道区段的设备。（　）

13. 数字编码轨道电路为基础的 ATS 系统，是近阶段城轨交通 ATC 系统的主要制式。（　）

14. 车载 ATP 子系统主要用于对列车驾驶进行防护，对与安全有关的设备或系统实行监控。（　）

15. 数字轨道电路是ATP系统的关键设备，它的可靠工作是确保行车安全的前提。（　　）

二、单项选择题（选择一个正确的答案，将相应的字母填入题内的括号中）

1. 按单根钢轨的（　　）不同，钢轨可分为标准轨、缩短轨、短尺轨等。

A. 强度　　B. 长度　　C. 材质　　D. 作用

2. 一般在地面线及车场道岔区域采用木枕或钢筋混凝土枕的（　　）道床。

A. 碎石　　B. 整体　　C. 混合　　D. 木结构

3. 限界主要分为车辆限界、设备限界、建筑限界、（　　）限界等。

A. 站台　　B. 电动机　　C. 车体　　D. 受电弓

4.（　　）的作用是固定钢轨，阻止钢轨产生纵向和横向位移，防止钢轨倾斜，并能提供适当的弹性，将钢轨承受的力传递给轨枕或道床承轨台。

A. 板块　　B. 支撑块　　C. 道床　　D. 扣件

5. 限界越大，安全度越（　　）。

A. 高　　B. 低　　C. 正常　　D. 不正常

6.（　　）kV馈线直接配电给牵引变电站、牵引降压混合站、降压变电站和中心降压变电站。

A. 30　　B. 35　　C. 40　　D. 45

7. 相邻两个牵引站的进线和联络线开关采用（　　）的供电模式，从而实现相邻两座牵引站的电源互相备用。

A. 三投四　　B. 五投四　　C. 四投三　　D. 四投五

8. 停车场的（　　）动力照明电源由场内专用降压变电站提供。

A. 高压　　B. 低压　　C. 平压　　D. 串压

9. 牵引变电所内（　　）台35 kV整流变压器组接于同一段母线上。

A. 1　　B. 2　　C. 3　　D. 4

10. 在城轨交通牵引供电系统中，直流（　　）V供电一般采用第三轨。

A. 500　　B. 750　　C. 1 000　　D. 1 500

11. 转辙机按动作能源和（　　）分为电动转辙机、电动—液压转辙机、电控转辙机。

A. 传动方式　　B. 功能　　C. 操作方法　　D. 用电性能

12.（　　）是向列车传送“速度命令”的重要设备。

A. 电阻连接器　　B. 阻抗连接器　　C. 电容连接器　　D. 电瓶连接器

13. 数字轨道电路的频偏为（　　）。

A. ±100 Hz　　B. ±200 Hz　　C. ±300 Hz　　D. ±400 Hz

14.（　　）/TWC 接收线圈设于 A 型车第一个轮对前。

A. ATC　　B. ATP　　C. ATS　　D. ATO

15.（　　）的使用可使列车尽量保持最佳运行状态，避免了列车过于剧烈的加速和减速。

A. ATC　　B. ATP　　C. ATS　　D. ATO

理论知识复习题答案

一、判断题

1. √　2. √　3. ×　4. √　5. ×　6. √　7. ×　8. √
9. ×　10. √　11. ×　12. √　13. ×　14. √　15. √

二、单项选择题

1. B　2. A　3. D　4. D　5. A　6. B　7. C　8. B
9. B　10. B　11. A　12. B　13. B　14. B　15. D

第2章 电动列车车辆

学习目标

完成本章的学习后，您能够：

- ☑ 掌握车辆机械主要部件的名称、组成及作用
- ☑ 掌握车辆机械主要部件的基本参数
- ☑ 掌握车辆制动系统的作用及基本工作原理
- ☑ 掌握车辆电气主要部件的名称、组成及作用
- ☑ 掌握车辆电气主要部件的基本参数
- ☑ 掌握车辆电气主要部件的基本工作原理

知识要求

2.1 车辆机械

2.1.1 车体

1. 车体的分类及特征

（1）车体的分类。轨道交通车辆是用以运送乘客的运载工具，其用于运送乘客及为乘客服务的部分称为车厢。车厢外壳按使用的材质可分为铝合金车、耐候钢车和不锈钢车。按制造工艺又可以分为焊接结构、铆接结构和混合连接结构。按承载方式分类，有底架承载、底架与侧壁共同承载和整体承载三种承载方式，轨道车辆的车体一般采用整体承载方式。

（2）车体的特征。与普通铁路客车相比，轨道交通车辆的车体具有以下特征：

1）一般为动力分散型电动车组，有动车与拖车之分。

2）车厢内的座位少、车门多且开度大，内部服务于乘客的设施较简单。

3）质量限制较为严格，特别是高架轻轨，要求轴的质量轻。故车体采用轻量化概念设计，车体材质一般采用大型中空铝合金挤压型材、高强度复合材料或不锈钢。车体其他辅助设施尽量采用轻型高科技新材料。

4）车体的防火要求严格，故采用防火、阻燃、低烟和低毒的材料。

5）车辆的隔音和减噪有严格要求，以最大限度地降低车辆噪声。

6）列车的外观造型和色彩与城市市容规划相协调。

2. 上海轨道交通西门子 A 型电动列车车体主要参数

上海轨道交通西门子 A 型电动列车是由德—沪地铁集团（GSMG）承制的，其车体结构基本相同，如图 2—1 所示，均为大型铝合金挤压型材的焊接结构，主要技术参数见表 2—1。

图 2—1　西门子 A 型电动列车

表 2—1　　西门子 A 型电动列车主要技术参数

参考指标	技术参数
两端车钩连接中心面之间长度	
有驾驶室（Tc 车）	24 400 mm
无驾驶室（Mp/M 车）	22 800 mm
车体长度	
有驾驶室（Tc 车）	23 690 mm
无驾驶室（Mp/M 车）	22 100 mm
车体最大外宽	3 000 mm
车体内部宽度	≥2 720 mm
车顶中心线距轨面高（新轮，不包括静压排风扇和受电弓）	3 800 mm
客室地板面距轨面高度	1 130 mm
贯通道最小宽度	1 500 mm
车钩水平中心线距轨面高度	720 mm
两转向架中心距（定距）	15 700 mm
转向架固定轴距	2 500 mm
轴重	≤16 t
座位数	56 人/辆
额定乘客总数（按 6 人/m^2）	310 人/辆
超载时乘客总数（按 9 人/m^2）	410 人/辆

3. 上海轨道交通西门子A型电动列车的车体结构与内部设施

目前，上海轨道交通西门子A型电动列车为整体承载的封闭梯形结构，其材料均采用大型铝合金中空挤压型材，连接方式为焊接。

（1）车体结构。列车车体结构主要由底架、侧墙、端墙、车顶通过焊接组成。车体底架通过心盘支撑在转向架上，承受着作用在车体上的各种荷载，它是车体的基础，因此，车体的底架是车辆最重要的部件之一。车体底架由地板、侧梁、枕梁、小横梁和牵引梁组成。枕梁用于连接转向架，牵引梁设在底架的两端，用来安装车钩缓冲装置。如图2—2所示为西门子A型电动列车车体断面。

图2—2　西门子A型电动列车车体断面

车体的左右侧墙各有五扇车门和四个车窗，侧墙被分隔成六块，组装时分别与底架、车顶拼接，各块均为整体的挤压铝合金型材或焊接部件。

车顶两侧小圆弧部分采用形状复杂的中空挤压铝合金型材，中部大圆弧部分也是带有纵向加强杆件的大截面挤压铝合金型材，车顶组装时仅留下几条与车顶等长的纵向长焊缝。

车体两端的端墙也为大截面挤压铝合金型材。

驾驶室为一整体，通过焊接与车体拼接。驾驶室地板下部设有数排椭圆孔，当车辆受到迎面意外撞击时，利用椭圆孔的塑性变形来吸收纵向冲击能量，以保护驾驶员和乘客的安全，并避免车体的损坏。

（2）内部设施

1）地板。客室地板的底层是铝合金中空型材，在铝型材表面粘接2.5 mm厚的PVC塑料地板（DC01型车的PVC塑料地板下是经防火处理过的木板），具有耐磨、阻燃和防滑的性能。

2）顶板。客室顶板由三部分组成，中间为平板，平板两侧为多孔的空调通风口，最外侧为客室照明灯的灯箱和门控驱动机构的弧形盖板。

3）客室侧墙、端墙。侧墙、端墙的内侧（客室侧）都是阻燃的密胺树脂胶合板。组装后侧墙、端墙的铝合金型材的内侧均喷涂了阻尼浆，并敷贴了隔声、隔热材料，所以，侧墙、端墙都具有良好的隔声和隔热效果。

4）客室车窗。客室每侧均匀布置四扇车窗，车窗采用中空玻璃，具有良好的隔热、隔声性能。玻璃用环形氯丁橡胶条嵌入装配在侧墙内。

5）驾驶室风窗玻璃。驾驶台前风窗玻璃安装有约 12 mm 厚的安全风窗玻璃，玻璃内埋有电加热丝，在冬季可进行加热除霜；玻璃外侧装有刮水器。

6）驾驶室座椅。驾驶室座椅是按人机工程学原理专门为驾驶员设计的专用座椅，驾驶员可按个人需求对其进行上下和前后调节。

7）客室座椅。为了适应城轨交通短途、大运量的特点，客室座椅采用靠侧墙纵向布置的方式，在每节车厢两侧车门之间设置有座椅，共 56 个座位。根据上海气温特点和车厢内的空调条件，座椅采用玻璃钢材料。

8）立柱和扶手。为了方便站立乘客的乘行，在客室内设有立柱及纵向扶手。在每节车厢的纵向中心线处，均匀设置了 13 根立柱。在座椅的端部也设有立柱，以方便站立在车门区的乘客。同时，在这些立柱上还装有纵向扶手。立柱与纵向扶手采用铝合金材料，表面进行阳极氧化处理。立柱的直径为 40 mm，扶手的直径为 35 mm。

9）紧急疏散门。紧急疏散门设置在正、副驾驶台中间的前端墙上，供乘客在紧急情况下逃生用。

10）贯通道。在车辆与车辆之间设有贯通道，贯通道为封闭的折棚，底部是用轧花铝合金制成的过渡板，不仅供乘客在车厢间自由走动，还增加车辆通过曲线时的灵活性。

11）其他。在客室的座椅下面安装有受电弓升弓脚踏泵（仅 Mp 车有）及灭火器等。

2.1.2 车门

1. 客室车门结构形式

轨道交通电动列车客室车门数量多且操作频繁，车门状态的好坏将会直接影响运营品质，因此，保证车辆客室车门的安全与可靠至关重要。

车门要确保乘客的安全；要均匀分布，以方便乘客上、下车；要有足够数量的车门，以使乘客上、下车时间满足运行密度的要求；要有足够的有效宽度；要具有较高的可靠性。

轨道交通电动列车的客室车门按照驱动系统的动力来源分为电动式车门和气动式车门。电动式车门的动力来源是直流或交流电动机，气动式车门的动力来源是驱动气缸。按照车门的运动轨迹及与车体的安装方式，客室车门主要可分为以下三种形式：

（1）内藏嵌入式移门。内藏嵌入式移门简称内藏门，车门开、关时，门叶在车辆侧墙的外墙板与内墙板之间的夹层内移动。传动系统设于车厢内侧车门的顶部，装有导轮的门叶可在导轨上移动，传动机构的钢丝绳、传动带或丝杠与门叶相连接，借助气缸或电动机驱动传动机构，从而实现门叶的往复动作。

（2）外挂式移门。外挂式移门与上述内藏嵌入式移门的工作原理完全相同，主要区别在于门叶和其悬挂机构处于侧墙的外侧。

（3）塞拉门。塞拉门在车门开启时，其门叶贴靠在侧墙的外侧；关闭时，其门叶外表面与车体外墙成一平面。这不仅使车辆外形美观，便于自动洗车装置对车体的清洗，而且也有利于减小列车高速行驶时的空气阻力和空气涡流产生的噪声。塞拉门开、关的平移动作是通过电动机驱动与门叶相连的传动机构，装有导轮的门叶沿着门叶上方的导轨滑移；其关门的塞拉动作可以靠导轨的导向，也可以通过摆杆摆动来实现。

2. 上海轨道交通西门子 A 型电动列车客室车门

西门子 A 型电动列车的客室车门是以压缩空气为动力的风动门，具有结构简单、容易控制、安全可靠、故障率低等优点。压缩空气经过门控电磁阀的控制作用于驱动气缸，气缸活塞杆带动钢丝绳、绳轮、防跳轮、滚轮和导轨等组成的机械传动系统动作，使两车门同步反向移动，完成车门的开、关动作。

（1）主要技术参数（见表 2—2）

表 2—2　　西门子 A 型电动列车客室车门主要技术参数

参考指标	技术参数
门框宽度	1 550 mm
门框高度	1 860 mm
车门开度	（1 400 ±4） mm
车门厚度	32 mm
机械装置高度（距轨面）	2 800 mm
开门时间	（2 ±0.5） s
关门时间	（2 ±0.5） s
电源电压	110VDC ±30%
工作温度	−12 ~ +40℃

续表

参考指标	技术参数
工作湿度	≤90%
压缩空气工作压力	4～5 bar
关门夹紧力	150～200 N

（2）基本结构功能

1）门叶和导轨。如图2—3所示，西门子A型电动列车车门上部装有由钢化玻璃及氯丁橡胶密封条组成的玻璃窗；车门的中心处可承受90 kg的横向荷载，而挠度不允许大于6.2 mm。车门的两侧立边装有氯丁橡胶密封条；橡胶密封条在两车门的结合处呈凸凹状，保证车门关闭时有良好的密封效果，并可在车门关闭的瞬间起保护乘客免于被夹伤的作用，因此它又被称为护指橡胶条。在门另一立边的橡胶密封条主要起防尘、防风的作用。一般来讲，各型列车门叶结构基本与此相同。

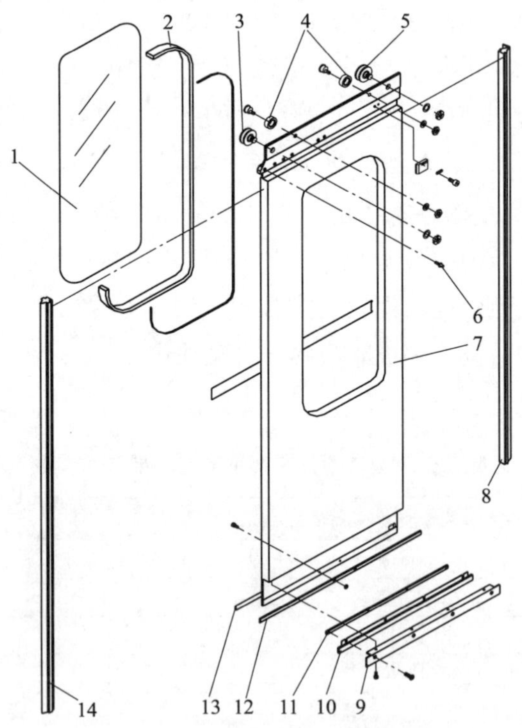

图2—3　西门子A型电动列车车门

1—窗玻璃　2—窗玻璃密封橡胶框　3—承载轮　4—偏心防跳轮　5—偏心承载轮
6—锁销　7—门叶内部　8—密封橡胶条　9—门下毛刷封条　10—门下毛刷
11—门下毛刷卡条　12—内侧磨耗板　13—外侧磨耗板　14—护指橡胶条

西门子A型电动列车每扇车门的顶部装有两个尼龙防跳轮和两个尼龙滚轮。滚轮沿门上导轨滑动并承受门重荷载。防跳轮间隙如图2—4所示。

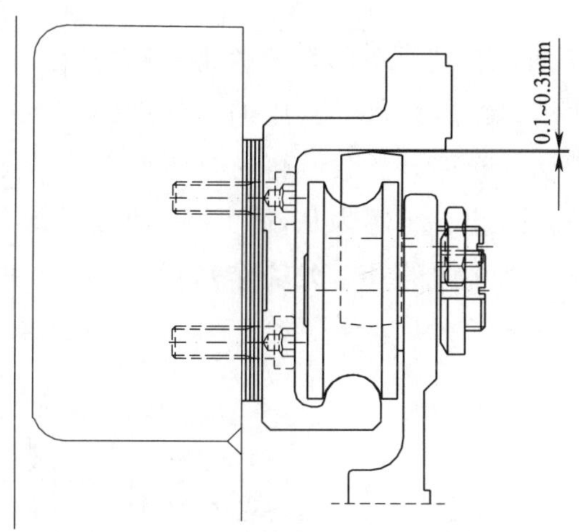

图2—4 西门子A型电动列车防跳轮间隙

2）车门的机械传动系统。它的作用是将驱动气缸活塞杆的运动传递至两扇门叶，使车门产生开、关动作。它由左门驱动架、右门钢丝绳架、驱动气缸、绳轮、钢丝绳、上导轨和下导轨等组成。

左门驱动架如图2—5所示，它安装在左车门上，其作用主要是将驱动气缸的活塞杆固定在左车门上，使左车门在活塞杆的带动下，随着活塞杆的伸缩而进行车门的开、关动作，因此左车门为主动门。左门驱动架与活塞杆的连接方式为球铰连接。

图2—5 西门子A型电动列车左门驱动架

右门钢丝绳架如图 2—6 所示，它安装在右车门上，其作用主要是将右车门与钢丝绳相连，使右车门与钢丝绳联动。

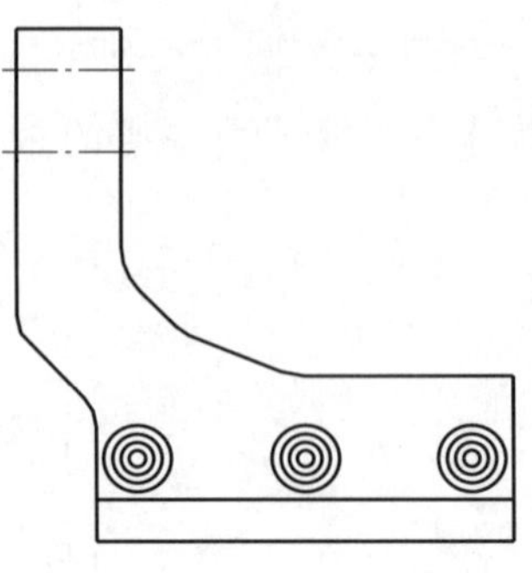
图 2—6　西门子 A 型电动列车右门钢丝绳架

驱动气缸如图 2—7 所示，它是车门系统的主要部件，是车门开、关门动作的执行元件，由压缩空气推动其活塞杆运动，并带动左车门开、关，再通过钢丝绳将动力传递至右车门，因此右车门为从动门。驱动气缸性能的好坏直接影响到车门的开、关动作是否可靠。

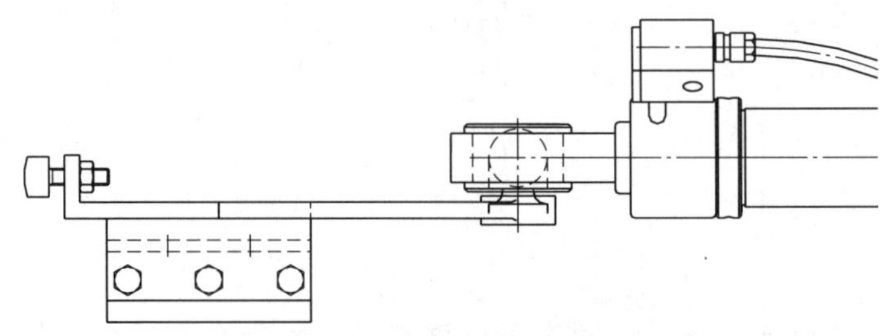
图 2—7　西门子 A 型电动列车驱动气缸

气缸的尾座与车体相连，连接方式允许气缸在车体纵向转动；与左车门上的驱动架相连，为球铰连接，因此，气缸的安装处于浮动状态，不会因车体变形而产生活塞杆在气缸内卡死的现象。

钢丝绳在绕过两个绳轮并通过左门驱动架，被左门驱动架上的钢丝绳夹板夹紧后，钢丝绳的两个端头在右门钢丝绳架上汇合。这样钢丝绳将左、右车门联系起来，实现了左、右车门的同步反向联动。如图 2—8、图 2—9 所示为钢丝绳的安装情况。

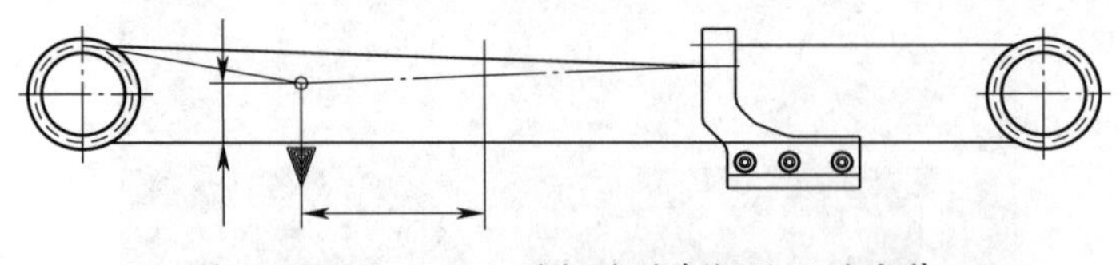
图 2—8　西门子 A 型电动列车钢丝绳的安装

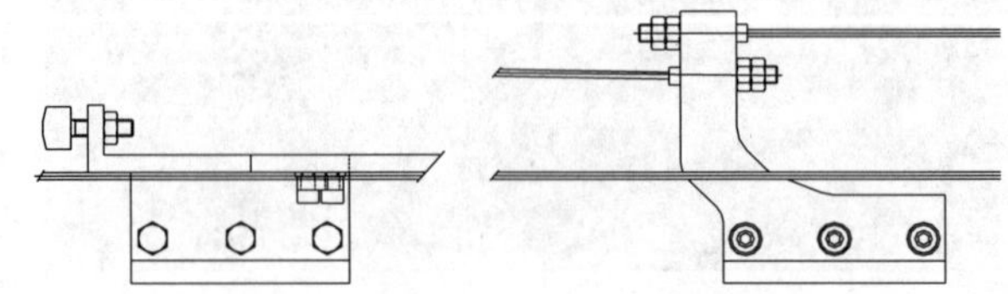
图 2—9　西门子 A 型电动列车钢丝绳夹板及钢丝绳的安装

3）机械闭锁机构。机械闭锁机构如图2—10所示，它安装在车门系统中心位置的上方，由车门锁钩组件、门上锁销和解锁气缸等组成。解锁气缸是执行门钩解锁动作的部件。锁钩板呈反S形，将车门上的圆销锁住后车门无法开启。扇形板在锁钩板打开时可将S1行程开关触发。复原弹簧的作用是使锁钩板复位。

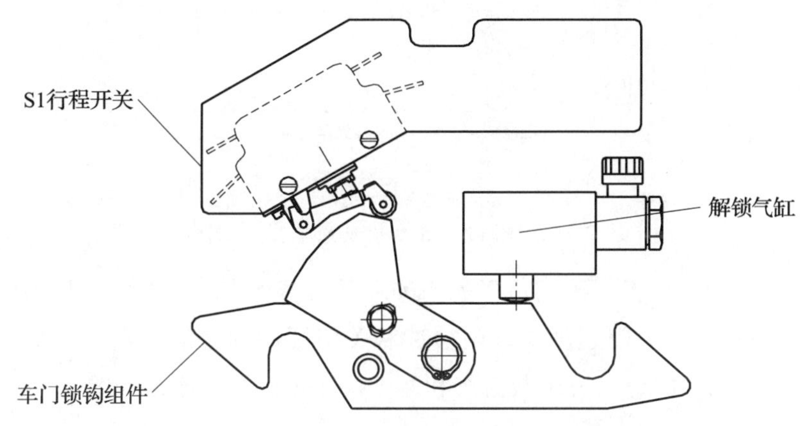

图2—10　西门子A型电动列车机械闭锁机构

4）紧急解锁装置。红色紧急拉手如图2—11所示，它安装在车门上方的正中；其上方安装有三个行程开关，并附有紧急机构解锁和切除机构，以便于遇到紧急情况时乘客使用或车门发生故障时乘务人员操作。

图2—11　西门子A型电动列车红色紧急拉手

5）关门止挡。关门止挡如图 2—12 所示，它安装在车门左上方。两车门关闭时的中心位置须与门框的中心重合，且两车门上的圆销进入锁钩板圆孔后与圆孔的间隙两边须均匀，因此，可通过关门止挡来调整车门关停的位置。

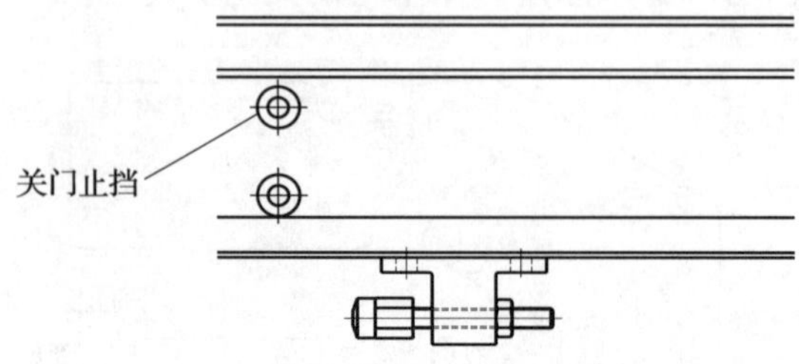

图 2—12　西门子 A 型电动列车关门止挡

6）门控电磁阀。门控电磁阀负责控制进入车门驱动气缸压缩空气压力的大小，从而达到调节开门速度、关门速度、开门缓冲和关门缓冲的目的。它由三个二位三通电磁阀（MV1、MV2、MV3）、五个节流阀和两个快速排气阀组成，如图 2—13 所示。

图 2—13　西门子 A 型电动列车门控电磁阀

电磁阀 MV1、MV2 和 MV3 分别为开门电磁阀、关门电磁阀和解锁电磁阀。

五个节流阀的功能分别为调节开门速度、关门速度、开门缓冲、关门缓冲和解锁速度。

两个快速排气阀的功能是主气缸两端的排气管通过快速排气阀排向大气。它相当于一个双向选择阀，其排气口是常开的，当驱动气缸通过它充气时，其阀芯将排气口关闭。

西门子 A 型电动列车的节流阀装在气缸两端的出口处；三个二位三通电磁阀装在气缸的缸体中部；两个快速排气阀分别与同一端的节流阀为一体。

7）行程开关。行程开关是反映车门开、关动作的限位开关，它把车门的机械动作变成电信号反映到车门的监控回路中，使驾驶员随时了解车门的开、关状态。S1、S2、S3、S4 四个行程开关分别对门钩位置、关门行程、门控切除和紧急手柄位置进行监控及显示。

S1 为门钩位置行程开关，表示出门钩锁定与否的信息，为常闭的行程开关，装在红色紧急拉手上。当门钩锁定时，其 1/2 触点（为常闭触点）合上（在线路中将电路接通），3/4 触点（为常开触点）断开；反之则是门钩尚未锁定。

S2 为关门行程开关，表示车门关闭与否的信息，为常开行程开关，固定在门导轨上部的一个安装架上。当车门关闭时，其 1/2 触点（常闭）断开，3/4 触点（常开）合上（在线路中将电路接通）；反之则是车门尚未关闭。

S1 行程开关与 S2 行程开关为联锁作用，即同一侧五个门洞的所有 S1 与 S2 行程开关均为串联，若其中任意一个不闭合，驾驶室会显示故障，列车则无法启动。

S3 是车门紧急切除行程开关，为常闭的行程开关，装在红色紧急拉手上。在正常情况下，1/2 触点（常闭）闭合。当某扇车门由于故障而不能被正常使用时，使用方孔钥匙启动紧急拉手上的切除机构，S3 行程开关的 1/2 触点断开，3/4 触点合上，从而将该扇门的监控回路短接，排除在列车门控系统外，使列车不因这扇门的故障而影响正常运营。

S4 是紧急开门行程开关，为常闭的行程开关，装在红色紧急拉手上。有以下两种情况：

①在 ATP 系统开通时，当客室内的紧急手柄被拉下时，S1 和 S4 两个行程开关同时动作，此时 S1 的 1/2 触点断开，使监控回路断开，驾驶室会显示故障，列车将自动紧急停车；同时，S4 的 1/2 触点的断开使关门电磁阀失电，且由于紧急手柄的动作使门锁也被打开，车门可由人工开启。另外，由于 S4 的 3/4 触点的合上，则向驾驶员报警，显示在客室里有异常情况发生，列车会自动停车。

②在 ATP 系统关闭时，当客室内的紧急手柄被拉下时，S4 的 3/4 触点合上，则向驾驶员报警，客室有异常情况，但是列车不会自动停车。

（3）车门功能

1）客室车门的开关。正常情况下车门的开关和锁闭不允许乘客操作，是由驾驶员在驾驶室按动左、右侧壁上的开关门按钮来完成的（交流传动车在右侧壁上再增设一副左侧门开、关按钮），并且此开、关门按钮上还带有指示灯，以显示车门开关的状态。只有当开门按钮的指示灯点亮时，车门才有可能打开，这是开门的必要和充分条件。在客室外二位端的两侧窗下有门锁机构，必要时，驾驶员在车外可用钥匙打开车门。在这些门外设有脚蹬和扶手。

2）关门报警。为了提醒乘客不要被车门夹住，特在关门前夕设置关门报警。报警时蜂鸣器鸣叫 4 ~5 s，蜂鸣器停止鸣叫后车门关闭。

3）客室车门监控系统。列车在正常运营时采用全自动列车控制（ATC）模式，车上只有一位驾驶员监控。为了保证列车安全运营，必须有一套有效的客室车门监控回路来监控列车全部车门开、关的状态。

S1 行程开关与 S2 行程开关为联锁作用，即同一侧所有门洞的 S1 与 S2 行程开关均为串联，若其中任意一个不闭合，则说明某个车门没有关好或锁好，驾驶室会显示故障，列车则无法启动或会紧急制动。因此，全列车、每侧的 S1 行程开关与 S2 行程开关形成的串联回路称为客室车门的监控系统。当所有车门均关好、锁好时，客室车门的监控回路接通，驾驶员首先是通过关门按钮 8S3 或 8S4 上的按钮灯 8H3 或 8H4 亮或暗来判断全列车的客室车门是否关闭及锁定，然后才根据驾驶台显示屏的显示内容或车外侧墙灯、车门灯来进一步确认。

4）列车再开门功能。只有 ATP 系统开通时才有再开门功能。当车门在关闭过程中，如果乘客或乘客随身携带的物品被夹持在待关闭的车门门叶之间，在规定的时间内关门灯未亮，意味着车门尚未完全关好，则再按一下开门按钮（8S2），此时仅有未关闭的车门再次开启，并隔 4 ~5 s 后自动关闭。

5）紧急开门。在紧急情况下乘客可扳动车门上方、正中位置的红色紧急手柄开门。这时，S1′行程开关的 1/2 触头打开，使列车产生紧急制动。S4 行程开关的 1/2 触头打开，使关门电磁阀的电气连接中断；但该电磁阀可以通过一个并联接头供电，气缸仍不会释放，直到列车降速到 3 km/h 时电磁阀断电，然后车门系统的气路中断，车门可手动打开；红色紧急手柄会从下方顶起车门的锁钩板，使门的机械锁打开。3 km/h 以下使用红色紧急手柄时关门电磁阀的电气连接会立刻中断，然后车门系统的气路被中断，可立刻手动打开车门。由于 S4 行程开关的 3/4 触头闭合，使驾驶员获得车门紧急开启的信息。

若再将紧急手柄推上复位后，车门会自动锁闭。

在车外二位端的两侧窗下、距轨面 1 600 mm 处有门锁机构，必要时乘务员在车外可用钥匙打开端头的车门。在这些门外设有脚蹬和扶手。

6）车门切除。当某扇车门由于故障而不能正常开、关时，则可将该单扇门的控制电路切除，使该门处于关闭状态而不能开启。其方法是使用方孔钥匙将应急拉手旁 S3 行程开关的 3/4 触点合上，1/2 触点断开，从而将该扇门的监控回路短路，整列车不会因这扇门的故障而影响正常运营；并从机械上阻止车门的打开；在实施切除前车门须关闭，锁定且紧急手柄处于正常位。

（4）驾驶室侧门的基本结构。在驾驶室两侧各有一扇单叶的内藏式滑动门，用于驾驶员安全出入。驾驶室侧门的开闭为手动，没有电气控制系统。驾驶室侧门可以确保驾驶室与外界进行物理、热量及声音的隔离。

驾驶室车门结构与客室车门类似，但车门上装有与门把手联动的锁板，并安装有门锁。车门的锁闭由驾驶员掌握的钥匙操纵，车门由驾驶员锁好后，任何人无法进入。在车门未锁时，进出车门须扳动门把手，由于门把手与驾驶室侧门上方的锁板为联动，因此锁板与门框上的锁销脱离，车门即可打开。

车门上的窗户可开启。门框上装有开、关门止挡，可调整车门关停的位置。

（5）驾驶室通道门的基本结构。在驾驶室与客室之间有一扇单叶的推拉门，用合页安装在驾驶室与客室之间的隔墙上。车门下部装有百叶通风板。

通道门在驾驶室一侧有开门把手；客室一侧没有开门把手，乘客不能开启这扇门。但在门上方有一红色紧急手柄，在紧急情况下乘客可扳下紧急手柄开启通道门。

（6）紧急疏散门的基本结构。列车在隧道内运行一旦发生火灾或其他险性事故时，必须紧急疏散车上的乘客。这时驾驶员可打开设在两个 Tc 车端头正中间的紧急疏散门，引导乘客通过紧急疏散门走向路轨中央，然后向两端的车站疏散。

门叶下部和地板之间用铰链连接；门叶上方装有门锁机构和锁门行程开关。一旦门锁开启，车门能自动倒向路基，门板成为连接车体地板与地面的斜梯。

门的两侧各有一组由数根铝合金杆和气弹簧铰接在一起，一头与车端相连、另一头与门板相连的拉杆机构，在门倒下的过程中起到缓冲作用，使倒下的速度不会过快，防止损坏车门装置；门两侧的拉杆机构也是斜梯的栏杆和扶手。

门板由铝合金板型材制成，表面涂有防滑漆，以防止乘客滑倒。

紧急疏散门有一个检查钢丝绳安放位置正确与否的行程开关，一个锁门行程开关和两个检查紧急疏散门是否关闭良好的行程开关；否则列车无法启动。如图 2—14 所示为紧急疏散门打开后的状况。

紧急疏散门打开方式分为车上和车下两种。

1）在车上开门方式。面对紧急疏散门，从挂在左侧副驾驶台侧面的钢丝绳收放筒内拿出开关门手柄，向下拉开门绳索，使门锁杆缩进即解锁；安装在逃生门右侧的开门阻尼顶杆弹出，顶开逃生门，门板缓缓落下；在落下的过程中，门板两侧的伸缩保护连杆将其拉住，其中的阻尼装置在门板落下过程中起到缓冲作用。

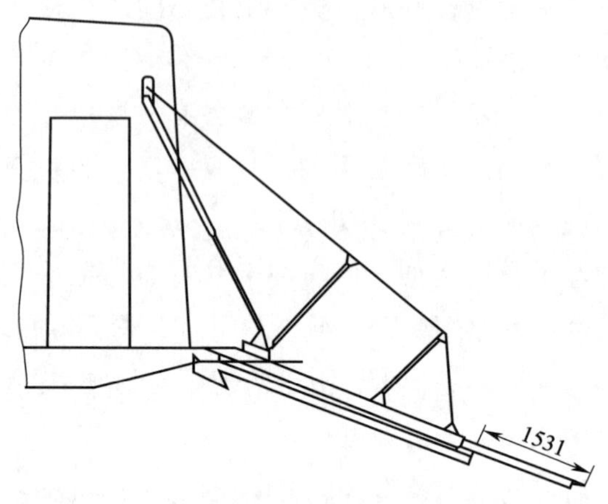

图 2—14　西门子 A 型电动列车紧急疏散门打开后成为斜梯

2）在车下打开方式。开门手柄盒位于车头右下角（面向车头时）。首先打开车下红色逃生门开门手柄盒，拉出开门手柄；用力拉手柄，这时通过钢丝绳使门锁杆缩进即解锁；开门阻尼顶杆弹出，顶开紧急疏散门。

关闭紧急疏散门的方式：在驾驶室内操作时用力转动开关门手柄，通过钢丝绳收放筒把门拉上。关门时要有一定的冲力才能将门关紧；这时门锁杆弹出，锁住门叶。

2.1.3　车钩缓冲装置

1．车钩缓冲装置的类型

车钩一般分为全自动车钩、半自动车钩和半永久车钩三种类型，它们均属于密接式车钩。

（1）全自动车钩。联挂或解钩时其机械、气路和电路可以实现完全自动连接或分离，也可人工解钩。

（2）半自动车钩。联挂或解钩时其机械和气路可以实现完全自动连接或分离，也可人工解钩，但其电路必须靠人工连接或分离。

（3）半永久车钩。联挂或解钩时其机械和电路的连接或分离都需要人工操作。

2．车钩缓冲装置的组成

（1）车钩钩头的结构。车钩钩头由机械钩头、电气连接箱和气路连接器等部分组成。全自动车钩与半自动车钩的机械钩头基本相同，半永久车钩的机械钩头采用半环箍型联轴器连接，下面以全自动车钩为例加以简述。

全自动车钩机械钩头由壳体、心轴、钩舌板、钩舌板连杆、钩舌弹簧、钩舌板定位杆（或称棘爪）、弹簧、撞块和解钩气缸组成。

壳体的前部一半为钩头凸锥，另一半为钩头凹锥，车钩联挂时相邻两个车钩的钩头凸锥和钩头凹锥相互插入；钩舌板是车钩实现动作的关键零件，设有供联挂时定位和供解钩气缸活塞杆作用的凸舌，以及与钩舌板连杆连接的定位槽、钩嘴等，钩舌板固定在心轴上，可在钩舌板弹簧的作用下绕心轴转动，并带动钩舌板连杆动作；钩舌板连杆是车钩联挂的主要部件，其在连杆弹簧拉力的作用下使车钩可靠连接；钩舌板定位杆是控制车钩处于待挂或解钩状态的部件；撞块是车钩联挂时解开钩舌板定位杆与壳体的锁定，使两车钩实现联挂的部件。

（2）缓冲装置的类型及工作原理。缓冲装置分为可恢复缓冲器和不可恢复缓冲器两种类型。可恢复缓冲器又分为双作用环弹簧缓冲器、橡胶缓冲器、液压缓冲器和气液缓冲器四种类型；不可恢复缓冲器常用的有压溃管缓冲器。

西门子 A 型电动列车车钩使用的缓冲器由压溃管（见图 2—15）和橡胶缓冲器（EFG3）（见图 2—16）组成。在列车相撞时，通过压溃管的变形来吸收冲击能量，压溃管属于免维修部件，当压溃管的变形部位超过规定的标准时必须进行更换。在列车正常的牵引和制动时，通过橡胶缓冲器的橡胶变形来吸收冲击能量。

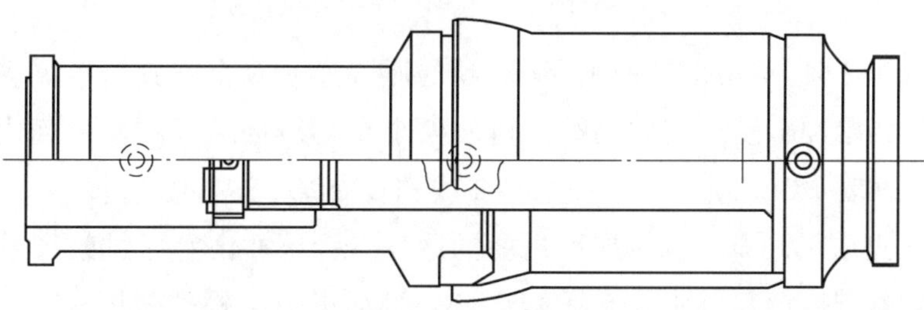

图 2—15　压溃管

（3）对中装置的分类及作用。车钩对中装置分为水平对中装置和垂向对中装置，如图 2—17 所示。水平对中装置一般简称对中装置，可分为气动对中装置和机械对中装置。垂向对中装置一般称为垂向支撑，通过调整该处的调节螺栓可以调节车钩端面中心线到轨道上表面的距离。

西门子 A 型电动列车车钩对中装置采用气动自动对中。其结构和对中原理：在缓冲器的尾部下方左、右侧各设有一个对中气缸，它的活塞头部装有一个水平滚轮，当气缸充气活塞杆向外伸出时，能自动嵌入固定在球铰座下方的一块桃形凸轮板左、右两个缺口内，从而达到使车钩自动对中的目的，以便使两个钩头凸锥对准车钩的凹锥。车钩联挂后，为有利于列车顺利通过弯道，两列车联挂后对中气缸处于排气状态。

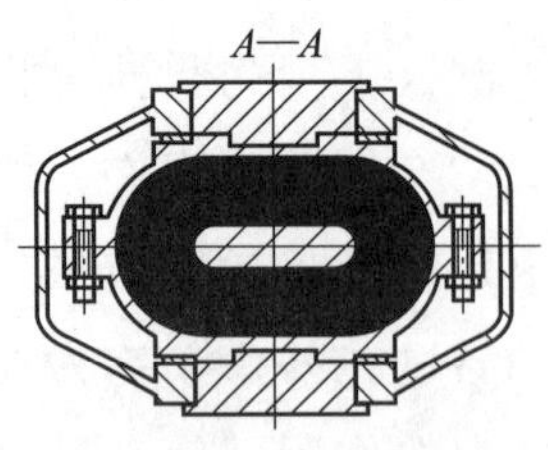

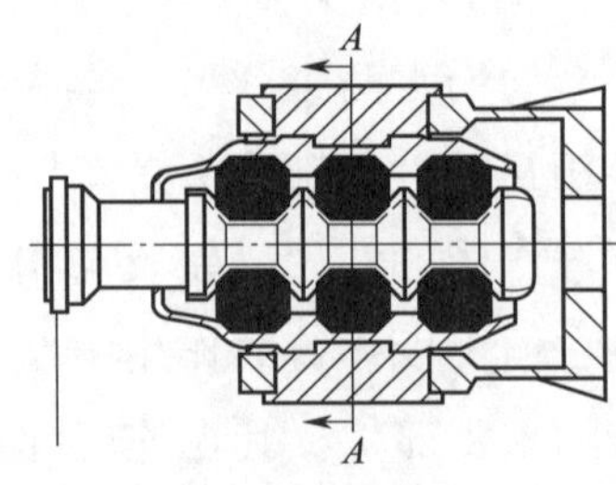

图 2—16　橡胶缓冲器

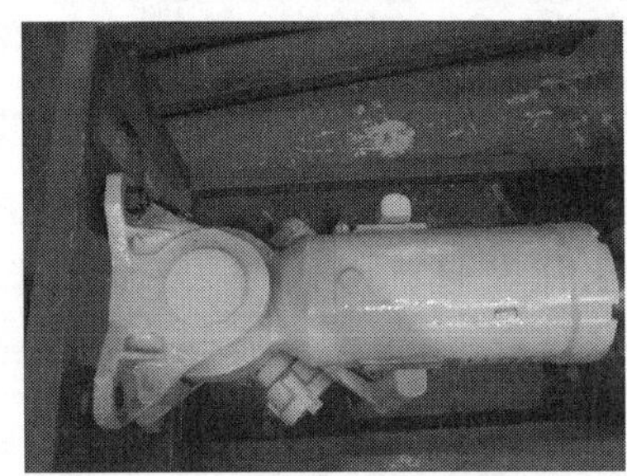

图 2—17　气动对中装置

（4）钩尾冲击座的功能及原理。缓冲器的尾部通过一个球铰与车体底架相连，该球铰部分简称钩尾冲击座。这样的结构可使整个车钩缓冲装置在水平面内摆动 ±40°，而在垂直面内摆动 ±5°，满足车辆在水平曲线和竖曲线上运行的要求。

西门子 A 型电动列车车钩钩尾冲击座的原理：钩尾冲击座通过鼓形过载保护螺栓与车体牵引梁紧密接合，当冲击载荷大于 800 kN 时鼓形结构被破坏，车钩与车体分离并沿着导轨向后移动，从而避免超过许用载荷的冲击力加载到车体底架上。

3. 全自动车钩的工作状态

（1）待挂状态。待挂状态为车钩连接前的准备状态，这时钩舌定位杆外端的一个凸齿与钩壳啮合，钩舌板连杆弹簧处于拉伸状态，钩舌板连杆退至凸锥内，钩舌板上的钩嘴对正前方，如图 2—18 所示。

（2）联挂状态。联挂状态是指相邻两个车钩的凸锥嵌入对方车钩的凹锥并撞击对方的撞块使其顺时针转动，撞块转动时又撞击了定位杆，使其原来与钩壳啮合的外齿脱钩，此时钩舌板在钩舌板连杆弹簧的作用下产生逆时针转动，使钩舌板连杆伸进对方的钩头并嵌入对方钩舌板的钩嘴，完成两钩联挂锁闭，如图 2—19 所示。

（3）解钩状态。解钩分为气动解钩和人工解钩两种方式。

1）气动解钩。解钩电磁阀得电，解钩气缸充气，活塞杆外伸，使钩舌板顺时针转动，将钩舌板连杆与对方钩舌板脱离，同时，又使钩舌板定位杆与撞块的爪啮合，这时两钩处于解钩状态。若对方钩头从凹锥中移出，撞块在弹簧的作用下产生逆时针转动，使撞块爪与钩舌板定位杆脱离，而定位杆又在它自己的弹簧作用下使其外爪与钩壳啮合，整个车钩又回复至待挂状态，如图2—20所示。

2）人工解钩。操作者可通过拉动连接在心轴下端的钢丝绳使钩舌板转动，达到与解钩气缸使钩舌板转动的同样效果。但要注意人工解钩需两位操作者同时拉动相邻两个车钩的钢丝绳，才能使钩舌板转动。

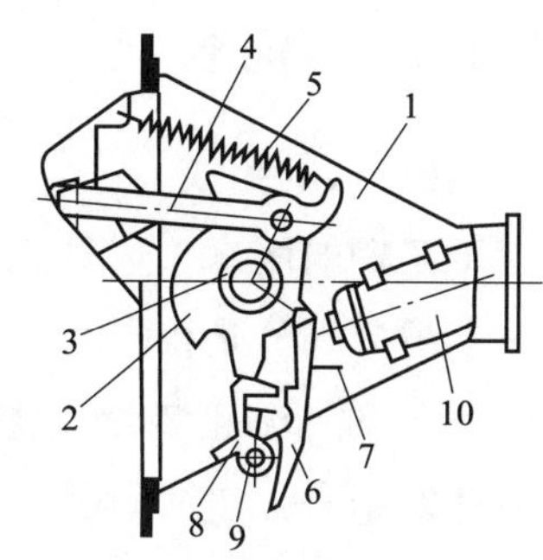

图2—18　待挂状态

1—壳体　2—钩舌板　3—心轴
4—钩舌板连杆　5—钩舌板连杆弹簧
6—钩舌板定位杆　7—定位杆弹簧
8—撞块　9—撞块弹簧　10—解钩气缸

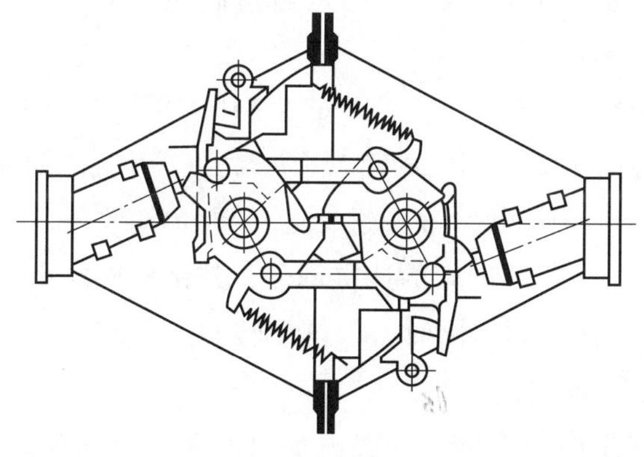

图2—19　联挂状态

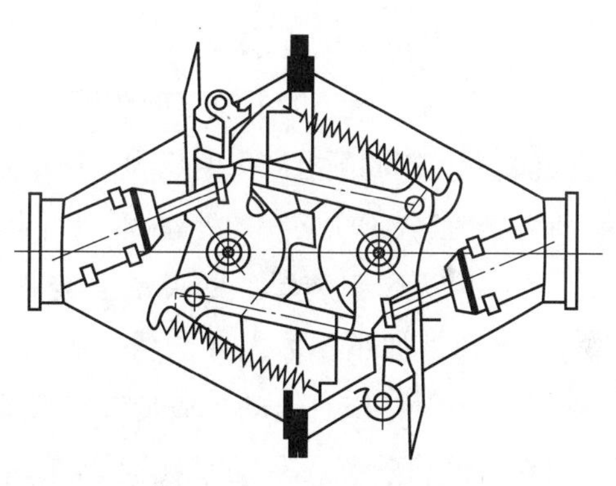

图2—20　解钩状态

4．车钩的连接

（1）电气连接。在机械钩头的两侧为电气连接箱，其中一侧为动力电源，另一侧为信号电源。全自动车钩机械钩头的心轴转动时将带动其顶端凸轮一起转动，凸轮将推动二位五通阀动作，气缸活塞杆通过杠杆及弹簧使电气箱迅速合上。半自动车钩两侧的电气箱则通过人工转动齿轮，然后再由齿轮带动齿条进行直线运动，从而带动杠杆和弹簧使电气箱合上。

（2）气路连接。气路连接设在车钩法兰下边的中间，分设两个风管弹簧阀，当一方弹簧阀的阀芯管压迫另一方的阀芯时则阀被打开，使总风管和解钩风管接通。而一旦对方风管撤离，也就是两钩头的法兰面分离时，则阀芯又在弹簧力的作用下将阀关闭。

2.1.4 转向架

1．转向架的组成

由于车辆的用途、运行条件、要求不同，使转向架的结构各异，类型很多。但它们的基本组成部分是相同的，一般转向架可以分为以下几个部分：

（1）轮对与轴箱装置。轮对沿着钢轨滚动，除了传递车辆质量外，还传递轮轨之间的各种作用力，包括牵引力和制动力。轴箱与轴承装置是联系构架和轮对的活动关节，它将轮对的滚动转化为车体沿钢轨的平动。

（2）弹性悬挂装置。为了减少线路不平顺和轮对运动对车体的各种动态影响（如垂向振动、横向振动和通过曲线等），在轮对与构架之间或者构架与车体之间设有弹性悬挂装置，前者称为一系悬挂装置，后者称为二系悬挂装置。

（3）构架。构架是转向架的基础，它把转向架的零部件组成一个整体。它不仅承受和传递各种作用力及荷载，而且它的结构、形状、尺寸和大小都应满足各零部件的结构、形状及组装的要求。

（4）制动装置。为了使车辆在规定的距离内停车，车辆必须安装制动装置，其作用是将单元制动机制动闸缸产生的压力，通过闸瓦与轮对踏面或闸瓦与制动盘之间产生的转向架内摩擦力转换成轮轨之间的外摩擦（即制动力），从而使车辆前进受阻，产生制动效果。

（5）中央牵引装置。中央牵引装置是车体与转向架的连接部分，其结构应能满足安全、可靠地架承车体，并传递各种载荷和作用力；同时，车体与转向架之间应能绕不变的旋转中心相对转动，以使车辆顺利通过曲线。

（6）驱动系统。驱动系统是动车转向架所特有的，主要由牵引电动机、联轴器、齿轮箱、齿轮箱悬挂装置及动力轮对等组成。该系统将牵引电动机的输出转矩转化为轮对上的转矩，利用轮轨之间的黏着作用驱动车辆沿着钢轨运行。

2．转向架的作用

（1）保证在正常运动条件下车体都能可靠地坐落在转向架上。通过轴承装置使车轮沿着钢轨的滚动转化为车体沿线路的平动。

（2）支撑车体，承受并传递从车体至轮对或从轮对至车体之间的各种荷载及作用力，并使轴重均匀分配。

（3）保证车辆能安全、灵活地沿直线线路运行及顺利地通过线路水平曲线和竖曲线。

（4）便于安装弹簧及减振装置。使车辆具有良好的减振特性，以缓和车辆和线路之间的相互作用，减小振动和冲击，减小动应力，提高车辆运行的平稳性、舒适性和安全性。

（5）通过安装在转向架上的牵引电动机及齿轮传动装置传递牵引力和制动力，驱动车辆沿着钢轨运行。

3. 上海轨道交通西门子A型电动列车转向架的结构

上海轨道交通西门子A型电动列车转向架由德国西门子公司 Duewag 工厂设计、制造。它分为拖车转向架与动车转向架两种，两者的区别在于动车转向架装有两套驱动装置，其他部件都相同，并且完全可以互换，如图2—21所示。

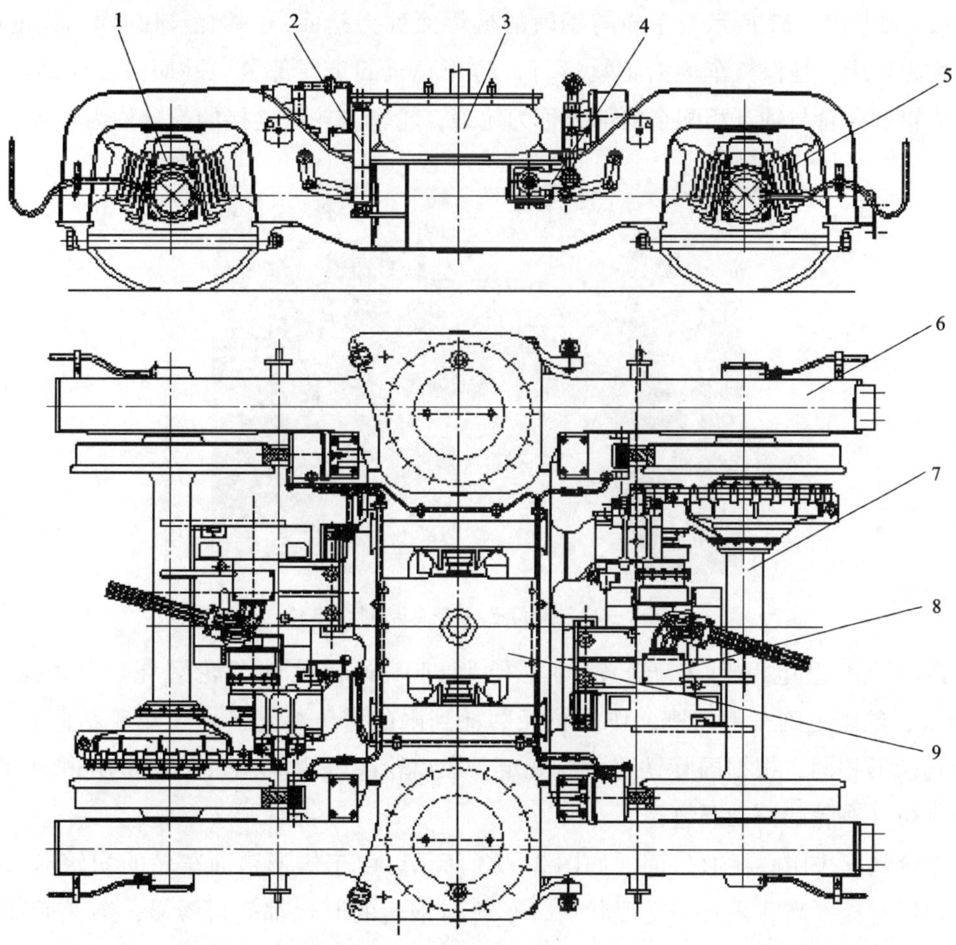

图2—21　西门子A型电动列车转向架

1—轴箱　2—减振器　3—空气弹簧　4—抗侧滚扭杆　5—人字形弹　6—构架　7—轮对　8—牵引电动机　9—中心销

（1）轮对与轴箱装置

1）轮对。轮对由一根车轴和两个相同的车轮采用过盈配合使之牢固地结合在一起。轮对的作用是承担从车体、钢轨传来的各种力的作用，引导车辆沿着钢轨运行，它是组成转向架的重要部件之一。轮对分为动车轮对和拖车轮对，其区别在于动车轮对包含齿轮箱。轮对的内侧距为（1 358 ±1）mm。

①车轴。西门子 A 型电动列车的车轴由优质碳素钢锻压成型，再经热处理和机械加工制成。

②车轮。西门子 A 型电动列车的车轮为整体碾钢轮，它由踏面、轮缘、辐板和轮毂组成，如图 2—22 所示。车轮与钢轨的接触面称为踏面，一侧沿着圆周凸起的圆弧部分称为轮缘，是保持车辆沿钢轨运行，防止脱轨的重要部分。踏面沿径向的厚度部分称为轮辋；轮与轴互相配合的部分称为轮毂；轮辋与轮毂连接的部分称为辐板。

图 2—22　西门子 A 型电动列车车轮

西门子 A 型电动列车新车轮的轮径为 840 mm，允许车轮磨耗后最小轮径为 770 mm，轮辋上刻有一沟槽，作为轮径磨耗到限的警告标记。由于车轮踏面有斜度，各处直径不相同，根据国际铁路组织规定，在离轮缘内侧 70 mm 处测量所得的直径为名义直径（车轮的滚动圆直径）。

车轮踏面采用磨耗形踏面，如图 2—23 所示。由于锥形踏面车轮的初始形状运行中将很快磨耗，当磨耗成一定形状后，车轮与钢轨的磨耗都变得缓慢，磨耗后踏面形状将相对稳定。磨耗形踏面可减小轮轨接触应力，提高车辆运行的横向稳定性和抗脱轨安全性。

2）轴箱装置。在轨道交通车辆运行中，车轴将承受变化着的静、动荷载作用，因此，要求轴承具有承载能力大、强度高、耐冲击、使用寿命长等特点。西门子 A 型电动列车采用圆柱滚动轴承装置。

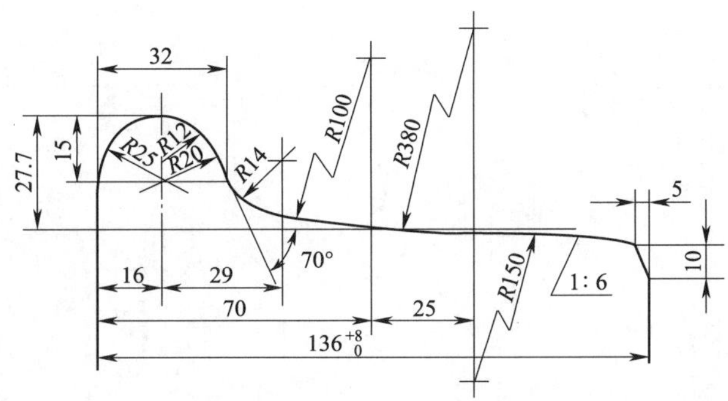

图 2—23 磨耗形踏面

轴箱采用铝合金材料制成，其作用是连接轮对与转向架的构架，传递及承受车体和钢轨传来的垂向与侧向荷载，如图 2—24 所示。轴箱内安装 SKF 双排单列圆柱滚动轴承，滚动轴承与车轴之间实行过盈配合。在轴承的两侧还装有迷宫密封圈，与箱体的迷宫槽配合后可阻止润滑油的油脂外溢。

（2）弹性悬挂装置

1）一系悬挂装置。一系悬挂装置采用人字形橡胶弹簧（见图 2—25），它装设在构架与轮对之间，由四层橡胶、四层钢板及一层铝合金板组合制成。由于动车和拖车的自重不同，所以动车人字形橡胶弹簧的刚度略大于拖车。

图 2—24 圆柱滚动轴承轴箱

图 2—25 一系悬挂装置的人字形橡胶弹簧

2）二系悬挂装置。二系悬挂装置由空气弹簧、高度调整阀、垂向液压减振器、抗侧滚扭杆等组成，如图 2—26 所示。

空气弹簧由气囊和应急弹簧组成，当气囊失效时（如气囊破裂、泄漏等），应急弹簧可承受车辆荷载，确保车辆行车安全。

高度调整阀安装在车体与转向架的构架之间，根据载客量自动调节气囊内压缩空气的压力，从而保证车辆地板面与轨面之间的距离不随载客量的变化而变化。

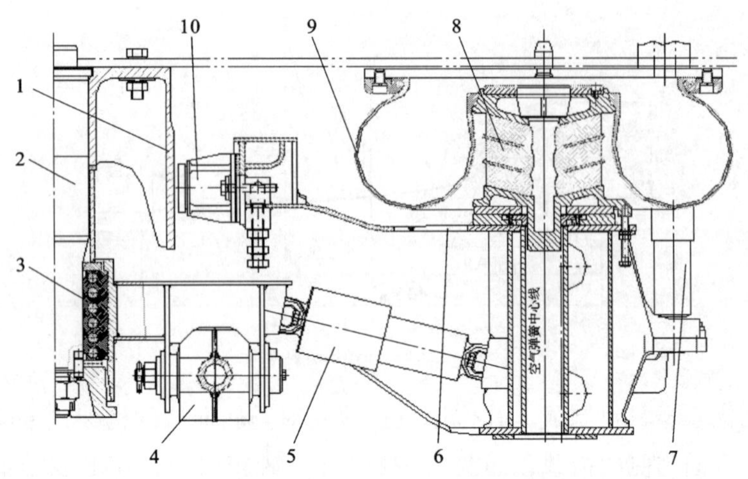

图 2—26　二系悬挂装置

1—中心销座　2—中心销　3—复合弹簧　4—牵引拉杆　5—横向减振器
6—构架　7—垂向减振器　8—应急弹簧　9—空气弹簧　10—横向止挡

西门子 A 型电动列车每辆车的两个转向架分别设一个高度调整阀，即车体两点定位，转向架均衡性要求易满足，但地板面高度调整难度大。

两个垂向液压减振器设在车体和转向架的构架之间，在中心座（心盘）和构架之间设有一个横向液压减振器，分别用来衰减车辆垂向和横向的振动。

横向止挡设在构架与心盘座之间，用来限制车体和构架之间的横向位移。

抗侧滚扭杆横穿于构架的横梁中，如图 2—27 所示，由扭杆、扭臂和连杆组成，

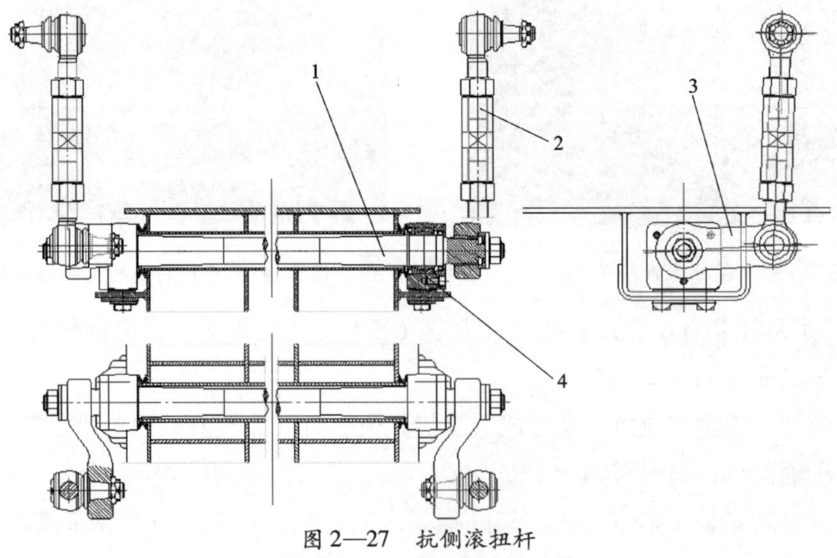

图 2—27　抗侧滚扭杆

1—扭杆　2—连杆　3—扭臂　4—支撑座

连杆与车体相连。当车体发生侧滚时，连杆的垂向位移带动扭臂，并使扭杆产生扭转变形，产生一对力偶，抑制车体的侧滚，从而提高乘客乘坐的舒适性。

（3）构架。构架由压制成型的钢板焊接成H形全封闭箱形结构，如图2—28所示，具有质量轻、强度高、使用寿命长的特点。

构架用来安装及支撑轮对与轴箱、一系悬挂装置、二系悬挂装置、单元制动机、牵引电动机、齿轮减速箱、心盘等部件。其作用是将车体与轮对连成一体，把车体经空气弹簧传来的垂向荷载传递给轮对，由轮对传递牵引力或制动力给车体。

在构架轮拱的下方装有轴箱拉杆，它一方面可提高轮拱的强度；另一方面，在吊运转向架时起到托起轮对的作用，如图2—29所示。

图2—28　转向架的构架

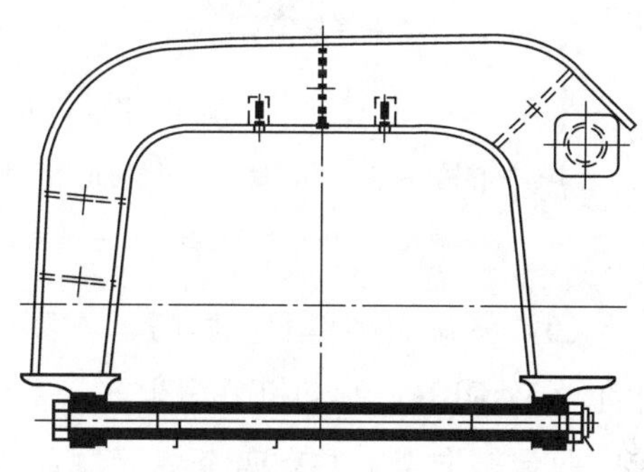

图2—29　轴箱拉杆

（4）中央牵引连接装置。中央牵引连接装置设于转向架的中部，如图2—30所示，它由中心销、上心盘、下心盘、复合橡胶衬套、碗形垫等组成，起着连接车体和转向架的作用，并通过牵引拉杆传递牵引力和制动力；为便于车辆通过曲线，转向架的下心盘和中心销之间可彼此相对转动。

（5）电动机、联轴器、齿轮减速箱。每个动车转向架上装有两台牵引电动机，呈中心对称，吊挂在构架横梁的侧面，为全悬挂方式。西门子A型电动列车采用交流牵引电动机。

由于西门子A型电动列车交流电动机体积较小，给联轴器留出的空间较大，因此，它可使用对同轴度和轴向窜动适应性较强的圆弧齿齿轮联轴器。

西门子A型电动列车的齿轮箱均为一级减速，由于采用了水平分箱面，不便于维修。另外，交流传动与直流传动两种齿轮箱的大、小齿轮齿数及减速比也不相同。

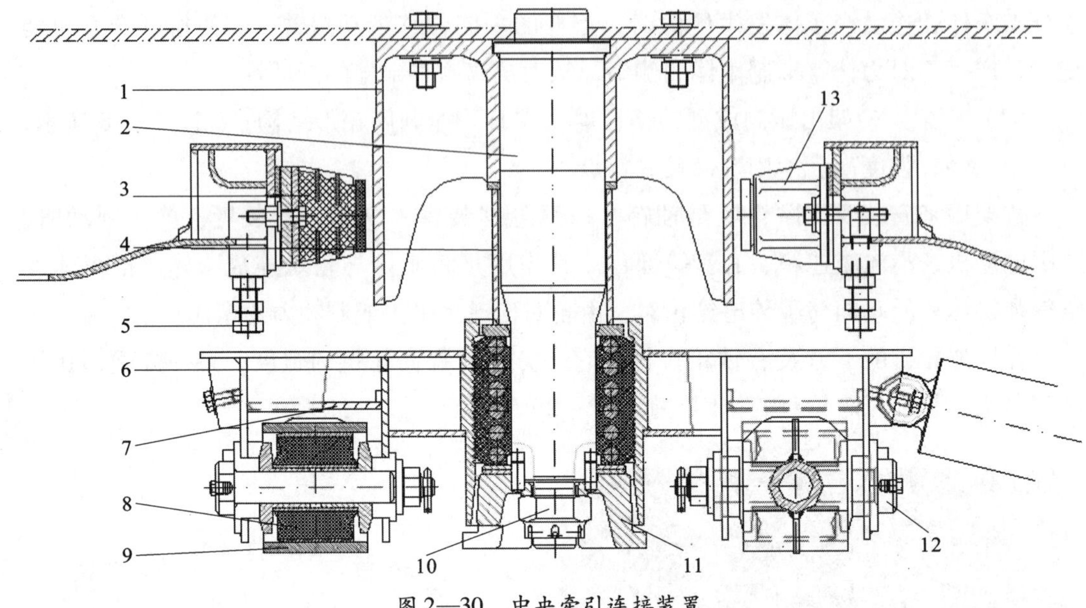

图 2—30 中央牵引连接装置

1—中心销座 2—中心销 3—横向止挡 4—定位套筒 5—保护螺栓 6—复合弹簧 7—下心盘座 8—橡胶套 9—牵引拉杆 10—紧固螺母 11—压板 12—牵引拉杆销 13—横向止挡座

（6）基础制动单元。西门子 A 型电动列车采用的基础制动装置相同，均由德国克诺尔（KNORR）制动机公司生产，基础制动装置采用踏面制动单元，安装在构架侧梁上，每台转向架上共有四个单元制动机，其中两个单元制动机带有停车制动功能，呈对角布置。

2.1.5 制动系统

1. 城轨交通车辆的制动方式及工作原理

轨道交通车辆的制动按其动能转移方式不同可以分为电制动和机械制动。

（1）电制动的工作原理。城轨交通列车为电传动客车，其动力一般分散至多个车辆，动车装有四台牵引电动机。列车牵引时，电动机消耗电能，产生使列车前进的转动力矩；制动时，通过电路转接，使牵引电动机转为发电机，产生与列车前进方向相反的转动力矩，使列车减速停止，牵引电动机将列车的动能转换成电能，这种制动方式称为电制动。

电制动分为再生制动和电阻制动两种。再生制动是将牵引电动机产生的电能反馈至电网，供其他列车使用。当网压过高电能不能反馈时，电动机产生的电能将通过制动电阻转变成热能而消耗，这种形式的制动称为电阻制动。由于电制动具有无机械磨损、无空气污染、再生制动能回收能源等优点，因此，城轨交通车辆应尽可能充分利用电制动。

（2）机械制动的工作原理。当列车速度较低时，其电动机的磁场不足以产生足够的电制动能力，列车需要辅助以机械制动，以使其减速停止，确保列车安全、可靠运营。当然，机械制动并不是仅在列车低速时使用，它会以不同的制动力参与列车的整个制动过程，并可以对停放列车施加停放制动。

机械制动按其作用形式不同可分为踏面制动、盘式制动和胀闸制动。制动力可由压缩空气或弹簧力实施。

2．城轨交通车辆的制动操作模式

（1）常用制动操作模式。常用制动应首先充分利用电制动，若电制动力不能满足制动需求，则需要空气制动系统加以补偿，以满足列车制动需求，这种制动方式称为混合制动，其制动力的混合比例及空气制动介入点的控制过程称为程序制动。

（2）紧急制动操作模式。紧急制动是在列车紧急停止时采用的，它的制动力完全由空气制动系统提供，在相同的荷载情况下，其制动力高于常用制动。列车一旦施加紧急制动，其制动指令将直至列车停止，中途是不可恢复的。

（3）快速制动操作模式。快速制动的制动力与紧急制动的一样，但与紧急制动不同的是列车制动过程中，驾驶员可以在任何时候撤销快速制动指令，恢复列车的运行。

（4）停放制动操作模式。列车静止停放时为防止停放列车溜车所施加的制动称为停放制动，其制动力由弹簧提供。

3．上海轨道交通西门子A型电动列车空气制动系统

城轨交通制动系统有电制动系统与机械制动系统两大部分，下面仅对机械制动系统加以介绍。

西门子A型电动列车的制动系统由德国克诺尔公司制造，其机械制动系统采用的是空气制动系统。

（1）空气制动系统的组成。西门子A型电动列车的空气制动系统由供气部分、控制部分和执行部分组成。

（2）空气压缩机的工作原理。在设计西门子A型电动列车时，以Tc、Mp、M三辆车为一个单元，每一单元设置一套空气压缩机组，机组安装在M车的底架上，它包括驱动电动机、压缩机、干燥器、主风缸和压力控制开关等。

空气压缩机组（简称空压机组）除了为空气制动系统提供压缩空气外，也为车门驱动系统、二系悬挂装置、气动喇叭、刮水器、受电弓气动控制设备、车钩气动控制设备等提供压缩空气。

西门子 A 型电动列车空压机组驱动电动机是 1 500 V 直流电动机，但空压机的排量较小，如图 2—31 所示。其主要技术参数见表 2—3。

图 2—31　西门子 A 型电动列车空压机组

表 2—3　　西门子 A 型电动列车空压机组主要技术参数

参考指标	技术参数
电动机转速	1 500 r/min
电动机电流	5.0 A
功率	6.5 kW
排量	1 500 L/min
工作压力	10 bar

此压缩机为三缸压缩机，其中两个为低压缸，一个为高压缸。另外，其所采用的吸入空气过滤器与直流型电动列车的压缩机也不相同，它采用过滤纸过滤，其效果比油浴式过滤器好，但应用成本较高。冷却风扇的叶片不直接安装在曲轴端头，是通过温控液力联轴器连接的。在温度较低时，此联轴器内的液体黏度很低，不传递转矩，只有当联轴器内的液体达到一定温度时，它的黏度随温度上升，才能传递转矩。使用这种联轴器可节约空压机组的能源。

（3）空气干燥器的工作原理。由于空压机输出的高压压缩空气中含有较高的水分和油分，必须经过空气干燥器将其中的水分和油分滤去，才能达到车辆上各用气系统对压缩空气的要求。

西门子 A 型电动列车使用的是双塔式空气干燥器，如图 2—32 所示。

图 2—32　双塔式空气干燥器

西门子 A 型电动列车空压机的排气量较小，双塔式空气干燥器采取轮换工作的方法，即一个塔对进入塔内的压缩空气进行去油、脱水，另一个塔则进行再生，过一定时间后两个塔的功能进行对换，以达到压缩机输出的压缩空气连续进行去油、脱水的目的。

双塔式空气干燥器设有一个定时脉冲发生器，使两个干燥塔的电磁阀定时地轮换开、关，以使两个塔的功能定时进行轮换。

（4）风缸的状态。西门子 A 型电动列车每辆车设有一个 100 L 的主风缸，一个用于制动系统的 100 L 风缸，一个用于车门驱动的 60 L 风缸，一个 100 L 空气悬挂系统风缸；此外，Mp 车还增加一个用于升弓操作的 5 L 风缸。

（5）制动控制单元的工作原理。制动控制单元是气制动的核心，它接受制动系统计算机（EBCU）的指令，然后再指示制动执行部件动作。其组成部分主要有模拟转换阀、紧急电磁阀、称重阀、均衡阀等。这些部件都安装在一块铝合金的气路板上，犹如电子分立元件安装在印制电路板上一样，实现了集成化、模块化，其优点在于部件安装紧凑，避免了管道连接而容易造成的泄漏问题。另外，该模块上还设置了一些测试接口，以便于进行该控制单元的调试、检测和维修工作。

制动控制单元的工作原理如图 2—33 所示，当压力空气从制动储风缸 B4 进入制动控制单元 B6 后，分成三路，第一路进入模拟转换阀Ⓐ，第二路进入紧急电磁阀Ⓔ，第三路直接进入均衡阀Ⓓ，其流程如图 2—34 所示。

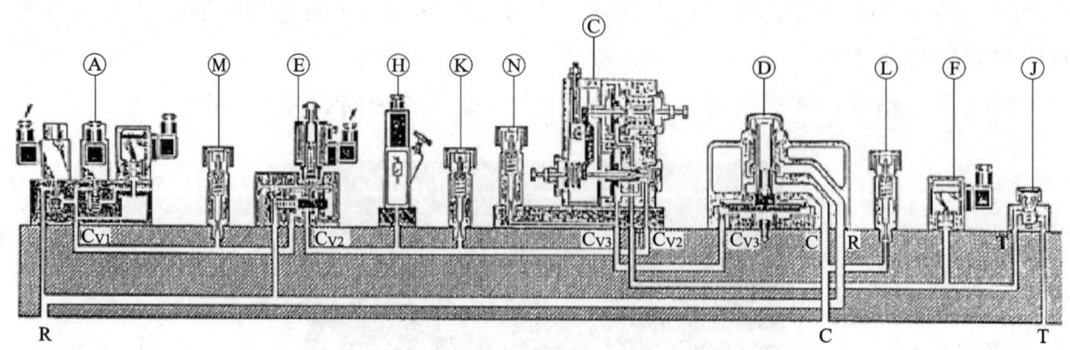

图 2—33　制动控制单元的工作原理

R—压力空气进口　C—压力空气出口（至制动缸）　T—荷载信号　Ⓐ—模拟转换阀　Ⓒ—称重阀　Ⓓ—均衡阀　Ⓔ—紧急电磁阀　Ⓕ—气电转换器　Ⓗ—压力开关　ⒿⓀ Ⓛ Ⓜ Ⓝ —压力检测口

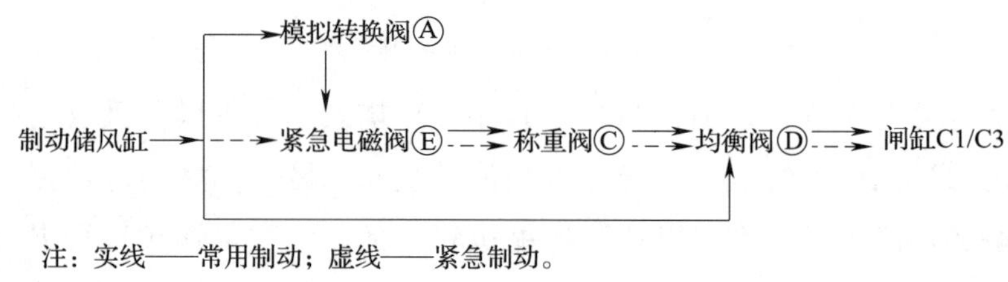

图 2—34　制动控制单元压力空气流程

模拟转换阀由三部分组成：比例阀——将电信号转换成气压信号的电磁阀，排气电磁阀和气电转换器——将气压信号转换成电信号。当比例阀收到制动系统计算机（EBCU）的指令后，按其要求将阀芯打开，使制动储风缸的压力空气通过比例阀转变成预控制压力 C_{V1} 并送向紧急电磁阀Ⓔ，并同时送至气电转换器和排气阀；气电转换器将压力信号转换成相对应的电信号，馈送回 EBCU，供其进行比较分析。当馈送信号大于或小于制动指令时，EBCU 将发出继续增大或关小比例阀开口的指令，直至预控制压力 C_{V1} 达到制动指令的要求为止。

紧急电磁阀是一个二位三通电磁阀，它的三个通道分别与模拟转换阀输出口、制动储风缸和称重阀相连接。常用制动时，紧急电磁阀得电，使模拟转换阀与称重阀相通；紧急制动时，紧急电磁阀失电，使制动储风缸与称重阀直接相通。通过紧急电磁阀后输出的预控制压力称为 C_{V2}，并通过管路板进入称重阀。

称重阀是利用来自空气弹簧的压力对 C_{V2} 进行调整及限制的，经调整及限制的预控制压力称为 C_{V3}，并通过管路板进入均衡阀。

正常情况下，列车实施常用制动时，由于 EBCU 对模拟转换阀输出的预控制压力 C_{V1}的监控，故经紧急电磁阀输出的 C_{V2}不会超出在相应荷载下的最大制动力，只有在监控失效或列车实施紧急制动时，称重阀将调整及限制其输出压力 C_{V3}，使 C_{V3}不超出相应荷载下允许的最大制动力。

均衡阀犹如电子技术中的一个电流放大器。它利用经调整及控制后的预控制压力 C_{V3}来推动其内部的执行机构，打开制动储风缸与单元制动机闸缸间的通道，一方面使进入单元制动机闸缸的空气压力与 C_{V3}相等；另一方面使制动储风缸的压力空气能迅速对单元制动机闸缸进行充气，达到使列车制动的目的。

同样，列车制动缓解指令也是由制动系统计算机 EBCU 发出的。当模拟转换阀接到缓解指令后，将其排气阀打开，使制动控制单元 BCU 中的预控制压力 C_{V1}、C_{V2}、C_{V3}通过模拟转换阀中的排气阀排出，从而使均衡阀的进气阀关闭，排气阀开启；而制动单元闸缸中的压力空气通过均衡阀的排气阀排入大气，使列车制动得以缓解。

（6）单元制动机的作用。西门子 A 型电动列车采用的单元制动机由德国克诺尔公司生产。每个转向架上装有两种型号的单元制动机，一种为 PC7Y 型（见图 2—35），另一种为 PC7YF 型（见图 2—36），两者的区别在于 PC7YF 型单元制动机附带有停放制动装置。

图 2—35　PC7Y 型单元制动机

图 2—36　PC7YF 型单元制动机

单元制动机是制动系统的执行部件，它由闸缸、活塞、增力杠杆、活塞弹簧、闸瓦间隙调整器、吊杆、扭簧、闸瓦托、闸瓦、壳体等组成。

停放制动装置是用于车辆在无气情况下长时间停放的，它利用弹簧释放储存的弹力来推动活塞，从而带动二级杠杆使闸瓦贴紧车轮踏面达到制动的目的。停放制动的施加和缓解可在驾驶室通过操作停放制动施加和缓解按钮来实现。需要指出：当列车供风压力较低时，停放制动的缓解可通过人工拔出停放制动装置顶部的缓解销来实施机械缓解。

2.1.6 空调系统

1. 车辆空调装置的组成

车辆空调装置主要包括通风系统、空气冷却系统、空气加热系统、空气加湿系统、调节和控制系统五个基本部分。

（1）通风系统。通风系统一般采用机械强迫通风。它由离心式通风机、可调式进风口、滤尘装置、主送风道、支送风道、回风道、废排风道等组成。

（2）空气冷却系统。车辆空调主要采用蒸汽压缩式制冷设备，由压缩机、冷凝器、蒸发器、膨胀节流阀或毛细管节流装置四大部件组成，并辅以冷凝风机、送风风机、储液筒或气液分离器、压力继电器、干燥过滤器等辅助部件组成一个完整的制冷系统。车内外的空气经过制冷机组的蒸发器降温、除湿后由离心式通风机送入送风道，以保证夏季客室内空气的温度达到指定的范围。

由于空气冷却系统的表面温度通常低于空气的露点温度，因此，空气在通过空气冷却器冷却过程的同时也得到了减湿处理，从而保证了夏季客室内空气的相对湿度也在要求的范围内。

（3）空气加热系统。空气加热系统一般包括对进入车内的空气进行预热和对客室内的热损失进行补偿，在冬季，由通风机吸入车内的空气必须经过预热处理，而且由于冬季的客室内热损失较大，所以必须加设取暖装置，以补偿客室内的热损失，从而保证冬季车内空气的温度达到指定的要求范围。目前，大多数车辆空调中采用的加热装置为电加热器。

（4）空气加湿系统。空气加湿系统用来调节客室内空气的相对湿度。

（5）调节和控制系统。为使上述设备运行达到规定的要求，在车内设置了调节和控制系统，可以实现人工控制、自动控制和集中统一控制。

2. 车辆空调装置的特点

（1）因受车辆限界的约束，要求空调机组小型化。

（2）因车辆整体轻量化设计的要求，空调机组应尽可能降低自重。

（3）车辆运行时，伴随有振动、冲击等恶劣条件，因此，要求空调装置应具有良好性能和较高的可靠性。

2.2　车辆电气

2.2.1　车辆电动机

城轨交通车辆上应用最广泛的牵引电动机是直流牵引电动机和交流异步牵引电动机。

多年来，直流串励牵引电动机（简称直流牵引电动机或直流电动机，下同）一直作为各种铁道交通车辆的主要牵引动力。因为它具有启动性能好、调速范围宽、过载能力强、功率利用充分、运行较可靠且控制简单等优点。但由于直流电动机必须通过换向器才能工作，除结构较复杂、质量大外，它的维修工作量较大，因此，直流牵引电动机的发展和使用受到了很大限制。

20世纪80年代开始，随着电力电子技术和计算机技术迅猛发展，特别是采用了大功率自关断电力电子器件（GTO）和微机模块化控制后，使交流电动机调压调频（VVVF）控制得以实现。这就为具有结构简单、牢固、单位功率的体积小、质量轻、制造成本低且少维修等一系列优点的三相异步牵引电动机（简称交流牵引电动机或交流电动机，下同）在轨道交通车辆上获得了广泛的应用。

1．直流牵引电动机

（1）直流牵引电动机的特点。直流牵引电动机的基本结构与普通电动机相似，但由于其工作条件特殊，因此它具有以下一些特点：

1）直流牵引电动机被悬挂在地铁车辆转向架构架上，并借助于传动装置驱动车辆运行，因此，牵引电动机在结构上必须考虑传动机构和悬挂两方面的问题。

直流牵引电动机的安装尺寸受到很大的限制，径向尺寸受到轮对直径的限制，轴向尺寸受到轨距的限制，故要求其结构必须紧凑。为此，牵引电动机都采用较高等级的绝缘材料和性能较好的导磁材料。

2）车辆运行时，钢轨对车辆的一切动力影响都会传给直流牵引电动机，使直流牵引电动机承受很大的冲击和振动。动力作用除造成电动机工作情况恶化外，还易使电动机的零部件损坏。因此，要求直流牵引电动机的零部件必须具备较高的强度。

3）牵引电动机的使用环境恶劣，被挂在车体下面的转向架构架上，很容易受潮、受污，还经常受到温度、湿度的影响。因此，牵引电动机的绝缘材料和绝缘结构应具有较好的防尘、防潮能力，并要求直流牵引电动机有良好的通风条件。

4）直流牵引电动机的换向条件比普通直流电动机要困难得多，除受机械动力方面的影响外，还需经常性地启动、过载、制动以及在磁场削弱条件下运行，这些情况都会使直流牵引电动机换向器产生火花，甚至形成环火，因此直流牵引电动机在结构和设计方面必须对换向器给予特别注意。

（2）直流牵引电动机的基本构造。直流牵引电动机主要由静止的定子和旋转的电枢（转子）两大部分组成。定子的作用是产生磁场、提供磁路及作为电动机的机械支撑，它由主磁极、换向极、机座、端盖等部分组成。电枢是用来产生感应电动势和电磁转矩而实现能量转换的主要部件，它的组成部分有电枢铁芯、电枢绕组、换向器和转轴等。电枢通过轴承与定子保持相对位置，使两者之间有一个空气隙。此外，直流牵引电动机还有一套电刷装置，电刷和换向器接触，使电枢电路与外电路相连。

（3）直流牵引电动机的励磁方式。直流牵引电动机的性能与它的励磁方式有密切的关系，励磁方式是指对主磁极励磁绕组的供电方式。按励磁绕组与电枢绕组连接方式的不同，可分为他励、串励、并励和复励等。

（4）直流牵引电动机的工作原理。直流牵引电动机内固定有环状永磁体，电流通过转子上的线圈产生安培力，当转子上的线圈与磁场平行时，再继续转，受到的磁场方向将改变，因此，此时转子末端的电刷与转换片交替接触，从而线圈上的电流方向也改变，产生的洛伦兹力方向不变，所以电动机能保持一个方向转动。

直流发电机的工作原理就是把电枢线圈中感应的交变电动势，靠换向器配合电刷的换向作用，使其从电刷端引出时变为直流电动势。

感应电动势的方向按右手定则确定（磁感线指向手心，拇指指向导体运动方向，其他四指的指向就是导体中感应电动势的方向）。

导体受力的方向用左手定则确定。这一对电磁力形成了作用于电枢的力矩，这个力矩在旋转电动机里称为电磁转矩，转矩的方向是逆时针方向，企图使电枢按逆时针方向转动。如果此电磁转矩能够克服电枢上的阻转矩（例如，由摩擦引起的阻转矩及其他负载转矩），电枢就能按逆时针方向旋转起来。

2. 上海轨道交通西门子 A 型电动列车交流牵引电动机

（1）交流牵引电动机的特点。交流异步电动机是基于定子旋转磁场与转子绕组中感应电流相互作用产生电磁转矩，从而实现能量转换的一种交流电动机，主要作为电动机使用。与直流牵引电动机相比，最大的优点是结构简单。由于没有直流牵引电动机的换向器和刷握等一套装置，因此维修工作量大大减少。交流电动机由于电力电子元件和控制技术的发展，其调速性能已达到并超过了直流电动机。现已广泛用于地铁和城轨交通车辆。

交流异步电动机与同步电动机不同，其转速和旋转磁场速度间存在一定差异（即所谓异步），这是它产生转矩的必要条件。由于转子绕组电流是感应产生的，所以异步电动机又称感应电动机。

交流异步电动机与其他类型电动机的区别在于其转子绕组不需与其他电源相连接，而其定子电流直接取自输入电源。上海轨道交通架空接触网为直流 1 500 V，经车辆牵引逆变器输出三相交流电源提供给交流牵引电动机。它与其他电动机相比，除了结构简单、运行可靠外，使用和维护方便，质量较轻；它与直流牵引电动机相比，具有质量轻一半、成本较低等特点。它具有较高的效率和较好的工作特性，有与并励直流电动机类似的接近恒速的负载特性，能满足城轨交通车辆的牵引要求。此外，交流牵引电动机还有较好的防护形式，以适应城轨交通环境条件的需要。

（2）交流牵引电动机的基本构造。西门子 A 型电动列车交流牵引电动机的结构如图 2—37 所示。

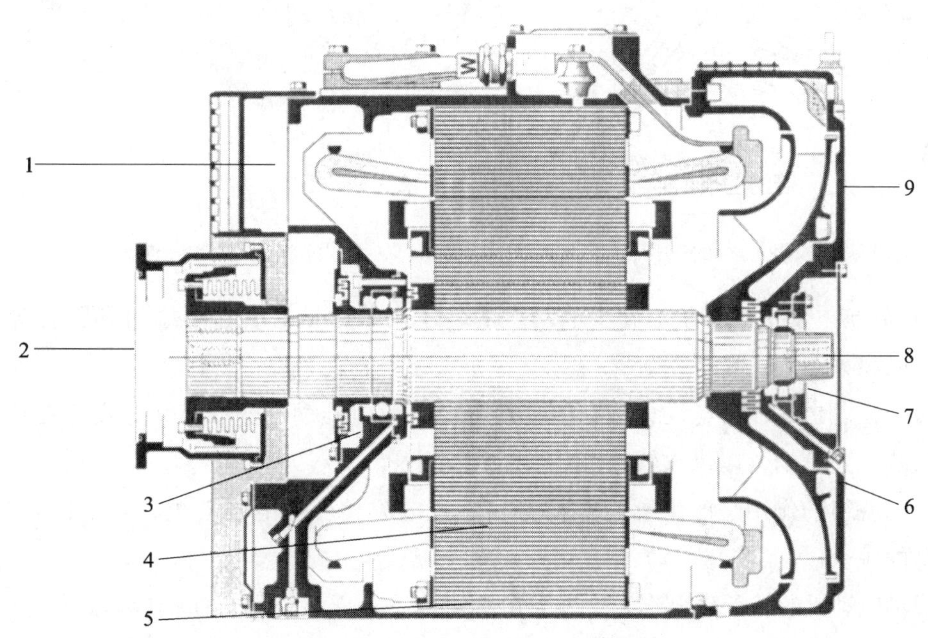

图 2—37　西门子 A 型电动列车交流牵引电动机的结构

1—排气扇　2—联接器　3—D 端轴承　4—转子　5—定子　6—端盖　7—N 端轴承　8—轴　9—风扇

异步电动机主要由两部分组成，固定部分称为定子，旋转部分称为转子。定子和转子之间有一很小的间隙称为气隙。定子的两端还有端盖。

（3）交流牵引电动机定子、转子及气隙的作用

1）异步电动机的定子。异步电动机的定子由定子铁芯、定子绕组和机座三部分构成。定子与机座剖面如图 2—38 所示。

定子铁芯的作用是作为电动机中磁路的一部分和放置定子绕组，为了减少旋转磁场在铁芯中引起的损耗，铁芯一般用导磁性好的电工硅钢片叠成。

在定子铁芯内圆周表面冲出许多形状相同的槽，用于嵌放定子绕组，定子绕组是电动机的电路部分，其主要作用是产生旋转磁场，以实现机电能量的转换。

机座的作用主要是固定和支撑定子铁芯，要求有足够的强度和刚度。定子与端盖如图 2—39 所示。

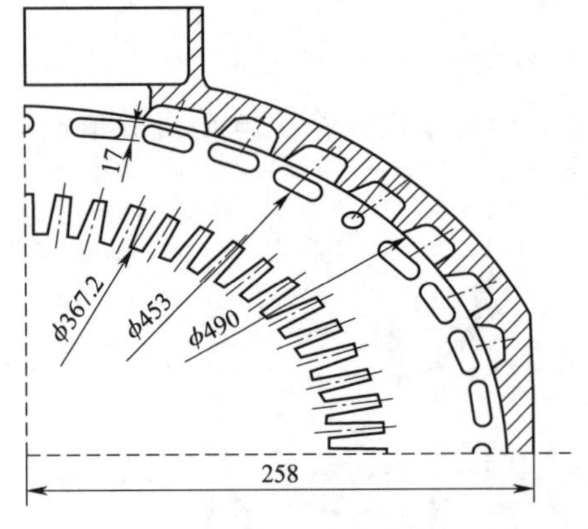

图 2—38　定子与机座剖面

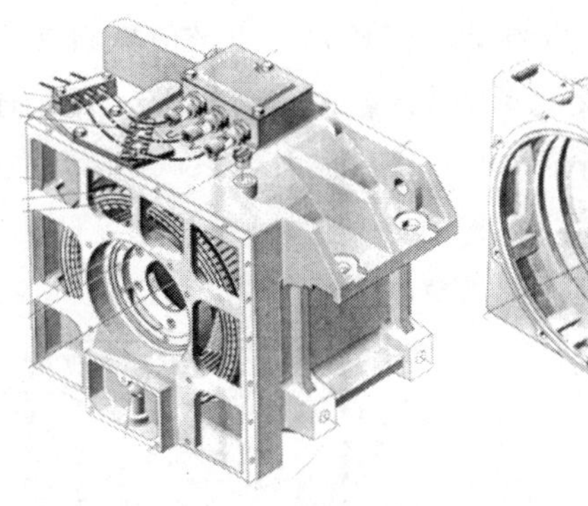

图 2—39　定子与端盖

2）异步电动机的转子。异步电动机的转子由转子铁芯、转子绕组和转轴等组成，转子与风扇如图 2—40 所示。

转子铁芯也是作为电动机磁路的一部分，一般由硅钢片叠成。铁芯安装在转轴上。转子铁芯上开有槽，以供放置或浇注转子绕组用。

转子绕组的作用是产生感应电动势、流过电流和产生电磁转矩，其结构有笼型和绕线型两种。

异步电动机的转子绕组不必由外界电源供电，可以自行闭合而构成短路绕组，工艺简单。每个转子槽中插入一根导条，在伸出铁芯两端的槽口处用两个端环分别把所有导条连接起来。如果去掉铁芯，整个绕组的外形就像一个“鼠笼”，所以称为笼型转子。

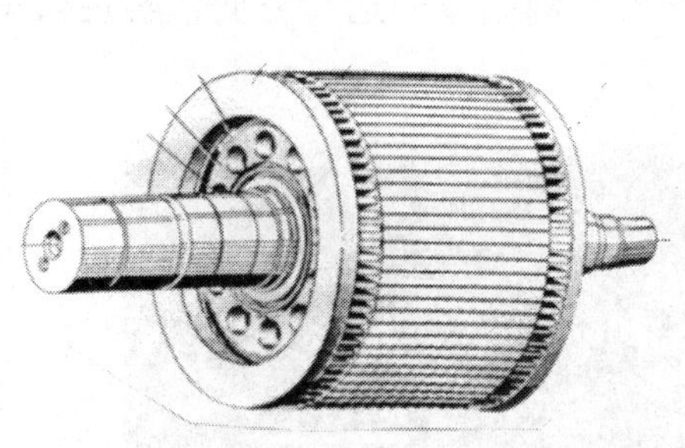

图 2—40　转子与风扇

3）异步电动机的气隙。与其他电动机一样，异步电动机的定子和转子之间有一气隙。异步电动机的特点在于它的气隙很小。

气隙大小对异步电动机性能有很大的影响。一方面，为了降低电动机的空载电流，提高电动机的功率因数，气隙应尽可能地小；另一方面，为了装配方便和运行可靠，以及削弱磁场脉振所引起的附加损耗等，气隙稍大是有利的。

（4）交流牵引电动机的工作原理。转子绕组在定子旋转磁场作用下产生电动势。转子电动势在转子绕组的自我闭合回路中产生电流。转子电流与气隙中基波磁场相互作用产生电磁转矩，使转子拖动机械负载旋转。电动机能量的传递是以气隙磁场为媒介的，在能量传递过程中将会产生各种损耗。转子绕组和气隙磁场之间相对运动是异步电动机产生转矩进行能量转换的必要条件，故转子转速不可能达到基波磁场的转速（即同步转速）。

异步电动机的定子三相绕组施加三相交流电流时，在气隙中产生旋转磁场。旋转磁场切割定子、转子绕组磁动势除在气隙中产生起主要作用的基波磁场（主磁场）外，还在绕组槽部、端部产生漏磁场，在气隙中产生高次谐波磁场。与这些漏磁场和谐波磁场相对应的漏抗及绕组电阻与电动机运行、启动性能有密切关系。气隙中高次谐波磁场在一定条件下将产生附加转矩，影响电动机的转矩特性，还可能引起电磁噪声和振动。

那么，旋转磁场是怎样产生的？

在三相对称绕组中（三相绕组在空间位置互差120°电角度）流过对称的三相电流（三个相的电流振幅、频率相同，相位互差120°电角度）就会产生旋转磁场。

2.2.2　车辆电器

1. 驾驶员控制器的操作

驾驶员控制器控制主电路，它实际上是一组转换开关，通过搬动两根不同的轴，控制凸轮与之组合开关相应的触点分合来控制列车的运行方向，实现列车牵引、制动和惰行工况的转换，如图 2—41 所示。

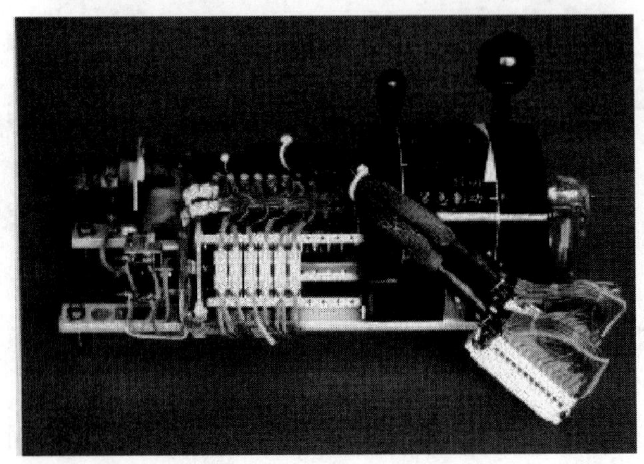

图 2—41　西门子 A 型电动列车驾驶员控制器

驾驶员控制器主要由主控制手柄、方式/方向手柄、组合开关、凸轮、转动轴、蘑菇按钮、钥匙开关、电位器电阻等部件组成。

2. 辅助系统设备

（1）辅助系统设备组成。电动列车辅助系统设备主要包括以下部分：辅助逆变器、空压机、客室照明、列车空调、通风冷却装置、电子电气设备、蓄电池等。整个辅助系统就是为这些设备的正常运作提供电源的。辅助逆变器及辅助系统与运营质量、运营能力以及乘客感受到的舒适性密切相关，是很重要的一个系统。

（2）辅助逆变器的工作原理。三相逆变器包括六只静态开关，用来将直流电压转换为交流电压。

PWM（脉宽调制）逆变器：为了直接从一个未经调整的直流输入电压同时获得一个固定频率的固定交流（AC）输出，在这一次的转换步骤中，逆变器是用“PWM”（脉冲宽度调制）方法来控制。其结果是成为一台非常简单的逆变器。三相 AC 输出滤波器用来使矩形波 PWM 电压平滑为正弦波，如图 2—42 所示。

3. 受流器（受电弓）的作用

城轨交通车辆一般使用的是单臂受电弓，它安装在 Mp 车车顶上。升起后四根（或两根）碳滑板与架空导线接触，将直流电源引入电动车辆内。车辆运行时，滑板沿架空导线滑动并保持良

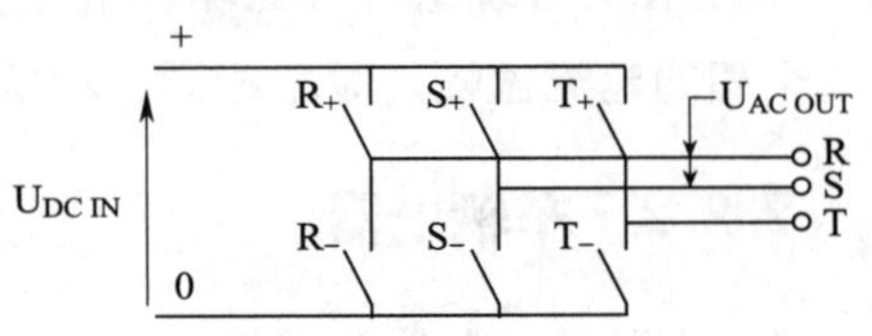

图 2—42　三相逆变器原理图

好接触。受电弓的受电性能在很大程度上取决于接触压力。若压力太小，则接触电阻增大且易跳动，导致接触不良产生电弧；但压力太大，则摩擦加大，增加滑板和导线磨损。因此要求受电弓的机械结构能保证滑板在工作高度范围内具有相同的接触压力。受电弓各关节的阻力对接触压力也有影响，当受电弓降低时阻力使压力增加；当受电弓升高时阻力又使压力减小。因此，为使上升压力同下降压力之差尽可能小，必须采取措施减小摩擦力。在静止状态下，接触压力与受电弓之间的关系称为受电弓的静特性。车辆运行时，受电弓随着架空接触导线高度的变化而上下运动，因此，接触压力与受电弓的静特性有关，而且与受电弓上下运动时的惯性力即受电弓的动特性也有关。此外，传动装置还应使升降弓过程中初始运动迅速，运动终了比较缓慢。即在降弓时可使受电弓很快断弧；升弓时可防止受电弓对接触网和受电弓底架有过大的机械冲击。

4．上海轨道交通西门子A型电动列车高速断路器

（1）上海轨道交通西门子A型电动列车高速断路器的组成。上海轨道交通西门子A型电动列车TSE1250－B－1型高速开关包括基架、短路快速跳闸装置（KS）、过载跳闸装置（S型）、合闸装置、灭弧栅，如图2—43所示为高速开关的结构。

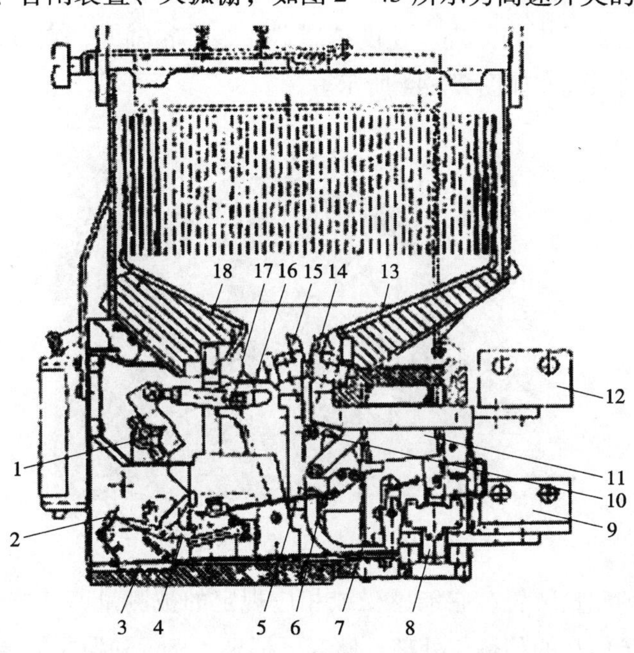

图2—43　TSE1250－B－1型高速开关

1—转换轴　2—释放锁件　3—拉杆　4—转换机构　5—动触头臂　6—短路快速跳闸拉杆　7—弹性连接板　8—过载跳闸（s）装置　9—下界限端　10—撞击螺钉　11—短路快速跳闸（ks）衔铁　12—上接线端　13、18—灭弧板　14—静触头　15—动触头　16—转换杆　17—滚轴

（2）上海轨道交通西门子 A 型电动列车高速开关的安装位置。上海轨道交通西门子 A 型电动列车 TSE1250 – B – 1 型高速开关安装于 Mp 车上，每两辆动车配备一台高速断路器。由于电动列车车下安装空间有限，要求高速开关必须结构紧凑。

5．制动电阻器

（1）制动电阻的作用。制动电阻用于城轨交通车辆的电阻制动，承担电动机电流中不能再生的那部分制动电流，该电阻应有足够的容量来承受持续 100% 的制动负载，直到电动机电压升到极限。

（2）制动电阻的冷却方式。制动电阻箱悬挂安装于车辆底架下方，制动电阻冷却方式为强迫风冷，（卧式通风）带状电阻条通过制动电流以发热的方式把能量传递出去，根据这一原理，除要求有良好的热容量、耐振动外，还要求能防腐蚀，在高温下不生成氧化层。特别要注意在正常使用寿命内不断裂。

6．速度传感器

（1）速度传感器的作用。速度传感器是一种将列车速度（车轴、电动机的转速）信号转换为电信号的部件。

（2）速度传感器的工作原理。速度传感器安装于轮轴上，它将选取、转换后的信号传输提供给控制系统，如图 2—44 所示。

图 2—44　速度传感器

传感器是一种测量装置，它能感受或相应规定的被测量，并按照一定规律转换成可用输出，以满足信息的传输、处理、储存、记录、显示和控制的要求。

微电子技术和微处理技术的发展，使传感器出现了新的突破，从实时处理进而发展到将获得的信息储存、数据处理和控制。近年来，在传感器智能方面获得了进展。

城轨交通车辆使用的速度传感器分为单信道速度传感器和双信道速度传感器两种。

它们安装于轴箱内，要求性能可靠、精度高、抗干扰性强。

（3）速度传感器的分类。电动列车的速度传感器有电动机速度传感器和车轴速度传感器两种。

7. 避雷器的作用

雷电过电压和操作过电压的电压等级较高，单纯依靠提高设备绝缘水平来承受这两种过电压，不但在经济上是不合理的，而且在技术上往往也是不可能的。积极的办法是采用专门限制过电压的电器，将过电压限制在一个合理的水平上，然后按此选用相应绝缘水平的设备。避雷器是其中最主要的一种限制过电压的电器。避雷器的保护特性（避雷器在过电压作用下的残压值）是被保护设备绝缘配合的基础，改善避雷器的保护特性，可以提高被保护设备运行的安全可靠性，也可以降低设备的绝缘水平，从而降低造价。

避雷器是一种能吸收过电压能量、限制过电压幅值的保护设备，使用时将避雷器安装在被保护设备附近，与被保护设备并联，利用电阻片优异的非线性伏安特性（低电压时呈高阻态，高电压时呈低阻态）来实现过电压保护。在正常情况下避雷器不动作，当作用在避雷器上的电压达到避雷器动作电压时，避雷器导通，通过大电流，吸收过电压能量，并将过电压限制在一定的水平，保护列车电器设备。在释放过电压能量后避雷器会自动恢复到不导通的正常工作状态。

8. 牵引逆变器

（1）牵引逆变器的作用。牵引逆变器的功能是转换直流制和交流制间的电能量，并对牵引电动机起控制和调节作用，从而控制机车的运行。

（2）牵引逆变器的安装位置。牵引逆变器是城轨交通车辆上重要的电气设备，安装在电动列车车底部，其主要功能是为两个动车转向架上的四个牵引交流电动机提供电源。列车牵引逆变器由主逆变器和制动电阻组成。

9. 蓄电池

（1）蓄电池的组成。上海轨道交通西门子 A 型电动列车的主蓄电池由 1.2 VDC 镍镉可充电电池单体相互串联组成 110 VDC 电源，一般由 80 只或 84 只单体组成一组电池组，它的主要缺点是单个电池的电压较低，仅 1 V 多些。由车辆静止逆变器提供的 110 VDC 电源对蓄电池组充电，并向低压电器供电。

蓄电池的电能主要利用电解液化学能与电能的相互转化实现的。镍镉电池是用氧化镍作正极、镉作负极的一种电池，正负极之间充有碱性电解液。

蓄电池的容量由能为列车提供应急负载供电 45 min 来决定，目前使用的蓄电池容

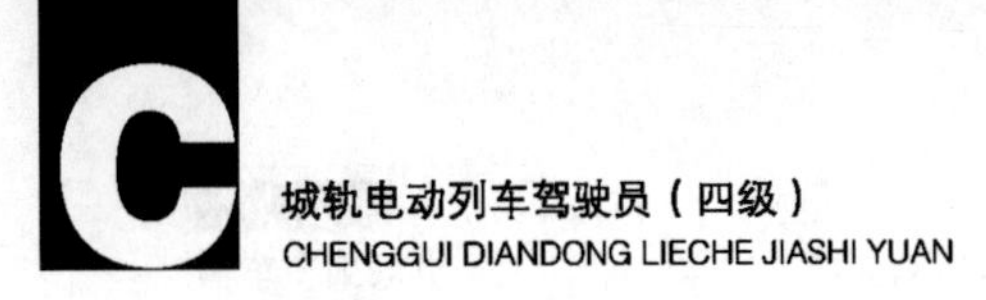

量有 120 Ah、140 Ah、160 Ah 等。

（2）蓄电池的作用。城轨交通车辆通常使用镍—镉蓄电池，其能承受较大的电流，耐振动、耐冲击，对过充电和欠充电不很敏感，自放电极弱，内阻极小，允许大电流放电，而且在使用过程中电压稳定、使用寿命长。

在列车运行过程中，若整列车失去高压电源时，主蓄电池的容量能保证为紧急照明、列车控制和监视设备、通信设备、头灯及尾灯、紧急通风负载提供 45 min 的电能。

在为以上负载提供 45 min 的电能外，还要求能打开或关闭车门一次。这样列车在失去高压的紧急状况下，主蓄电池保证了列车上的必要设备能继续工作，保障了列车的安全性能。

2.2.3　主回路

1. 主回路的组成器件

城轨交通车辆主回路的作用是接受控制回路发出的牵引和制动的指令，完成城轨交通列车的牵引和制动任务。主回路主要组成器件有：受电弓、高速开关、牵引箱、牵引电动机、制动电阻等。

2. 主回路的工作原理

以上海轨道交通西门子 A 型电动列车为例，在牵引时，由受电弓从供电接触网上接收直流 1 500 V 电源，经过牵引箱的逆变作用，将直流 1 500 V 转变为从 0 ~ 1 050 V 可调的三相交流电，继而驱动交流电动机，完成电能向机械能的转换，达到牵引列车的目的。在进行牵引控制时，牵引箱输出的交流电是受控制单元发出的牵引指令控制的，如果牵引指令发生改变，那么输出的电压和频率也会相应地改变，这种控制方式叫作变压变频控制（VVVF）。

在制动时，将牵引电动机绕组快速旋转产生的交流电经过牵引箱变换为直流电，再将输出的直流电反向向触网供电或消耗在制动电阻上，从而完成机械能向电能或热能的转换，达到制动的目的。从上面的介绍中可以看出，上海轨道交通西门子 A 型电动列车电制动的方法有两种：向供电接触网供电和将直流电消耗在制动电阻上。前一种制动方式称为再生制动（反馈制动），后一种制动方式称为电阻制动。

2.2.4　列车自动控制

1. 上海轨道交通西门子 A 型电动列车牵引控制单元

（1）牵引控制单元的安装位置。TCU 的全称为牵引控制单元（traction control unit），它安装在每个牵引箱内，用于监测和控制 PWM 逆变器。

（2）牵引控制单元的作用。TCU 系统是一个控制电子牵引的设备，由一个机架组成，其采用了 SIBAS-32 微处理技术，由不同的 SIBAS 32 模块系统组成，它能进行完整的闭环牵引控制和电流、电压及温度的实际状态的监控。SIBAS-32 由一个协同处理器系统进行操作，该处理器系统有清晰的分级任务配置，一个带 32 位处理器的中央计算机用于更高一级的功能，所有时间处理功能由信号处理系统来完成，其作为中央计算机的从属系统工作。它的主要功能是控制牵引和制动力。

牵引/制动的控制信号为数字信号，由 TCU 读取，调幅（导通角）和频率是连续变化的，在门极单元中将这两个参数的组合作为脉冲形式。门极单元产生触发脉冲，然后由放大器将其传送给 GTO 模块，同时从模块处发生的检查返回信号表示导通指令已被确认，从而驱动电动机工作。

TCU 的保护功能有电压监控、电流监控、温度监控和牵引箱内设备风机的监控。其中电压监控是 TCU 在直流连接电路中对牵引逆变器进行过压保护；除了闭环电流控制器外，TCU 还包括一个模块实施三级过流保护；温度传感器用于监控温度，TCU 将其测得的实际值与存储的极限值进行比较，如果超过极限值，则产生相应的反应；TCU 检查数据来确认设备风扇是否损坏。

2. 中央控制单元

（1）中央控制单元的安装位置。CCU 的全称为中央控制单元（central control unit），对运行的列车和车载部件有控制、监测功能。它位于每节 Mp 车的电子柜内，其控制系统为 SIBAS 32 系统软件。六节编组列车共有两个 CCU。

（2）中央控制单元的作用。列车故障数据将通过总线送至 CCU 后被记录，包括记录 CCU 的内部故障，读取故障则需要运用 SIBAS 32 MONITOR 软件。

中央控制单元的功能分别是负载管理、数据记录功能、发出故障信息和控制子系统。

1）以故障发生顺序记录故障及其相应的时间和环境，且向显示器发送，并做出故障等级评估。评估等级如下。

①1 级：严重故障，乘客必须在下一站下车。

②2 级：中级故障，影响运营的故障，列车应在线路的终点退出运营，即运营一圈后回至车辆段。

③3 级：小故障，不影响运营的故障，在下次日检时，列车应在车辆段进行检查。

2）通过显示器和显示器内部的蜂鸣器向驾驶员报告故障，驾驶员可用屏幕上的按钮确认出现的故障。

3）如果此 CCU 位于编组列车中操作端的三节车单元中，应自动地执行主控任务。

4）监测指定的车辆部件（以维护和调试为目的）。

5）当驾驶员控制台得电，在此控制台上的显示器即处于工作状态。

6）对列车总线、车辆总线具有主控功能。

3．电子制动单元

（1）电子制动单元的安装位置。每节车辆装有一个 BECU（制动电子控制单元），该单元提供制动力指令和防滑的部分控制。

每一个 BECU 由 19 寸的电子机架组成，其包括下列插件板。

1）中央处理单元插件板。

2）诊断器插件板。

3）电源插件板。

4）串行接口插件板。

5）九个插件板接口。

（2）电子制动单元的作用。中央处理单元（CPU）插件板控制所有的制动控制的信号处理及防滑系统的信号处理，根据输入信号，CPU 计算制动力指令值，并将其传给电子—气动模拟转换器。模拟转换器将制动力指令值转换成带有冲击限制及负荷控制的预控压力，由位于模拟转换器内的压力传感器提供反馈，用闭环控制来控制输出压力。

BECU 包括干扰和瞬态保护，形成电子电路所需的各种电压的电压模块，用于电磁线圈的施加和释放及故障监控的控制模块的操作。

负载校正（负载重量）是由气制动指令信号乘以负载正比系数而得到的，该系数是通过测量实际的常用空气弹簧压力和将该压力转换成相应的电信号得到的。负载压力从气垫处得到，并传给负载—压力限定阀及压力传感器，这个压力传感器产生正比于负载的电压信号，将其传给 BECU。

上述的监控由插件板的诊断部分来完成。该插件板上有一个两位数字的显示屏，输入电路、信号处理、输出电路及 CPU 自诊断的故障信号均被存储显示在两位数字的显示器上。如果存在几个故障，当钥匙打开后，则全部故障按照 3 s 一个的顺序来显示。如果中断电源，故障仍然存储着。当故障显示器可以进行快速诊断并确认任何故障，所有的故障同时也通过 CCU 传给驾驶员室内的彩色显示屏，在彩色显示屏上，它是以故障文字形式显示，且有针对驾驶员的相关的建议处理方法。

4. 中央故障存储单元

(1) 中央故障存储单元的安装位置。在每节 Mp 车的中央控制单元 CCU 中包含一个中央故障存储单元。

(2) 中央故障存储单元的作用

1) 以故障发生顺序记录故障及其相应的时间和环境，且向显示器发送。

2) 通过显示器内部的蜂鸣器向驾驶员报告。驾驶员可用屏幕上的按钮确认出现的故障。

3) 如果此 CCU 位于六辆编组列车中操纵端的三节车单元中，应自动地执行主控功能。

4) 监控指定的车辆部件（以维护和调试为目的）。

5) 当驾驶员控制台得电，在此控制台上的显示器即处于工作状态。

6) 对列车和车辆总线具有主控功能。

2.2.5 列车照明系统

1. 外部照明系统

城轨交通列车外部照明系统由头灯、尾灯、运营灯及侧墙信息灯等构成。这些外部照明是列车正常运营中至关重要的照明灯具，它显示列车的车次、目的地、前进、后退、停放、ATC 运营方式、制动施加和缓解等重要信息，它们是列车安全、正点运营的保证。

(1) 头灯的显示及作用。头灯用于列车运营过程中前进方向的照明，供驾驶员能对前方路况及信息进行观察。头灯通常安装于列车前端的端墙下方左右两侧对称的位置，并有“亮”和“暗”两种照明强度。其中，在“亮”照明强度工况下，要求在距离列车 215 m 处照度达到 1.6 Lx（该照度的外界条件是视觉清晰的天气情况下，且无其他外界照明）。这是因为当列车在最高时速（80 km/h）时，其紧急制动的正常制动距离为 190 m ± 5%。这样 215 m 的照度距离保证了驾驶员在操作时，一旦发生异常情况能有效采取紧急制动措施，确保列车运营安全，避免造成对列车或阻挡物（人、设备等）的不必要损坏。

头灯灯具由三部分组成：TVG 型电子镇流器、灯具和灯泡。

(2) 尾灯的显示及作用。尾灯的作用是显示列车尾部所在位置。尾灯安装于头灯相邻位置，其形状大小与头灯类似。照度要求在 215 m 处能见到尾灯亮。尾灯为红色。

尾灯灯具形状大小及安装位置与头灯接近。尾灯灯罩为红色，灯泡为25~60 W白炽灯。

（3）运行灯的显示及作用。城轨交通列车的运行灯是用来显示列车运行状态的指示灯，其显示方式与头灯、尾灯相似。红色灯亮表示本车为列车尾端或本车反向行驶。白色灯亮表示本车为列车前进方向或为主控制室端。

运行灯由两组不同颜色的不聚光灯组成，分别安装于列车前后端墙上近车顶的左右两侧。一般两组灯具的颜色分别为红色和白色，且红色灯安装在外侧，白色灯安装于内侧。

2．内部照明系统

（1）客室照明系统的功能。列车的客室照明是用于列车在运营过程中为乘客提供舒适的视觉照明。客室照明系统具有正常及紧急照明两种功能。

（2）工作照明系统的功能。列车配备了供驾驶员及维修人员作业过程所必需的工作照明系统。它们包括驾驶员室照明、驾驶员阅读灯、设备柜照明及信息照明等。

理论知识复习题

一、判断题（将判断结果填入括号中。正确的填“√”，错误的填“×”）

1．西门子A型电动列车C车设备柜中本车逆变器切除开关应在1位。（　）

2．西门子A型电动列车在车辆与车辆之间设有贯通道。（　）

3．电动列车驱动气缸安装是处于浮动状态，不会因车体变形而产生活塞杆在气缸内卡死现象。（　）

4．全自动车钩人工解钩时，操作者可通过拉动连接在心轴下端的钢丝绳，使钩舌板转动，达到与解钩气缸使钩舌板转动的同样效果。（　）

5．西门子A型电动列车模拟转换阀由两部分组成。（　）

6．直流牵引电动机的主磁极简称主极。（　）

7．直流牵引电动机的传动方式可分为个别传动和组合传动。（　）

8．异步电动机的定子由定子铁芯、定子绕组和机座三部分构成。（　）

9．电动列车辅助系统设备主要包括以下部分：通风冷却装置、电子电气设备。（　）

10．高速开关用来接通和分断电动列车的低压电路。（　）

二、单项选择题（选择一个正确的答案，将相应的字母填入题内的括号中）

1. 西门子 A 型电动列车排气电磁阀和气电转换器是将气压信号转换成（　　）。

A. 电信号　　B. 气压信号　　C. 磁力信号　　D. 感应信号

2. 半永久车钩的机械钩头采用（　　）联轴器连接。

A. 半环箍型　　B. 全环箍型　　C. 半环筐型　　D. 全环筐型

3. 电动列车门控电磁阀中有（　　）个节流阀。

A. 4　　B. 5　　C. 6　　D. 7

4. 西门子 A 型电动列车右门钢丝绳架，安装在右车门上，它的作用主要是将右车门与钢丝绳相连，使右车门与钢丝绳（　　）。

A. 交叉移动　　B. 互动　　C. 联动　　D. 半移动

5. 西门子 A 型电动列车（　　）装置是用于车辆在无气情况下长时间停放时用的。

A. 电制动　　B. 紧急制动　　C. 常用制动　　D. 停放制动

6. 交流牵引电动机（　　）铁芯的作用是作为电动机中磁路的一部分和放置定子绕组。

A. 转子　　B. 定子　　C. 电流　　D. 电磁

7.（　　）与运营质量、运营能力以及乘客感受到的舒适性密切相关，是很重要的一个系统。

A. 牵引系统　　B. 制动系统　　C. 主回路　　D. 辅助系统

8. 电动列车辅助系统设备主要包括以下部分：辅助逆变器、空压机、（　　）、列车空调等。

A. 客室座椅　　B. 灭火器　　C. 客室照明　　D. 扶手

9. 电动列车制动电阻冷却方式为（　　），带状电阻条通过制动电流以发热的方式把能量传递出去。

A. 强迫风冷　　B. 快速风冷　　C. 中速风冷　　D. 低速风冷

10. 电动列车牵引逆变器安装在动车（　　）。

A. 设备柜内　　B. 电子柜内　　C. 客室内　　D. 车底部

理论知识复习题答案

一、判断题

1. √　　2. √　　3. √　　4. √　　5. ×　　6. √　　7. ×　　8. √

9. × 10. ×

二、单项选择题

1. A 2. A 3. B 4. C 5. D 6. B 7. D 8. C
9. A 10. D

第3章

运行安全

学习目标

完成本章的学习后，您能够：

- ✔ 掌握行车管理的基础概念知识
- ✔ 掌握违章行车及行车事故的危害性知识
- ✔ 掌握行车事故的定义及分类知识
- ✔ 掌握乘务工作的性质与环境对驾驶员心理状态的影响知识
- ✔ 掌握驾驶员心理状态的因果关系知识
- ✔ 掌握轨道交通乘客的心理特点知识
- ✔ 掌握应急处置的基本原则知识
- ✔ 能够进行线路故障的应急处置
- ✔ 能够进行供电故障的应急处置

知识要求

3.1 轨道交通行车安全

3.1.1 影响行车安全的重要因素

城轨交通运行是一个具有规律性的动态过程。这个动态过程，要避免各种不利因素的影响和作用给正常运行造成的不良后果。如人的因素影响、设备的因素影响、环境的因素影响等。这些影响造成的后果将辐射到安全、服务、营运乃至社会的各个方面。为了减少和消除由于各类因素造成的不良影响，每位参与城轨交通运行的工作人员必须时刻牢记“安全第一、便民第一”的运营宗旨，确立安全行车和服务乘客的思想意识，并落实在各项工作之中。

在城轨交通运营过程中，行车安全直接关系人们生命财产、国家财产、社会安定等十分重要的内容。因此，分析和研究影响行车安全的主要因素以及确保安全行车、进行安全管理是紧迫而长期的任务。

1. 违章行车的基本分类与危害性

违章行车是指驾驶员在值乘、出勤或操纵电动列车运行过程中与有关安全规定、运行规定、行车纪律等的要求相违背的行为。

（1）违章行车的分类

1）按照违章行车实施时的意识倾向可以把违章分为有意识的违章和无意识的

违章。

①有意识的违章一般是指驾驶员在明知其行为触犯有关规定的情况下，存在侥幸心理而实施的违章。

②无意识的违章一般是指驾驶员由于在技术业务上或经验上的缺陷而产生的没有知觉的违章。

2）按照违章行车的后果和程度可以把违章分为严重违章和一般违章。

①严重违章是指在违章行为的实施过程中，可能或者已经对行车安全构成威胁和影响的违章。

②一般违章是指在违章行为的实施过程中，没有对行车安全产生直接威胁和影响并且情节比较轻微的违章。

3）按照驾驶员值乘列车的过程可以把违章分为值乘准备阶段违章、操纵列车阶段违章和退勤收车阶段违章。

①值乘准备阶段违章是指驾驶员在出勤后至列车动车前进行各种值乘准备过程中产生的违章行为。

②操纵列车阶段违章是指驾驶员在操纵列车运行过程中产生的违章行为。

③退勤收车阶段违章是指驾驶员在退出列车运行进行各项退勤以及收车辅助工作时产生的违章行为。

（2）违章行车的危害性。违章行车无论是何种类型、何种表现形式，从一开始产生就会造成不良后果与危害，所不同的只是这种不良后果与危害的程度以及损害的客体有区别。其危害性主要有以下几个方面。

1）违章行车是行车事故的源头，是行车事故的隐患、恶疾，是行车事故发生的先兆。

2）违章行车使操纵者对行车事故的后果失去应有的警惕，一次违章可能不会立即产生事故，但是在每一次行车事故中都隐藏着违章行车的痕迹。

3）违章行车会给城轨交通运输正常的运行秩序造成紊乱，给市民的出行造成不便。

4）违章行车给企业以及轨道交通运输的形象造成伤害。

2. 行车事故的危害性

行车事故的发生，必然会产生相应的后果，而这种后果由于受环境影响、受事故性质的作用从事故产生的一开始就不以人的意志、愿望而变化或终止，具有十分严重的不可预测性和危害性。

（1）造成人们生命财产的损失与伤害。

（2）造成国家和财产的严重损失，给企业的经济效益造成损失。

（3）给城轨交通运输的正常秩序造成紊乱，严重影响乘客出行。

（4）严重的行车事故将会给城轨交通的形象以及社会造成十分恶劣的负面影响。

3．影响行车安全的主要因素

（1）行车纪律松弛、制度执行不严。纪律松弛、出乘标准化作业不落实、责任制贯彻不力是影响安全行车的顽症。

（2）疲劳行车、情绪开车。睡眠不足和受外界环境影响产生的情绪并带入运行作业中，使驾驶员产生生理、心理的疲劳，使操纵者精力不济、精神不能集中，给安全行车造成事故隐患。

（3）业务素质不高。由于技术培训问题及学习不够，驾驶员业务水平不精，不能及时处理运行中的突发事件和故障。

（4）安全意识不强。驾驶员思想波动大、情绪不稳定、责任心不强、行车纪律观念淡薄、臆测行车是造成行车事故发生的重要原因。

（5）行车技术设备不完善。行车设备老化，技术设备结构的不合理使之不能适应实际行车的需要。

（6）风、雪、雷、电等恶劣气候及环境的影响。风、雪、雷、电等恶劣气候对安全运行的影响是不可低估的。驾驶员对气候环境变化、突发事件的适应与处置直接影响城轨交通运输的安全。

（7）安全管理以及制度、规章的适应性存在缺陷。安全管理归根结底是对人的管理，而各项制度的健全和完善是行车安全的基础，是行车安全的依据，没有完整有效的制度与规定是制约安全行车的重要因素。

3.1.2　行车事故处理

1．行车事故的分类及规则

（1）行车事故的定义。行车事故是指列车运行中发生的对运营产生影响、造成人员伤亡、中断或延误行车、损害设备的事故。

（2）行车事故的分类。城轨交通行车事故按照性质、损失以及对行车造成的影响，可以分为以下四个类型。

1）重大事故。

2）大事故。

3）险性事故。

4）一般事故。

（3）规则制定的意义与作用

1）规则制定的意义。为了及时处理在城轨交通运输中由于各类因素的影响而产生的行车事故，吸取事故教训，不断总结经验，维护轨道交通运营秩序，确保轨道交通行车安全，认真贯彻执行“安全第一、预防为主”的方针。根据《城轨交通管理条例》的基本原则，城轨交通管理部门制定了相关的行车事故处理文件，作为规范、分析、调查、处理行车事故的依据。

2）规则制定的作用。“事故处理规则”的定义：它是在与行车运营有关事故发生后，进行处理救援、分析调查、性质认定等相关程序的规范准则。

城轨交通行车事故处理规则是行车工作的重要规范文件，它主要有以下三点作用。

①它是处理行车运营事故的依据。在条款中具体列举了各种事故现象，界定了各类事故的性质，便于相关部门参照执行。

②明确了事故发生后的报告程序、报告内容、处置权限。有利于在实际操作时有效、迅速、准确分清职责、落实责任、采取措施。

③有利于有关行车部门制定相应的安全规章制度，使“安全第一、预防为主”的方针、政策进一步细化、深化、落实，保障行车安全。

2. 城轨交通运输行车事故的内容

（1）重大事故

1）载客列车发生冲突、脱轨、火灾或爆炸，造成下列后果之一时。

①人员死亡三人或者死亡、重伤五人及其以上者。

②双线中断行车 150 min 及其以上者。

③根据机车、车辆破损的规定，电动客车中破一辆。

2）其他列车发生冲突、脱轨、火灾或爆炸，造成下列后果之一时。

①人员死亡三人或死亡、重伤五人及其以上者。

②双线行车中断 150 min 及其以上者。

③根据机车、车辆破损规定，电动客车大破一辆或中破两辆。

④根据机车、车辆破损规定，内燃机车大破一辆或轨道车报废一辆或车辆报废一辆或车辆大破一辆。

3）调车作业（包括整备作业）发生冲突或脱轨，造成第二款各项后果之一时。

4）由于其他原因造成第二款各项后果之一时。

（2）大事故

1）载客列车发生冲突、脱轨、火灾或爆炸，造成下列情况之一时。

①人员死亡或重伤两人及其以上者。

②双线中断行车 90 min 及其以上者。

③根据机车、车辆破损规定，电动客车小破一辆。

2）其他列车发生冲突、脱轨、火灾或爆炸，造成下列后果之一时。

①人员死亡或重伤两人及其以上者。

②双线中断行车 90 min 及其以上者。

③根据机车、车辆破损规定，电动客车中破一辆。

④根据机车、车辆破损规定，内燃机车中破一辆或轨道车大破一辆或车辆大破一辆。

3）调车作业（包括整备作业）发生冲突或脱轨，造成第二款各项后果之一时。

4）由于其他原因造成第二款各项后果之一时。

（3）险性事故。凡事故性质严重，但未造成损害后果或者损害后果不够认定为大事故的行车事故为行车险性事故。

1）列车冲突。

2）列车脱轨。

3）列车分离。

4）载客列车错开车门、运行途中开车门、车未停稳开车门。

5）载客列车车门夹人动车时。

6）载客列车夹物动车导致客伤事件或损坏地铁有关设备时。

7）列车冒进信号。

8）列车无人驾驶运行。

9）在运行中，电动客车的悬挂件脱落，造成列车下线或产生其他后果时。

10）列车及其他行车设备发生火警影响运营时。

11）异物侵入车辆限界造成后果时。

12）未经批准，自动切除“ATP”运行时。

13）未经批准，使用未正式投入使用的设备功能时。

14）未经批准，人员或列车进入已占用的线路时。

15）运营期间正线及折返线上挤岔。

16）未准备好进路接、发列车。

17）进入未批准或未登记的正线（含折返线）区段施工。

（4）一般事故

1）调车冲突。

2）调车脱轨。

3）调车作业冒进信号。

4）挤岔。

5）列车运行中，因车辆部件脱落或其他原因损坏行车设备。

6）因行车设备故障或其他原因造成单线行车中断 60 min 及其以上时。

7）行车有关人员因漏乘、漏接、出乘迟延耽误列车运行造成影响的。

8）错误办理行车凭证发车。

9）漏发、漏传、错发、错传调度命令。

10）列车停车超过停车牌位置一节车厢及以上。

11）未预告驾驶员变更列车运行进路。

12）应停列车在车站通过或应通过列车在车站停车。

3.2 乘务人员及乘客心理分析

3.2.1 乘务人员心理分析

1. 乘务工作介绍

（1）乘务工作的性质。轨道交通具有线多、面广且每日运营时间长等特点，而列车驾驶员乘务工作的好坏将对国家和人们生命财产安全直接造成影响。因此，乘务工作一般具有以下特性。

1）责任性。列车驾驶员在值乘过程中对工作中所涉及的相关行车设备和乘客安全负责。

2）固定性。列车驾驶员在值乘过程中，只对值乘的当次列车安全负责。

3）独立操作性。每次列车只配备一名驾驶员。因此，列车驾驶员在值乘过程中具有独立操作性。

（2）乘务工作的环境。乘务工作的环境可以分为周围环境和驾驶环境两种。

1）列车驾驶员每天驾驶着列车穿梭于城市地下、地面或高架沿线上，从周围环境来看，驾驶员每天面对的是漆黑的隧道、固定的线路以及来往的乘客等，相对而言是一种固定的环境。

2）从驾驶环境来看，每趟列车驾驶员都重复着开车、停车、开门、关门、开车的循环劳动，看似机械，但在驾驶过程中，驾驶员必须时刻保持高度的警惕心、责任心。

从以上两种环境可以看出环境对驾驶员乘务工作具有一定的影响。

（3）基础管理的要求。如何管理好驾驶员队伍，帮助他们及时调整生理、心理状态，以充沛、饱满的精神投入到乘务工作中去，确保列车的运行，安全是基础管理的基本要求，要以以人为本为基础管理思路注重观察与分析、了解驾驶员的生理、心理状态，完善各项规章制度，充分考虑乘务工作的特殊性，实现全方位的综合管理，以提高管理效率与效果。

2．驾驶员心理状态的因果分析

（1）产生心理情绪的主要原因。产生心理情绪的主要原因有工作、社会、家庭等各类因素的影响。如工作中遇到道床伤亡事故时，虽然在驾驶操作中无过失，但会对自己产生一种不信任感，从而产生心理压力。又如生活中与女友（男友）交往中，由于受到经济条件的限制，无法满足女友（男友）的物质要求，从而产生一种自卑感或失落感，使工作积极性不高，甚至产生厌恶等心理状态等。

（2）驾驶员心理情绪的主要表现

1）情绪低落或抑郁。轻者情绪低落，忧心忡忡，愁眉不展，唉声叹气；重者忧郁沮丧，悲观绝望，感到自己一无是处，度日如年，自卑自责。

2）焦虑。表现在紧张恐惧、顾虑重重，好似大祸临头，坐卧不安，认为问题无法解决。

3）恐惧。恐惧是个体面临危险时的情感体验。与焦虑不同的是危险已经存在，认为自己无法克服这种危险，试图回避。

4）情感脆弱与易激惹性。在无明显外界因素影响下情绪容易波动，易出现过激与攻击行为。

5）情感淡漠。情感对外界任何刺激缺乏相应的情感反应，对周围的事漠不关心，言语声调平淡，面部表情呆板，内心体验贫乏或缺失。

（3）心理情绪对列车驾驶的影响。心理情绪的不稳定极易产生生理和心理疲劳、思想不集中、思维混乱、反应能力迟钝、动作差错增多、工作效率下滑等状态情况。

这样的工作状态将严重威胁列车行车安全，容易引发行车事故、有责投诉事件或客伤事故。

（4）心理问题对运行安全的危害。乘务人员心理发生问题或障碍，必然会对运行安全产生相应的后果。而这种后果具有十分严重的不可预测性和严重性。

1）给国家和人们生命财产带来损失和伤害。

2）给企业经济效益与形象带来负面影响。

3. 心理疏导与乘务基础管理

（1）心理疏导的重要性。心理疏导能有效地缓解驾驶员的心理压力，帮助他们加深树立正确的人生观、价值观，对自身、社会等的认识。从而避免心理的问题发生，对预防行车安全事故起到重要作用。

（2）心理疏导对基础管理的作用。在基础管理中，对于驾驶员的管理至关重要，作为一名在运营一线工作的驾驶员，其个体行为将直接影响到行车安全。一旦驾驶员的心理发生问题或障碍，如果处理不当，后果将非常严重，甚至会蔓延到其他成员。因此，开展心理疏导能有效地缓冲或解除驾驶员的心理压力或病症，减轻驾驶员心理负担，有利于做运行安全工作，从而有利于基础管理工作顺利有序地进行。

（3）改善心理状态的有效途径。心理疏导是应用心理学知识改变驾驶员的认知、情绪、行为的意志，来达到消除症状的一种方法。通过解释、说明、支持、同情、相互之间的理解，运用语言和非语言的交流方式，来影响对方的心理状态，来改变对方的认知、信念、情感、态度和行为等，达到排忧解难、降低心理痛苦的目的。其途径有以下几种。

1）开展有针对性的思想教育，增强驾驶员对各种境遇的适应和承受能力。

2）创建良好的工作生活环境，使驾驶员置身于优良的工作氛围中。

3）明确行车工作的重要意义，树立高度的责任感和使命感。

4）热爱行车岗位，消除自卑感，自觉培养对工作的兴趣。

（4）心理疏导在乘务基础管理中的应用。心理疏导通常以沟通交流作为重要手段，通过谈心、网聊、家访等形式，了解驾驶员的思想动态和心理状态，然后对症下药，通过交流讨论，解除心理障碍，面对未来。

心理疏导还可以以“行为”作为手段，在进行思想沟通后，对他们的正确行为做出判断，在思想与行为上进行支持或鼓励，使他们重新建立面对工作、生活的信心。

3.2.2 轨道交通乘客心理分析

根据近两年对轨道交通的客流调查，可以发现轨道交通运营的乘客群的年龄、职业、出行目的等大致分布情况。

由表3—1可见，上海轨道交通主要乘客群的特征是：以本地乘客群为主，年龄在30岁以下，出行目的以上下班、上下学为主，其中男女比例相对比较接近而男性乘客又略多的一群人。对乘客心理的分析就从年轻乘客、本地乘客和非本地乘客三方面进行分析。

表3—1 上海轨道交通主要乘客群的特征

年份	性别/%		地别/%		年龄/%		出行原因/%	
—	男性	女性	本地	非本地	≤30	≥50	上下班、学	因公
2006	52.7	47.3	80.6	19.4	67.3	5.1	43	40.3
2005	52.6	47.4	84	16	72.1	4.4	57.8	24

1. 独生子女乘客的心理特点

我国自从1978年开始在城镇全面推行独生子女政策后，产生的第一批独生子女正好在21世纪初步入职场。因此在轨道交通众多30岁左右的乘客中，独生子女占有相当的比例，有必要对独生子女的心理进行较深入的分析。从他们出生、成长的环境，研究他们的心理，从而掌握独生子女乘客共同关心和思考的问题，方能提高服务质量。

独生子女在物质、精神和社会等诸多方面都有较强烈的欲望，表现出较高的渴望度。在物质上，独生子女往往因为衣、食、住、行等条件比较优越，朋友间互相攀比，这样就形成了一个以“质高物新”为追求目标的生活圈。由于从小生活在父母和祖辈的溺爱娇宠形成的“过度溺爱”环境中，在家庭里又没有年龄相近的伙伴，于是缺少与兄弟姐妹共同生活、交往的经历，家长对孩子过多的关爱也使孩子在得到超量的爱和呵护的同时，使家长的教育理智被严重淡化，因此养成大多数独生子女独有的一些共性的心理特点。

（1）从小生活在“予取予求”的环境中，想要什么大人就给什么，这是独生子女自私任性的根本原因。当他的要求基本都能得到满足，他就会觉得生活对他没有约束，从而变得很少或不考虑别人。容易使他们变得自私，凡事先考虑自己的利益得失，从不知为别人着想。

（2）家长对“独苗苗”百般袒护，长者不愿约束孩子。孩子在家庭这个最早加入的社会结构中，未能养成尊重长辈、遵守纪律的自觉性，而是任性骄横，家庭成员关系颠倒，走向外部社会后也不懂得尊重别人。由于过分地受人关注，这也成为孩子以自我为中心的来源。当孩子受到家人过多的关怀时，他以为自己永远是中心，长此以往，他们会表现出对他人缺乏爱心，形成唯我独尊而且任性的心理性格。

（3）在家里，父母代劳独生子女的许多本应自理的工作，易于形成依赖性，自主精神和自主能力都差，也缺少劳动自觉性。孩子依赖性大，各种能力差，缺乏责任心和义务感。

（4）正是因为独生子女没有兄弟姐妹为伴，幼时缺少与小伙伴一起游戏的集体活动，所以既不易养成与人协同合作的精神，又缺少竞争性，形成了社会适应能力差，容易形成孤僻、缺少热情、有孤独感、社会交往能力差的心理倾向。

具有这类心理的乘客一般表现为以下这些行为特点：独立性较强、有较强烈的维权意识、对轨道交通服务的质量要求也比较高，容易偏激。

针对他们的心理特点，就需要服务员以车站管理的权威性，明确指出乘客应尽配合管理的义务，同时辅以热情的服务态度，才能施行有效的车站管理。

2. 本地乘客的心理特点

城轨交通最大的乘客群当然是本地乘客，尤其是在早晚上下班、上下学的高峰时段，本地乘客更是主流乘客群。

作为主流乘客群，这部分乘客的心理和由此形成的行为特点，是轨道交通服务人员必须掌握的。

他们一般都是将轨道交通作为上下班、上下学的首选交通工具，其理由不外乎安全、快捷、准时、时间容易掌握等，由于上下班的时间较紧，他们往往是“单位家庭、二点一线”，他们追求的是“花最少的时间到达目的地”，因此无论是进站、购票、候车、出站都要求快，唯一可以让他们安心的只有在正常行驶的列车上。由于出行规律相对固定，因此他们对车站的布局、乘车线路，甚至候车时间、位置也基本上是固定的。他们有较明显的“就近心理”“从众心理”和“自我心理”的倾向，在心理表现上，往往具有“焦虑”和“疲劳”的表现，当发生突发事件时，容易产生“怀疑”和“恐惧”心理。

在这种心理指导下，他们的行为表现往往是运营正常时，对车站导向、广播、告示等“熟视无睹”或“充耳不闻”；在遇到突发事件时，提意见“激烈而又尖刻”，因此车站服务员必须了解他们的心理特点，进行及时引导和指点。

3. 非本地乘客的心理特点

虽然目前非本地乘客在轨道交通乘客群中所占比例不高，但是作为衡量轨道交通服务质量和城市文明程度的重要指标，也需要了解他们的心理和可能发生的行为。

对非本地乘客还可从国籍分为：中、外乘客；从出行目的分为：旅游、因私、公务等；从在本市的居住时间分为：短期（1天~2周）、中长期（2周以上）；根据从事的职业可分为：白领、蓝领和无职业等。乘坐轨道交通的非本地乘客的流动性很大，有些乘客在城市居住的时间已经相当长，对轨道交通的熟悉程度丝毫不亚于本地乘客，他们的心理就可等同地视为本地乘客。

3.3 运行设备的应急处置

3.3.1 线路故障的应急处置

1. 道床伤亡事故处置

（1）道床伤亡事故定义。轨道交通常见道床伤亡事故是指被在轨道上行驶的列车撞、轧人员受伤或死亡事故现场清晰，因果关系明确，快速处置后能够及时恢复轨道交通正常运行的伤亡事故。

（2）道床伤亡事故处置工作原则。依据轨道交通运行的实际状况以及可能对社会造成的影响，城轨交通运输管理部门确定常见道床伤亡事故的处置，必须遵循“属地管辖，各负其责，优先抢救伤员，尽快恢复运行”的工作原则。

（3）道床伤亡事故处置要求

1）及时发现、及时报告。

2）初期勘察处置原则上以所属车站及警务站工作人员为主。

3）快速清理伤亡人员，撤清有关障碍，开通线路。

4）现场应保持秩序良好，抢救伤员迅速。

5）各相关部门通力配合、协作，处置时间一般不超过15 min。

（4）道床伤亡事故的处置职责。列车驾驶员在知晓事故发生后，应立即停车，原地等候，按运行规定报告事故情况，配合现场处置民警开展初期勘察工作，随时接受可以恢复运行的通知，驾驶员在接到公安通知后按运行规定报总调度所请求恢复运行。

凡发生在区间隧道内列车撞击人员的伤害事故，事发列车驾驶员应立即停车，报行车调度员确认被撞人状况，竭力抢救，可能时将被撞人移至驾驶室，按令将被撞人带至指定车站。

列车若在隧道内已越过被撞人应立即停车报行车调度员，得到准许后限速 15 km/h 运行至前方站。

事故列车驾驶员应配合有关管理部门调查取证，如实反映当时情况。

2．线路积水的应急事件的处置

（1）线路积水的判断方法。列车驾驶员在驾驶作业过程中，如遇隧道积水的情况，应立即停车查看积水情况并汇报行车调度。积水深度是指该积水地段最深处的积水水面距钢轨轨面的高度（定义为 h），积水面距钢轨轨面的 h 值越小，对行车和列车车辆的影响越大。列车驾驶员在无法确认线路状况是否符合行车安全的要求与条件的情况下，切勿盲目行车，否则列车在通过该段线路时，飞溅的流水会进入列车下部设备，特别是电动机、电器设备等，会对车辆设备造成损害。

（2）线路积水情况下的驾驶规定

1）当 $h \geqslant 150$ mm 时，允许列车以正常速度通过积水地段。

2）当 100 mm $\leqslant h < 150$ mm 时，允许列车按 40 km/h 速度通过积水地段。

3）当 50 mm $\leqslant h < 100$ mm 时，列车应限速 20 km/h 通过积水地段。此时，列车驾驶员驾驶时应谨慎、仔细，尽量以惰行方式通过积水地段。

4）当 $h < 50$mm 时，原则上不允许列车通过积水地段，应由有关方面处理后才能准许列车通行。

3．运行线路出现异物的应急事件的处置

（1）当发现运行线路上有垃圾或异物时，列车驾驶员应认真确认，如未侵入限界，不影响列车正常运行时，允许列车按正常速度通过。驾驶员应将情况及时报告行车调度员。

（2）当发现轨道运行线路上有垃圾或异物并侵入限界，或虽未侵入限界但有可能影响列车安全运行时，驾驶员应立即停车确认，并将情况及时报告行车调度员。待行车调度员通知有关人员到现场清除处理完毕后，驾驶员根据行车调度员的调度命令恢复运行。

（3）如行车调度员要求驾驶员下车清理时，驾驶员应做到迅速、果断，下车后和处理时应密切注意邻线车辆运行情况，确保自身安全。经过清理的轨道线路应不影响本次列车、后续列车或邻线列车的正常运行。清理完毕后，驾驶员应将处理情况及时

报告行车调度员，同时做好记录，并按调度命令尽快恢复运行

（4）如值乘驾驶员在清理异物时有困难的处置，必须及时报告行车调度员请求支援或配合。

3.3.2 供电故障应急处置

1. 列车在车站或区间牵引电力中断时的处置

（1）列车在车站停站时发生触网停电，驾驶员须及时向行车调度员报告，打开车门，并向乘客广播。

（2）如停电无法短时间恢复时，驾驶员可根据调度命令进行清客，并收车。

（3）列车在区间发生触网停电时，驾驶员应尽量将列车惰行至车站。如无法牵引迫停区间时，驾驶员应及时向调度联系，并用客室广播安抚乘客。

（4）如触网供电无法及时恢复，且客室内乘客较多时，驾驶员可根据调度命令进行疏散。

（5）触网恢复供电后，驾驶员及时启动列车，并确认列车状况，如车况满足运营条件，立即恢复运营。

2. 架空接触网上有异物的处置

（1）列车在运行中，当驾驶员发现架空接触网上有异物悬挂或缠绕时，或接触网电缆断落或部件脱落时，驾驶员应做到立即采取列车停车措施，确保行车安全。

（2）若异物未悬挂或缠绕在接触线上，且悬挂或缠绕物在下垂时不可能触碰车体，不影响列车安全运行时，允许列车限速 20 km/h 通过该区段。

（3）若异物悬挂或缠绕在接触线上，悬挂或缠绕物在下垂时有可能触碰车体，或悬挂或缠绕物有可能影响列车安全运行时，驾驶员应立即停车，并将现场实际情况及时报告行车调度员。待行车调度员通知有关人员到现场清除处理完毕后，驾驶员可根据行车调度员的调度命令恢复运行。

（4）若悬挂或缠绕物为导电体且与车体接触造成变电所跳闸，驾驶员应立即落弓并立刻向行车调度员报告具体情况，确认清楚后，根据现场情况关闭蓄电池开关，等待有关处理人员到达。待行车调度员通知有关人员到现场清除处理完毕并恢复送电后，驾驶员可根据行车调度员的调度命令恢复运行。

（5）如行车调度员要求驾驶员下车清理时，驾驶员应先向行车调度员确认前方站已扣发相反方向运行的列车。在确认后，驾驶员可根据实际情况，利用专用工具下车

清除异物。下车后和处理时必须密切注意邻线车辆运行情况并做好高压安全防护工作，确保自身安全。经过清理的接触线应不影响本次列车、后续列车或邻线列车的正常运行。清理完毕后，驾驶员应将处理情况及时报告行车调度员，同时做好记录，并按调度命令尽快恢复运行。

3. 遭遇雷击因素干扰应急事件的处置

（1）当列车遭遇雷击后，驾驶员首先应确定列车状态，如故障面板无障碍显示，客室照明情况正常时，列车可以继续正常运行。

（2）如故障面板显示逆变器故障，客室仅有紧急照明时，驾驶员应维持运行至前方站。到站台后开门清客，并向行车调度员报告列车故障情况。

（3）若无法继续运行，驾驶员应及时报告行车调度员列车故障情况，在征得行车调度员同意后，落弓并分断蓄电池，待 2 min 后重新启动列车。

（4）若故障依然存在，但列车可以维持运行，驾驶员应及时向行车调度员报告故障情况，并维持运行至终点站或折返线，交检修人员处理。

（5）若列车无法维持运行，则报告行车调度员，请求救援。

技能要求

道床伤亡事故的处置

操作准备

1. 多媒体教室。
2. A4 纸若干张。
3. 水笔若干支。
4. 计时器。

操作步骤

步骤 1　立即停车，及时汇报行车调度员。

步骤 2　配合车站确认伤（亡）者位置及伤亡情况。

步骤 3　向值班站长报告伤（亡）者位置，尽可能配合现场勘查人员前期调查。

步骤 4　接受值班站长动车指令，并及时将信息传递至行车调度员。

线路积水的应急事件的处置

操作准备

1. 多媒体教室。
2. A4 纸若干张。
3. 水笔若干支。
4. 计时器。

操作步骤

步骤 1　立即停车，汇报行车调度。

步骤 2　目测判断积水地段最深处的积水水面距钢轨轨面的高度。

步骤 3　根据行车调度员的命令按“线路积水情况下的驾驶规定”执行。

运行线路出现异物的应急事件的处置

操作准备

1. 多媒体教室。
2. A4 纸若干张。
3. 水笔若干支。
4. 计时器。

操作步骤

步骤 1　列车驾驶员应立即停车，仔细确认现场情况，并汇报行车调度员。

步骤 2　若异物未侵入限界，不影响列车正常运行时，依据行车调度员的命令，允许列车按正常速度通过。

步骤 3　若异物侵入限界，则由行车调度员通知专业人员现场处置，处置完毕后依据行车调度员的命令恢复行车。

步骤 4　若行车调度员命令由列车驾驶员下车处置时，则列车驾驶员在确保自身安全的情况下及时处置。

步骤 5　异物清理完毕后，驾驶员应将处理情况及时报告行车调度员，同时做好记录，并按行车调度员的命令尽快恢复运行。

注意事项

若列车驾驶员在清理异物时有困难，必须及时报告行车调度员请求支援或配合。

列车在车站或区间牵引电力中断时的应急事件的处置

操作准备

1. 多媒体教室。
2. A4 纸若干张。
3. 水笔若干支。
4. 计时器。

操作步骤

步骤 1　列车在车站停站时发生触网停电，驾驶员须及时向行车调度员报告，打开全列车车门并进行客室广播。

步骤 2　如停电无法短时间恢复时，驾驶员可根据调度命令进行清客，并收车。

步骤 3　列车在区间发生触网停电时，驾驶员应尽量将列车惰行至车站。

步骤 4　若列车无法牵引迫停区间时，驾驶员应及时联系行车调度员，并用客室广播安抚乘客。

步骤 5　如触网供电无法及时恢复，且客室内乘客较多时，驾驶员可根据行车调度员命令进行疏散。

步骤 6　触网恢复供电后，驾驶员及时启车，并确认列车状况，依据行车调度命令立即恢复运营。

接触网出现异物的应急事件的处置

操作准备

1. 多媒体教室。
2. A4 纸若干张。
3. 水笔若干支。
4. 计时器。

操作步骤

步骤1　立即采取停车措施，并将现场实际情况及时准确地报告行车调度员，确保行车安全。

步骤2　若异物未悬挂或缠绕在接触线上，且悬挂或缠绕物在下垂时不可能触碰车体，不影响列车安全运行时，可根据调度命令允许列车限速20 km/h通过该区段。

步骤3　若异物悬挂或缠绕在接触线上，悬挂或缠绕物在下垂时有可能触碰车体，或悬挂或缠绕物有可能影响列车安全运行时，由行车调度员通知有关人员或列车驾驶员至现场进行处置。

步骤4　若悬挂或缠绕物为导电体且与车体接触造成变电所跳闸，触网断电时，驾驶员应立即落弓并立刻向行车调度员报告具体情况，确认清楚后，根据现场情况关闭蓄电池开关，等待有关处理人员到达。

步骤5　触网异物清理完毕后，驾驶员应将处理情况及时报告行车调度员，同时做好记录，并按调度命令尽快恢复运行。

注意事项

如驾驶员清理异物有困难或遇高架、地面线路雨天情况，驾驶员必须及时报告行车调度员请求支援，接触网异物由专业人员进行处理。

遭遇雷击因素干扰的应急事件的处置

操作准备

1. 多媒体教室。
2. A4纸若干张。
3. 水笔若干支。
4. 计时器。

操作步骤

步骤1　驾驶员对列车的状态进行确认，若无故障存在，列车可以继续正常运行。

步骤2　若列车存在辅助逆变器故障且可以继续运行时，驾驶员应维持运行至前方站。到站台后开门清客，并向行车调度员报告列车故障情况。

步骤3　若列车无法继续运行，驾驶员应向行车调度员报告列车故障情况并进行故障处置。

步骤 4　若故障依然存在，驾驶员向行车调度员报告故障情况，并维持运行至终点站或折返线，交由车辆检修人员处理。

步骤 5　若列车无法维持运行则报告行车调度员，请求救援。

理论知识复习题

一、判断题（将判断结果填入括号中。正确的填“√”，错误的填“×”）

1. 人员死亡五人或者死亡、重伤五人及其以上者为重大事故。　（　）

2. 冒进信号往往会伴随着挤岔事故的发生。　（　）

3. 列车挤岔为一般事故。　（　）

4. 轨道交通行车事故处理规则是处理行车事故的法则。　（　）

5. 电动列车驾驶员在行车过程中中断信号瞭望、精力不集中可能会造成正线事故发生。　（　）

6. 电动列车驾驶员在值乘过程中对工作所涉及的相关行车设备和乘客安全不负责。　（　）

7. 乘务工作的环境可以分为：站台环境和驾驶环境两种。　（　）

8. 电动列车驾驶员心理情绪的不稳定极易产生生理、心理疲劳。　（　）

9. 乘务人员心理发生问题或障碍，必然会对运行安全产生相应的后果。这种后果一般具有不可预测性和严重性。　（　）

10. 对非本地乘客还可从国籍分为：本地、外地乘客。　（　）

11. 发生道床伤亡事故时，如处置不及时、不规范，可能形成运营大间隔，使企业形象受到损害。　（　）

12. 隧道积水时，当 $h \geqslant 150$ mm 时，原则上不准电动列车通过积水区段。　（　）

13. 当电动列车遭遇雷击后，驾驶员首先应确定列车状态，如驾驶员故障显示屏无故障显示，客室照明情况正常时，列车可以继续正常运行。　（　）

14. 当供电系统发生故障、触网失电时，驾驶员故障显示屏显示接触网电压为 0 V。　（　）

15. 当电动列车在紧邻楼房的线路上运行时，驾驶员应加强瞭望，以防有异物侵入限界及高空坠物。　（　）

二、单项选择题（选择一个正确的答案，将相应的字母填入题内的括号中）

1. 双线中断行车（　　）及其以上者为大事故。

A. 90 min　　B. 120 min　　C. 150 min　　D. 180 min

2. 运行规则最主要和最基本的作用是维护正常的（　　）。

A. 进出站秩序　　B. 运行秩序

C. 上下客秩序　　D. 安全运营

3. 轨道交通行车事故按照性质、损失以及对行车造成的影响，分为（　　）种类型。

A. 三　　B. 四　　C. 五　　D. 六

4. 按违章行车实施的（　　）可分为有意识违章和无意识违章。

A. 过程　　B. 性质　　C. 后果　　D. 意识倾向

5. 精神状态不佳、臆测行车、思想麻痹从而会导致误认信号会造成（　　）发生。

A. 故障　　B. 正线事故　　C. 列车晚点　　D. 人员伤亡

6. （　　）在值乘过程中，只对本方值乘的当次列车安全负责。

A. 行车调度员　　B. 值班站长

C. 生产调度　　D. 电动列车驾驶员

7. 要以（　　）为基础管理思路注重观察与分析、了解驾驶员的生理、心理状态。

A. 规章制度　　B. 沟通　　C. 以人为本　　D. 驾驶心理

8. 产生（　　）的主要原因有：工作、社会、家庭等各类因素的影响。

A. 生理情绪　　B. 心理情绪　　C. 工作失误　　D. 违章违纪

9. 心理疏导能避免心理的问题发生，对预防（　　）起到重要作用。

A. 社会问题　　B. 心理疾病

C. 行车安全事故　　D. 列车故障

10. （　　）对车站的布局、乘车线路，甚至候车时间、位置也基本上是固定的。

A. 本地乘客　　B. 外地乘客　　C. 外国乘客　　D. 公司员工

11. 轨道交通常见道床伤亡事故是指被在（　　）行驶的电动列车撞、轧人员受伤或死亡。

A. 路面上　　B. 站台内　　C. 轨道上　　D. 站场内

12. 道床伤亡事故现场移车由（　　）指挥，驾驶员应积极配合。

A. 行车调度员　　B. 现场处置民警

C. 运转值班员　　D. 站务员

13. 隧道内积水，当（　　）时，允许电动列车以正常速度通过积水地段。

A. $h \geqslant 150$ mm　　B. 100 mm $\leqslant h < 150$ mm

C. 10 mm $\leqslant h < 50$ mm　　D. 50 mm $\leqslant h < 100$ mm

14. 当电动列车遭遇雷击后，驾驶员故障显示屏显示逆变器故障，客室仅有紧急照明时，驾驶员应（　　）。

A. 立即进行清客　　B. 维持运行至前方站

A. 立即申请救援　　D. 立即收车

15. 驾驶员发现触网挂有异物时，在得到（　　）许可后方能下车用绝缘杆拨除异物。

A. 行车调度员　　B. 值班站长

C. 生产调度　　D. 警务站

理论知识复习题答案

一、判断题

1. ×　2. √　3. √　4. ×　5. √　6. ×　7. ×　8. √

9. ×　10. ×　11. √　12. ×　13. √　14. √　15. √

二、单项选择题

1. A　2. B　3. B　4. D　5. B　6. D　7. C　8. B

9. C　10. A　11. C　12. B　13. A　14. B　15. A

操作技能复习题

【线路故障应急处置】

道床伤亡事故的处置（试题代码：3.1.1；考核时间：30 min）

试题单

试题要求：

（1）道床伤亡事故的处置原则。

（2）道床伤亡事故的处置要求。

（3）道床伤亡事故时，列车驾驶员的处置。

【供电故障应急处置】

列车遭雷击的处置（试题代码：3.2.1；考核时间：30 min）

试题单

试题要求：

（1）当列车遭遇雷击后，驾驶员的第一步处置。

（2）如故障面板显示逆变器故障，客室仅有紧急照明时的处置。

（3）若无法继续运行，驾驶员应及时报告行车调度员列车故障情况，在征得行车调度员同意后的处置。

（4）若故障依然存在，但列车可以维持运行，驾驶员应及时向行车调度员报告故障情况后的处置。

（5）若列车无法维持运行的处置。

第 4 章

列车驾驶

学习目标

完成本章的学习后，您能够：

- ☑ 掌握列车一次出乘准备作业的作业流程
- ☑ 掌握列车一次出乘准备作业故障检查的基本技巧
- ☑ 掌握列车驾驶基础及安全的原则
- ☑ 掌握列车驾驶的作业程序及规定
- ☑ 能够进行列车一次出乘准备作业故障检查及处置

知识要求

4.1 一次出乘准备作业

4.1.1 准备工作及列车外部检查作业

1. 准备工作

值乘列车驾驶员在出勤前，应得到充分休息，在出勤前8 h内禁止饮酒及不能服用驾驶人员禁止服用的药物，身体生理条件和心理状况应符合岗位工作要求，若列车驾驶员因故无法担当值乘任务，值乘列车驾驶员应在出乘前或值乘过程中立即报告，经乘务组长确认核实后，不安排本班值乘任务。

值乘列车驾驶员应按列车出库时间提前30 min至运转值班室向运转值班员出勤，乘务组长应对值乘列车驾驶员身体与心理状态进行观察和询问，在具备值乘条件的情况下，向值乘列车驾驶员布置值乘列车的车次、车号、停放股道、有效调度命令及行车重点注意事项。在值乘列车驾驶员抄录完毕后，乘务组长核对签认准确后，运转值班员向值乘列车驾驶员发放电动列车钥匙、列车驾驶员报单、对讲机、应急包等行车物品。

值乘列车驾驶员在检车作业前，必须完成以下准备工作内容。

（1）值乘列车驾驶员至被检列车，再次确认列车车号、股道与运转值班员布置的出乘计划相一致后进行出乘列车检查。

（2）确认车体两侧及地沟无人和异物侵入限界（见图4—1）。

图4—1　检查车体两侧及地沟

（3）确认车库库门开启到位，库门插销固定，无松动侵限情况。确认股道接触网送电显示灯显示正常（见图4—2）。

图4—2　检查库门插销

（4）登车确认列车驾驶室操作台上无“禁动标识牌”。

2．列车外部检查

（1）列车前端检查

1）目的地、车次号显示器、信号灯、标志灯外观有无损坏（见图4—3）。

图4—3　检查列车前端

2）刮雨器外观有无损坏（见图4—4）。

图4—4 检查刮雨器

3）安全门关闭是否密贴，外观有无损坏，安全门紧急开启手柄盒锁闭是否良好，封条是否完整无缺（见图4—5）。

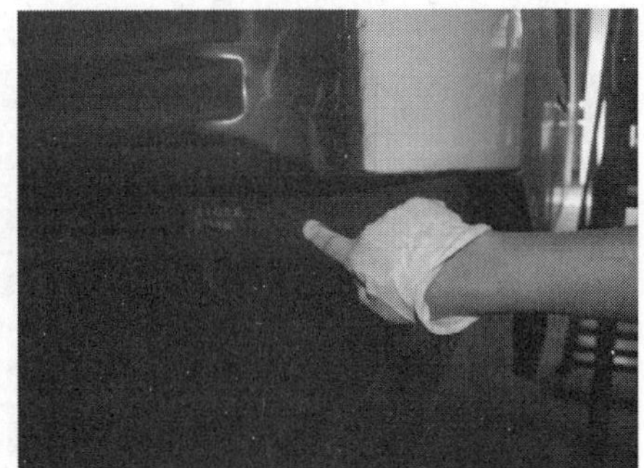

图4—5 检查安全门

4）汽笛外观是否损坏（见图4—6）。

图4—6 检查汽笛

5）车钩机械部分有无裂痕损坏，风管有无老化破损，伸缩滑盖位置是否正确、锁闭是否良好，解钩拉环放置是否正确、有无损坏，对中风缸截止阀位置是否正确（见图4—7）。

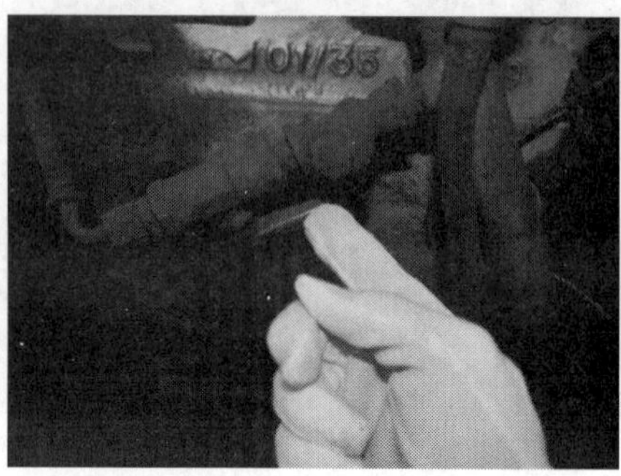

图4—7　检查车钩机械部分

（2）车体侧面检查

1）列车驾驶室及客室门、车窗玻璃有无损坏，橡胶密封条是否老化，扶手、脚蹬有无损坏，锁孔盖有无损坏，是否在关闭位置（见图4—8）。

图4—8　检查车体侧面

2）总风管阀门位置是否正确（见图4—9）。

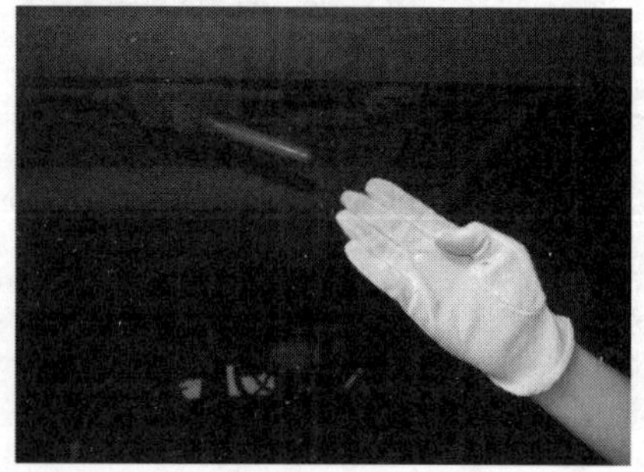

图4—9　检查总风管阀门

3）对位线圈有无损坏（见图4—10）。

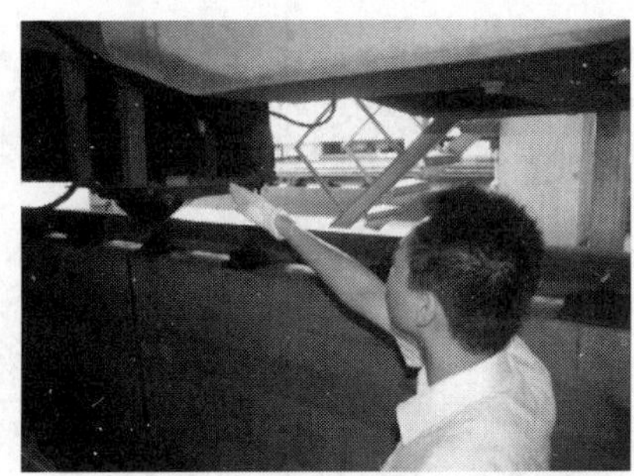

图4—10　检查对位线圈

4）转向架外观是否良好，构架有无裂缝（见图4—11）。

图4—11　检查转向架

5）人字弹簧、空气弹簧有无老化（见图4—12）。

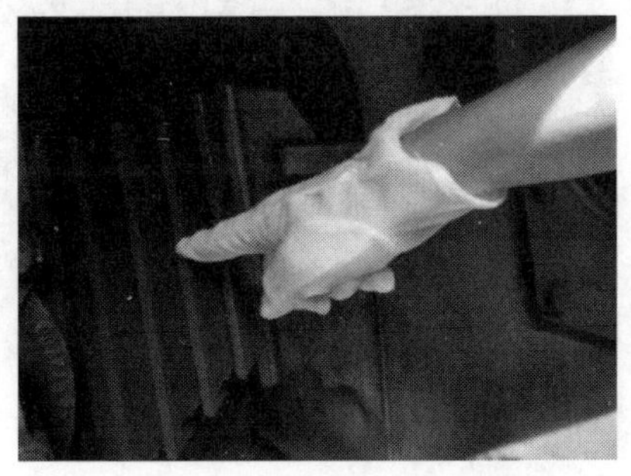

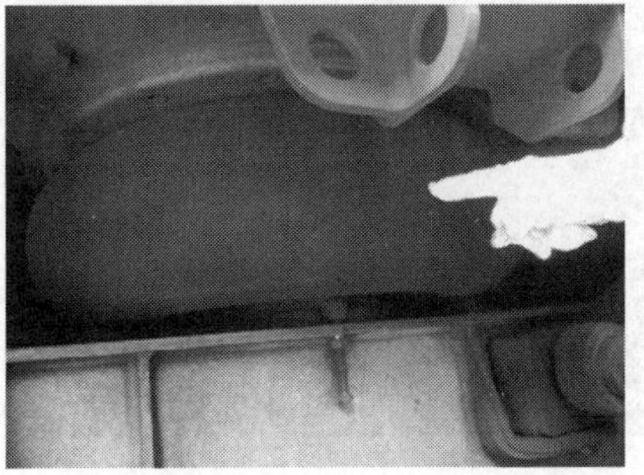

图4—12　检查人字弹簧、空气弹簧

6）减振器有无损坏（见图 4—13）。

7）抗侧滚扭杆有无损坏（见图 4—14）。

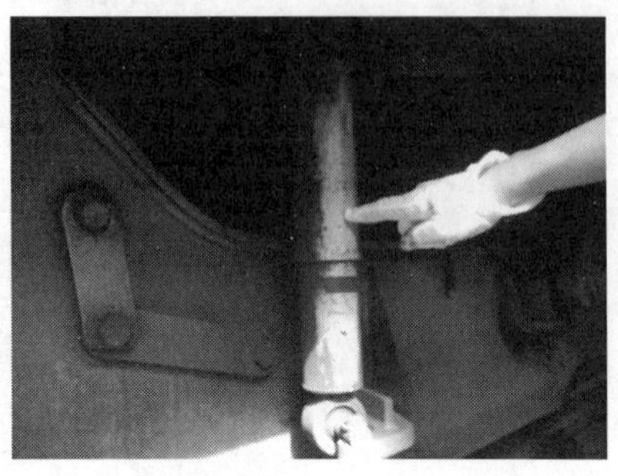

图 4—13　检查减振器

图 4—14　检查抗侧滚扭杆

8）轴箱与轴箱拉杆有无裂缝或损坏（见图 4—15）。

9）轮对踏面有无擦伤剥离（见图 4—16）。

图 4—15　检查轴箱与轴箱拉杆

图 4—16　检查轮对踏面

10）速度传感器有无损坏（见图 4—17）。

11）接地线有无损坏（见图 4—18）。

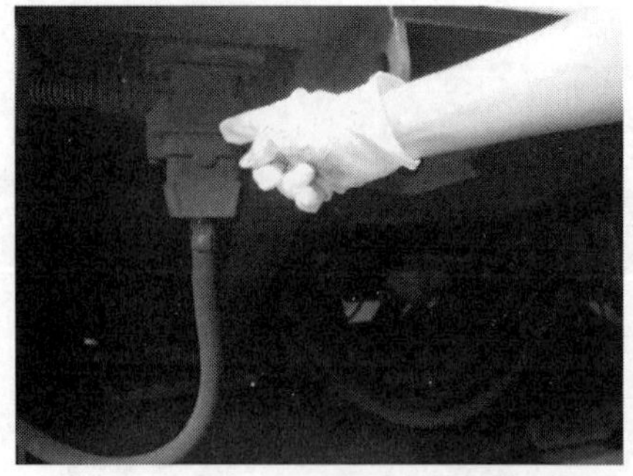

图 4—17　检查速度传感器

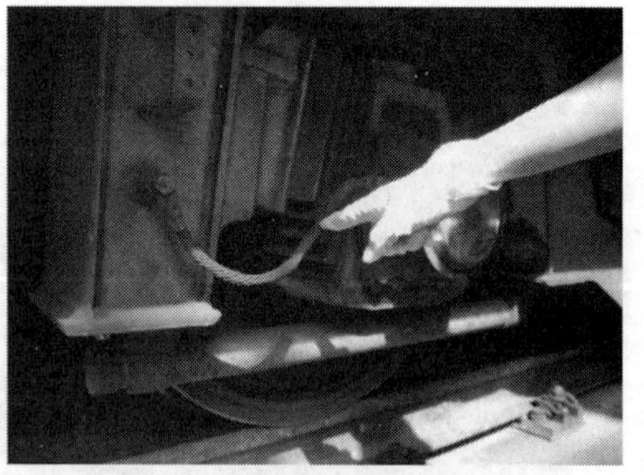

图 4—18　检查接地线

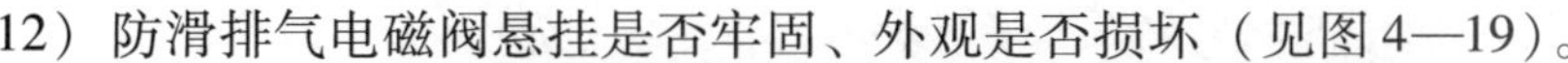

12）防滑排气电磁阀悬挂是否牢固、外观是否损坏（见图4—19）。

图4—19 检查防滑排气电磁阀

13）主风缸截止阀位置是否正确（见图4—20）。

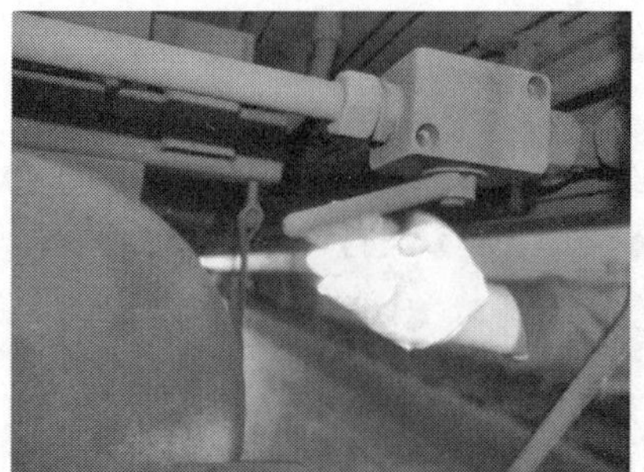

图4—20 检查主风缸截止阀

14）空气弹簧风缸、主风缸、制动风缸、门风缸是否漏风损坏（见图4—21）。

15）空气弹簧风缸阀门位置是否正确（见图4—22）。

图4—21 检查空气弹簧风缸、主风缸、制动风缸、门风缸

图4—22 检查空气弹簧风缸阀门

16）主风缸排水阀是否损坏（见图 4—23）。

图 4—23　检查主风缸排水阀

17）主风缸滤清器外观是否损坏（见图 4—24）。

图 4—24　检查主风缸滤清器

18）车底架设备是否良好（见图 4—25）。

图 4—25　检查车底架设备

19）气路控制板箱悬挂是否牢固、箱盖是否锁闭（见图4—26）。

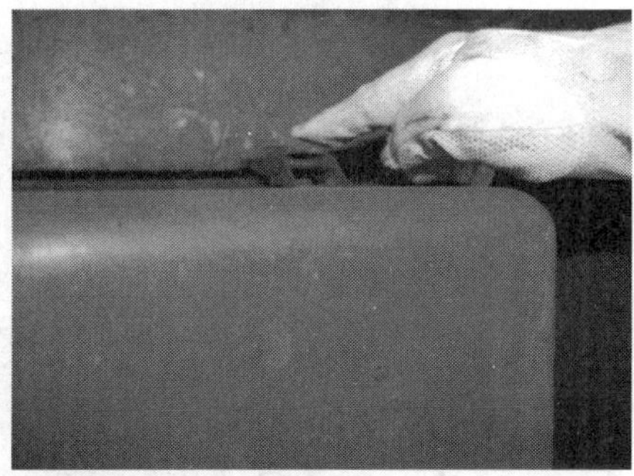

图4—26 检查气路控制板箱

20）门风缸排水阀外观是否损坏（见图4—27）。

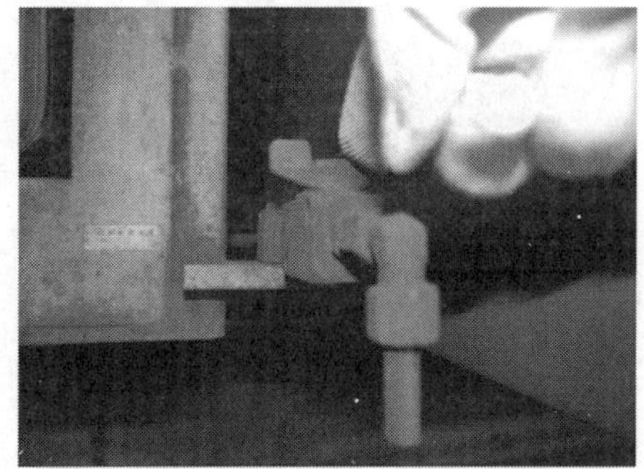

图4—27 检查门风缸排水阀

21）蓄电池保险、闸刀箱、电池箱悬挂是否牢固，箱盖是否锁闭（见图4—28）。

图4—28 检查蓄电池保险、闸刀箱、电池箱

22）半自动车钩解钩阀是否损坏（见图 4—29）。

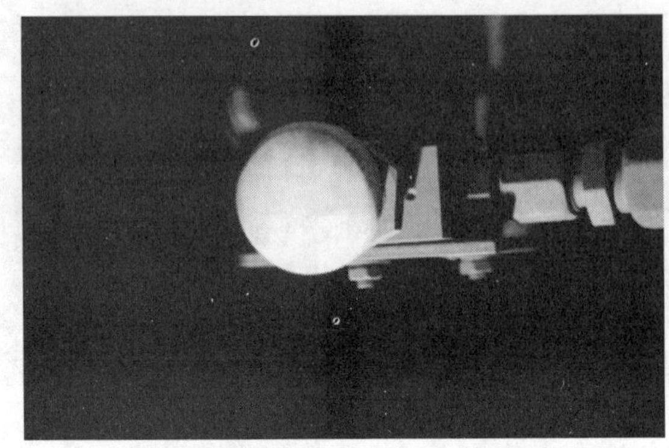

图 4—29　检查半自动车钩解钩阀

23）辅助逆变器箱箱盖是否锁闭（见图 4—30）。

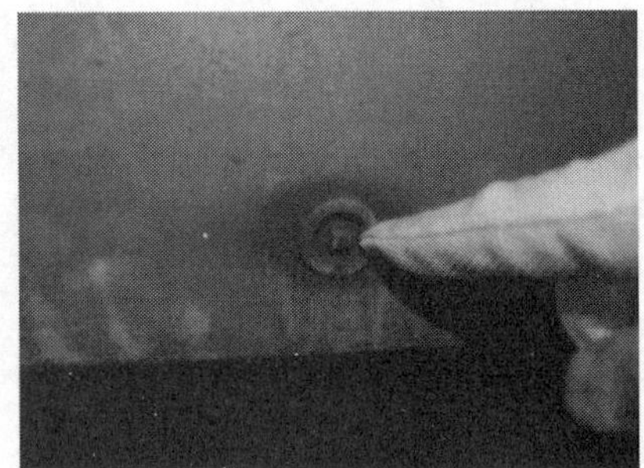

图 4—30　检查辅助逆变器箱箱盖

24）牵引箱悬挂是否牢固，箱盖锁闭是否良好（见图 4—31）。

图 4—31　检查牵引箱

25）辅助设备箱、高速断路器箱悬挂是否牢固，箱盖是否锁闭（见图4—32）。

图4—32 检查辅助设备箱、高速断路器箱

26）车间供电盖锁闭是否良好，封条是否完好（见图4—33）。

图4—33 检查车间供电盖

27）制动电阻箱悬挂是否牢固（见图4—34）。

图4—34 检查制动电阻箱

28）空压机调压器外观是否损坏（见图 4—35）。

29）空压机压力塞门位置是否正确（见图 4—36）。

图 4—35　检查空压机调压器

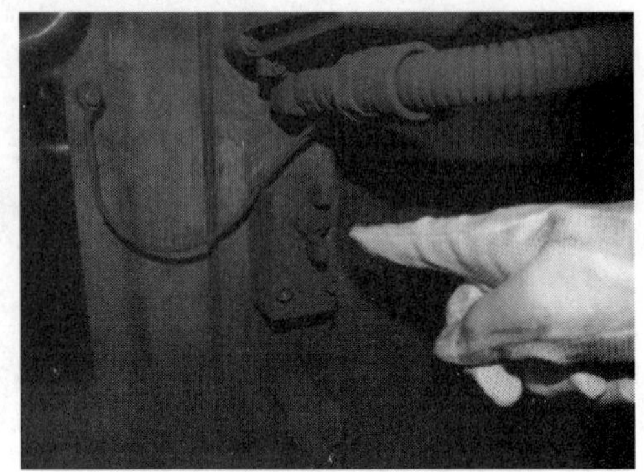

图 4—36　检查空压机压力塞门

30）油水分离器悬挂是否牢固，外观是否损坏（见图 4—37）。

31）空压机悬挂是否牢固，外观是否损坏（见图 4—38）。

图 4—37　检查油水分离器

图 4—38　检查空压机

4.1.2　客室及列车驾驶员室检查作业

1. 客室检查

（1）列车客室行车设备检查

1）内部照明设备是否有损坏（见图 4—39）。

2）贯通道装饰板是否有损坏。

3）过桥板是否有损坏（见图 4—40）。

图4—39　检查内部照明设备

图4—40　检查过桥板

4）顶板是否损坏。

5）设备柜锁闭是否良好（见图4—41）。

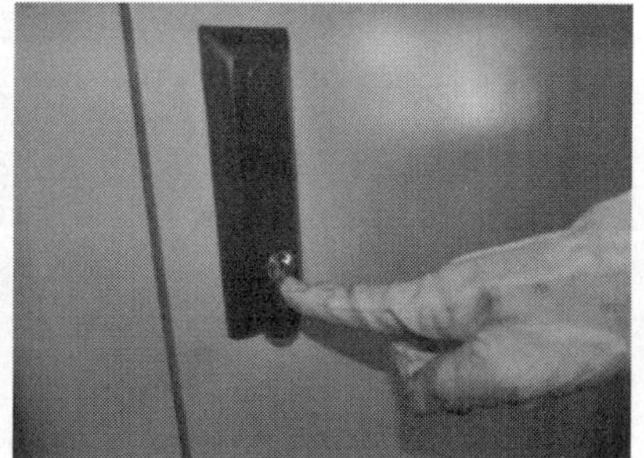

图4—41　检查设备柜锁闭情况

6）脚踏泵状态是否良好（见图4—42）。

7）升弓截止阀位置是否正确（见图4—43）。

图4—42　检查脚踏泵

图4—43　检查升弓截止阀

8）气制动缓解阀位置是否正确（见图 4—44）。

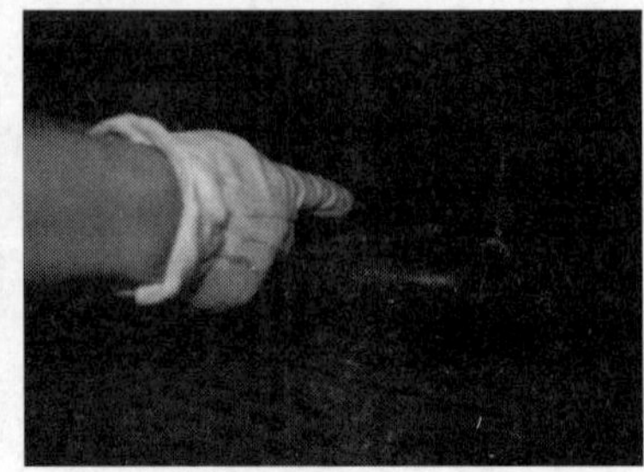

图 4—44　检查气制动缓解阀

9）箱盖锁闭是否良好。

10）车门紧急拉手位置是否正确（见图 4—45）。

图 4—45　检查车门紧急拉手

11）门灯外观是否良好（见图 4—46）。

图 4—46　检查门灯

（2）列车客室服务设施检查

1）立柱横杆是否有损坏（见图 4—47）。

2）车窗是否有损坏（见图 4—48）。

图4—47 检查立柱横杆

图4—48 检查车窗

3）乘客座椅是否有损坏（见图4—49）。

4）天花板是否有损坏。

5）地板是否有损坏（见图4—50）。

图4—49 检查乘客座椅

图4—50 检查地板

6）灭火器状态是否良好（见图4—51）。

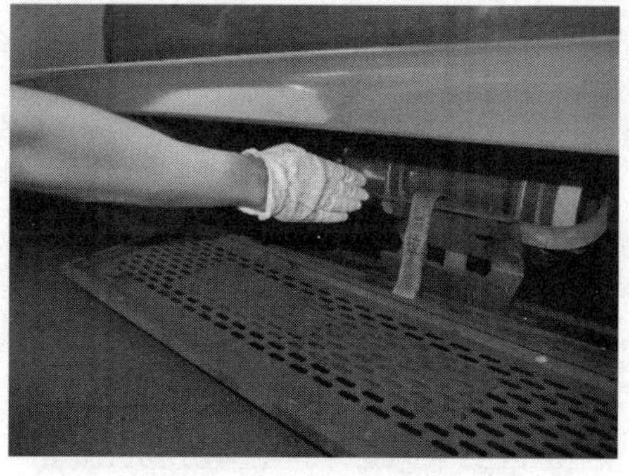

图4—51 检查灭火器

2. 列车驾驶室检查

（1）通道门是否损坏（见图 4—52）。

图 4—52 检查通道门

（2）列车驾驶员主驾驶台、副驾驶台外观是否良好（见图 4—53）。

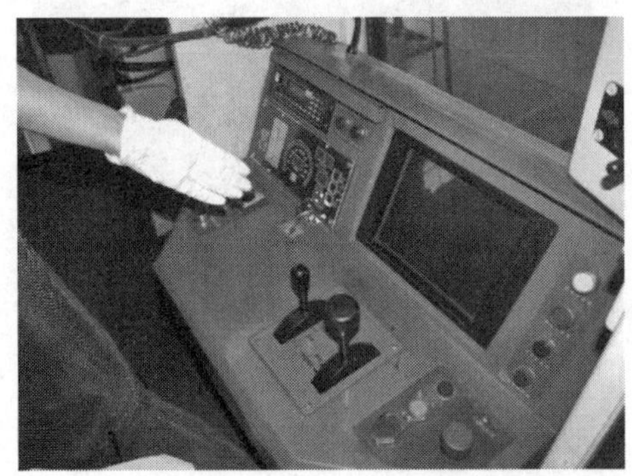

图 4—53 检查列车驾驶员主驾驶台、副驾驶台

（3）开关位置是否正确（见图 4—54）。

图 4—54 检查开关位置

（4）灯罩、速度表、话筒、对讲机、压力表、列车驾驶员座椅外观有无损坏（见图4—55）。

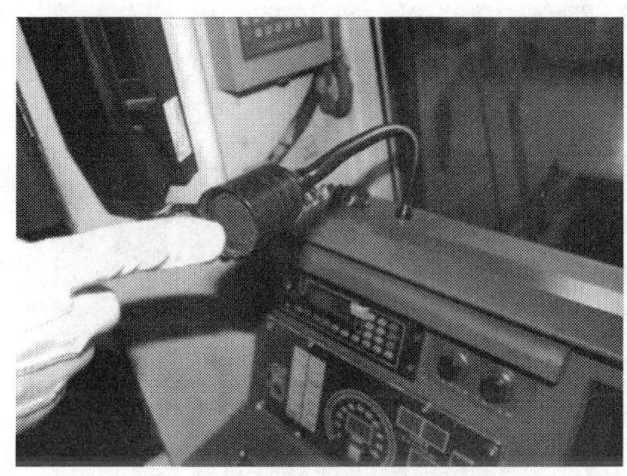
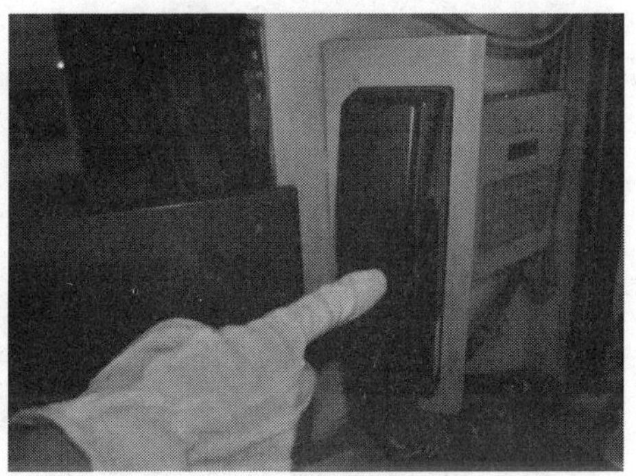

图4—55　检查灯罩、速度表、话筒、对讲机、压力表、列车驾驶员座椅

（5）安全门状态是否良好，安全门开启手柄有无损坏（见图4—56）。

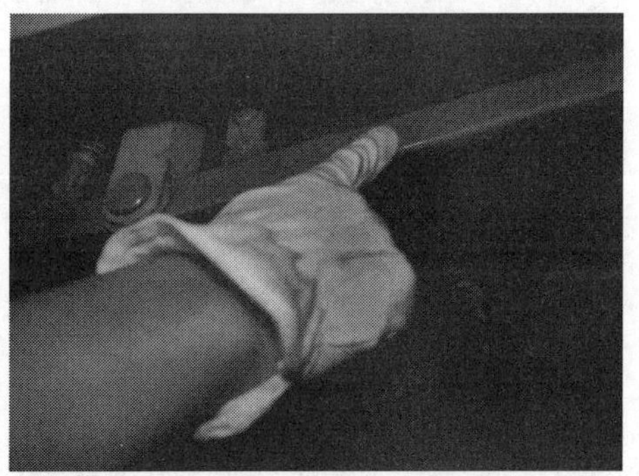

图4—56　检查安全门及安全门开启手柄

（6）汽笛阀门位置是否正确，风管有无损坏（见图4—57）。

（7）灭火器状态是否良好，箱盖锁闭是否良好（见图4—58）。

图4—57　检查汽笛阀门及风管

图4—58　检查灭火器

（8）电子柜锁闭是否良好（见图 4—59）。

（9）通风设备有无损坏（见图 4—60）。

图 4—59　检查电子柜锁闭情况

图 4—60　检查通风设备

（10）列车驾驶室照明灯有无损坏。

（11）设备柜内开关及小型空气断路器位置是否正确，铅封是否完好（见图 4—61）。

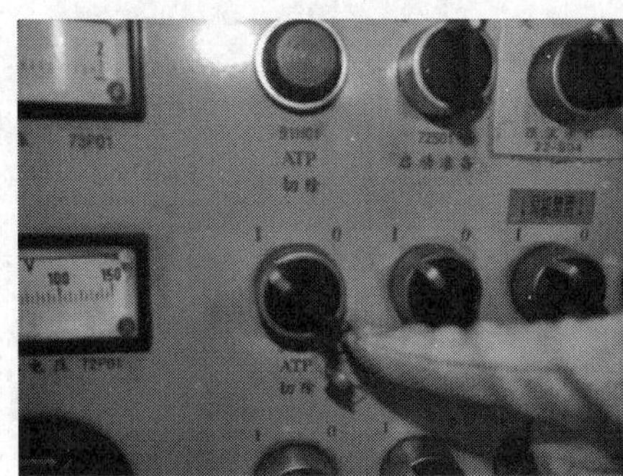

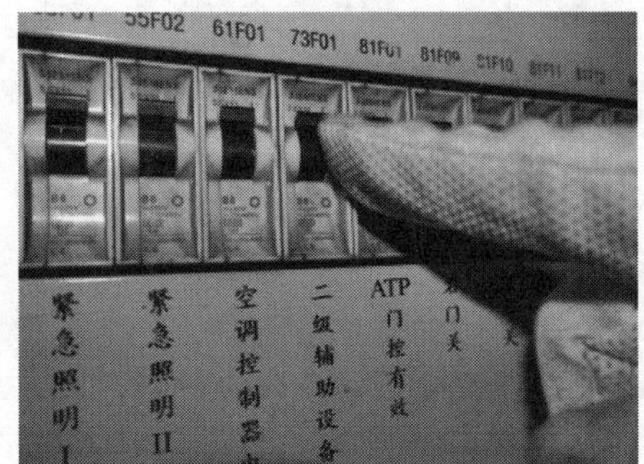

图 4—61　检查设备柜内开关及小型空气断路器

（12）绝缘棒有无损坏，是否在规定位置安放（见图 4—62）。

图 4—62　检查绝缘棒

4.1.3 列车启动及静态试验作业

1. 列车启动

（1）检查列车驾驶室内各开关位置是否正确（见图4—63）。

图4—63 检查列车驾驶室内各开关

（2）合上启动准备开关，检查蓄电池电压，一般应大于84 V（见图4—64）。

图4—64 合上启动准备开关，检查蓄电池电压

（3）开司控钥匙，等显示屏亮后，按下灯泡测试按钮进行灯泡测试（见图4—65）。

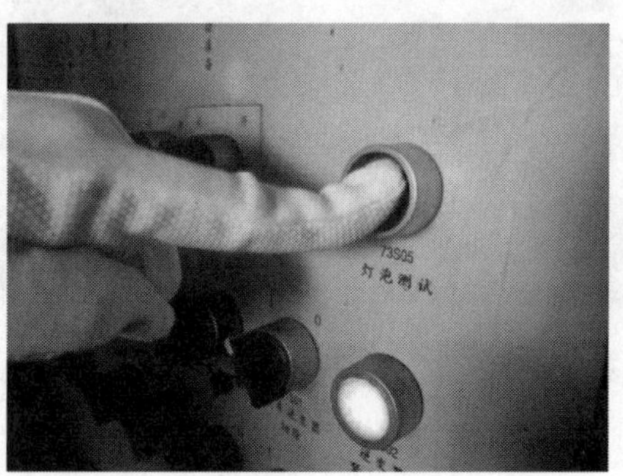

图4—65 灯泡测试

（4）按下升弓按钮，待升弓按钮灯亮，确认双弓升起（见图4—66）。

图4—66　升弓

（5）合上高速开关，确认高速开关合指示灯亮（见图4—67）。

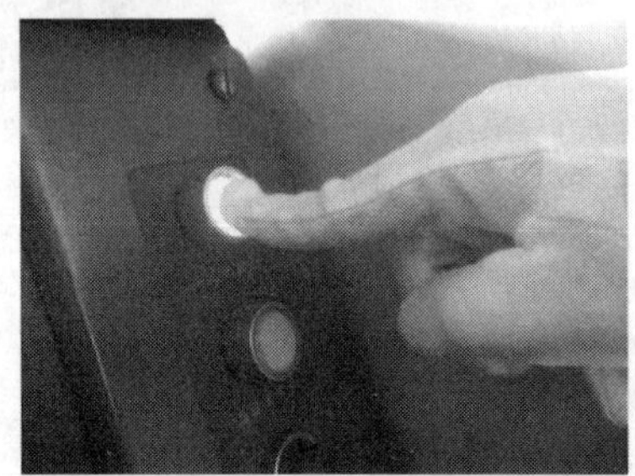
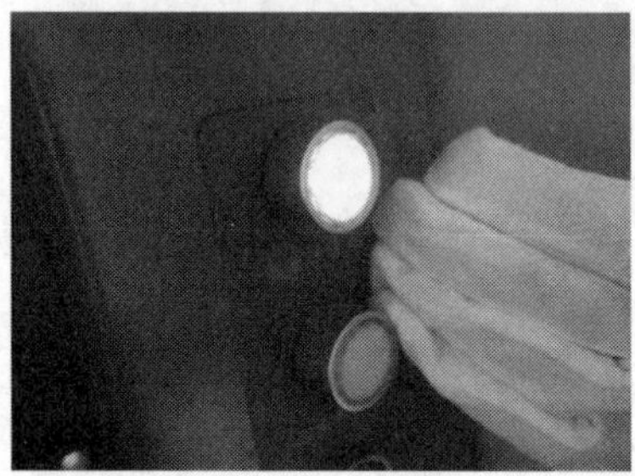

图4—67　合上高速开关

（6）检查空压机、逆变器是否启动。

（7）检查触网电压是否在1 200 ~ 1 800 V（见图4—68）。

（8）检查风压是否大于0.35 MPa，大于0.35 MPa按下停车制动缓解按钮，待停车制动缓解按钮点亮（见图4—69）。

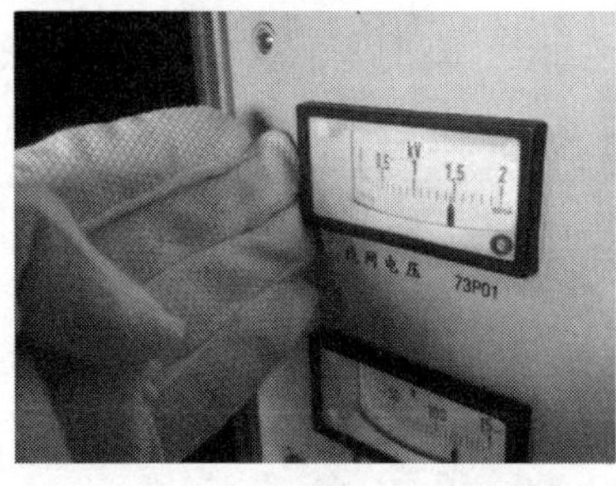

图4—68　检查触网电压　　　图4—69　检查风压

2．列车静态试验

（1）检查列车总风缸压力在正常工作范围内，制动压力显示正常（见图4—70）。

（2）检查列车受电弓处于正常升弓状态，且网压显示正常（见图4—71）。

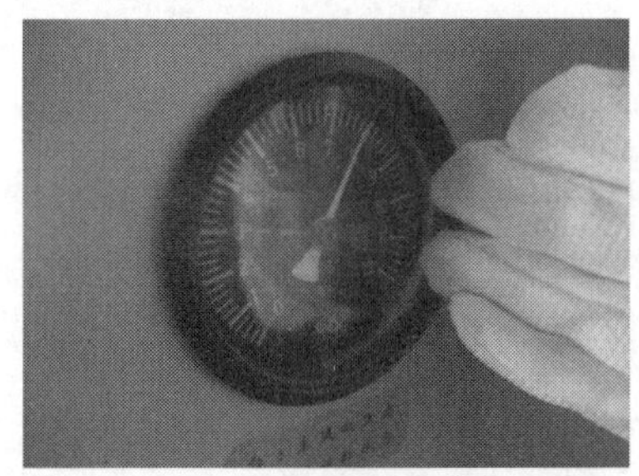

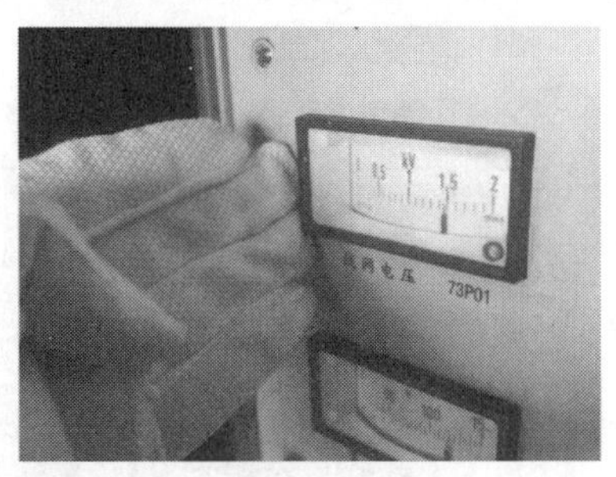

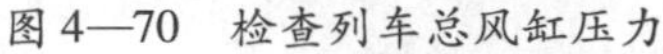

图4—70　检查列车总风缸压力

图4—71　网压正常

（3）检查列车驾驶室各仪表、指示灯、显示屏显示正常无故障（见图4—72）。

图4—72　检查列车驾驶室各仪表、指示灯、显示屏显示正常

（4）进行列车驾驶室设备功能测试。分别开启列车驾驶室灯、客室灯、刮雨器、汽笛、无线电话、列车驾驶室联络、头灯、列车驾驶室/客室通风、遮阳布等设备，确认设备良好（见图4—73）。

图4—73　列车驾驶室设备功能测试

（5）设置报站内容，检查客室广播功能良好、内容正确（见图4—74）。

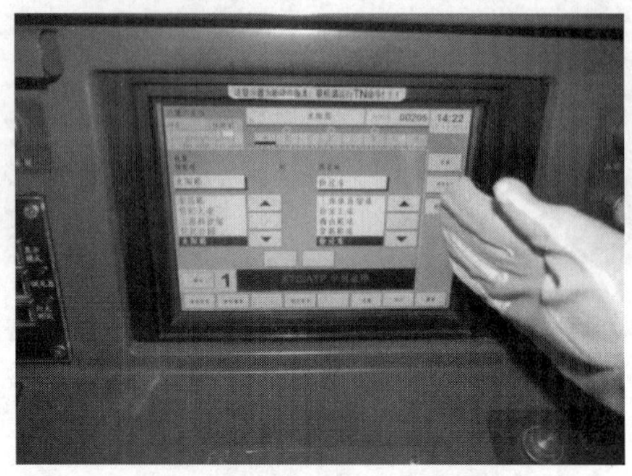

图4—74　设置报站广播

（6）进行列车开关门试验。分别开关左、右侧车门，确认车门开启、关闭良好，指示灯显示正确（见图4—75）。

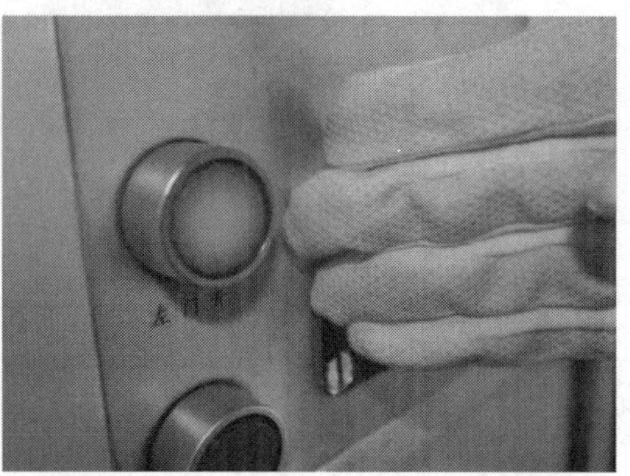

图4—75　列车开关门试验

4.1.4　列车动态试验及收车

1．列车动态试验

（1）气制动试验

1）等主风缸压力超过0.75 MPa，可以进行气制动试验（见图4—76）。

2）按下停车制动施加按钮，待该按钮点亮（见图4—77）。

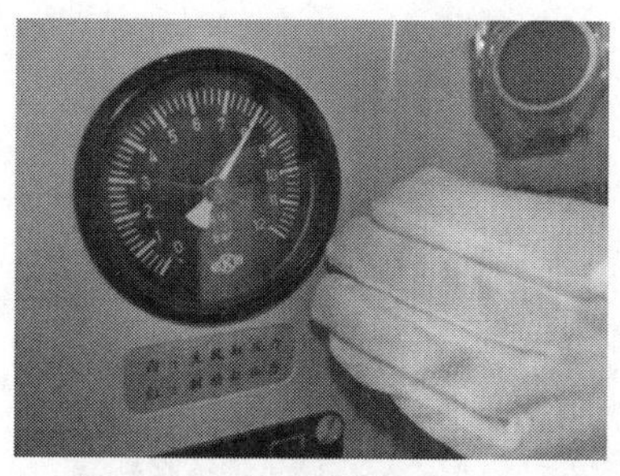

图4—76 主风缸压力超过0.75 MPa

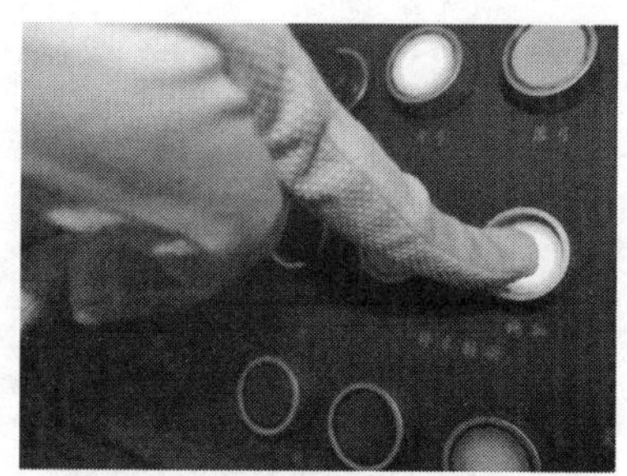

图4—77 停车制动施加

3）分断高速开关（见图4—78）。

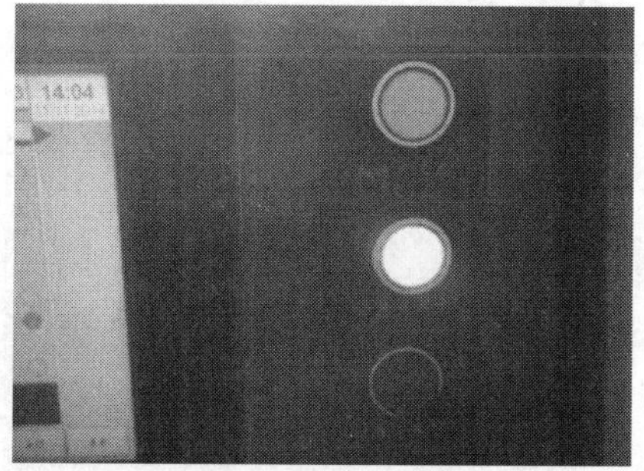

图4—78 分断高速开关

4）将方式手柄放置在前进位，将方向手柄拉至常用制动位，按下C阀，并保持，直至DDU面板显示气制动试验结束（见图4—79）。

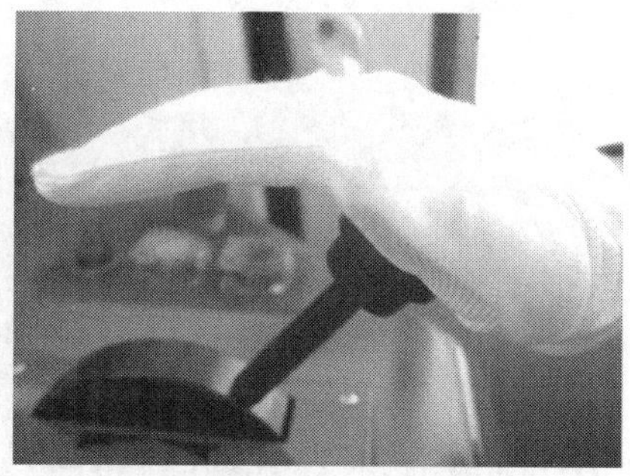

图4—79 制动试验

（2）前进位制动试验

1）选择前进模式，按下主手柄C阀，制动缸压力由0.3 MPa降至0.2 MPa（见图4—80）。

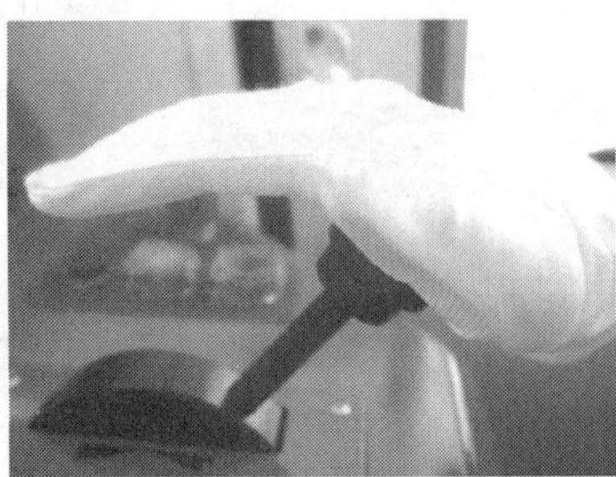

图 4—80　前进位制动试验步骤 1

2）将主手柄推至牵引，待制动缸压力由 0.2 MPa 降至 0 MPa 时，列车驾驶台上制动缓解灯点亮后，迅速回零（见图 4—81）。

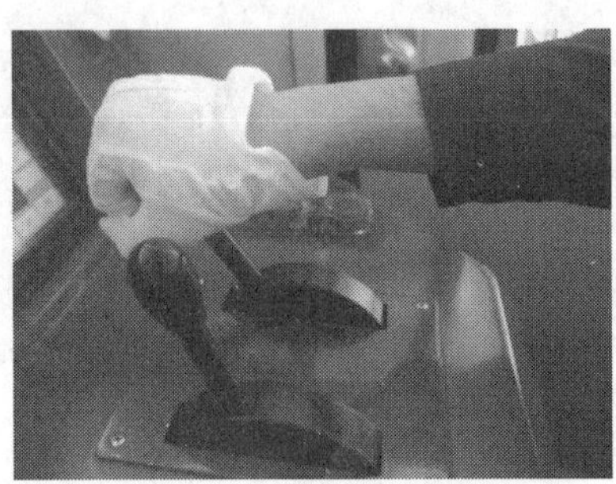

图 4—81　前进位制动试验步骤 2

3）将主手柄拉至常用制动位，此时风缸压力由 0 MPa 升至 0.2 MPa，列车驾驶台上制动施加灯点亮（见图 4—82）。

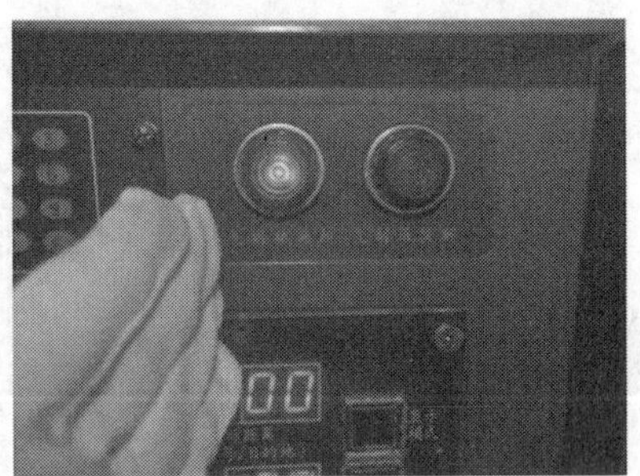

图 4—82　前进位制动试验步骤 3

4）继续将主手柄拉至快速制动位，制动缸压力由 0.2 MPa 升至 0.3 MPa（见图 4—83）（进行制动试验时，主手柄 C 阀始终保持按下状态）。

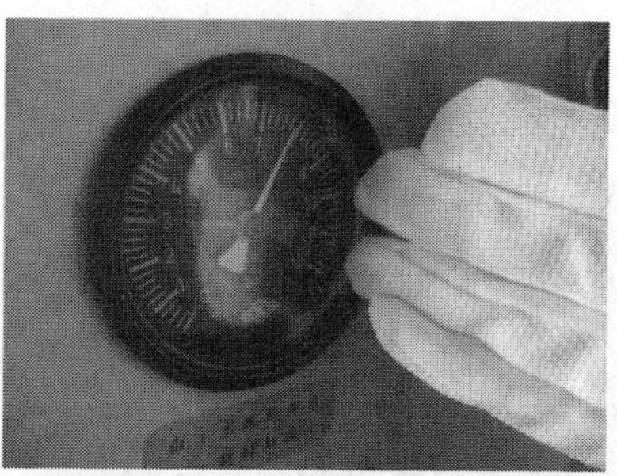

图4—83　前进位制动试验步骤4

（3）后退位制动试验

1）选择后退模式，按下主手柄C阀，制动缸压力由0.3 MPa降至0.2 MPa。

2）将主手柄推至牵引，待制动缸压力由0.2 MPa降至0 MPa时，列车驾驶台上制动缓解绿灯点亮后，迅速回零。

3）将主手柄拉至常用制动位，此时风缸压力由0 MPa升至0.2 MPa，列车驾驶台上制动施加红灯点亮。

4）将主手柄拉至快速制动位，制动缸压力由0.2 MPa升至0.3 MPa（进行制动试验时，主手柄C阀始终保持按下状态）。

2．列车收车

（1）关闭列车负载（空调、照明）（见图4—84）。

图4—84　列车负载关闭

（2）施加停放制动（见图4—85）。

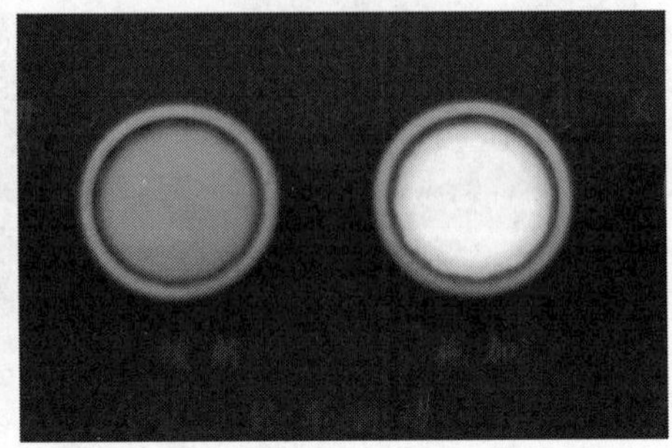

图 4—85　施加停放制动

（3）分断高速开关（见图 4—86）。

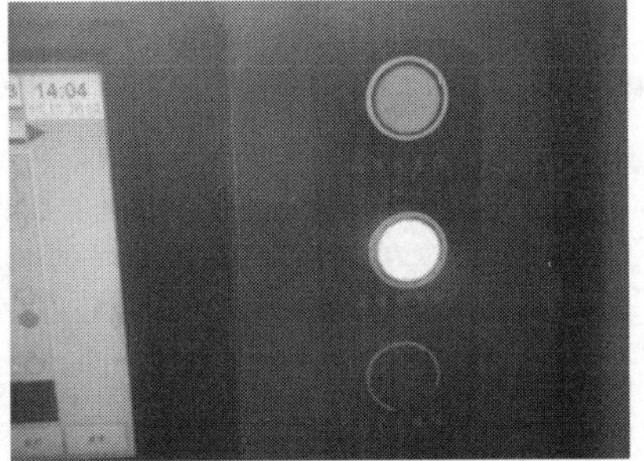

图 4—86　分断高速开关

（4）按下落弓按钮，确认全列车受电弓落下（见图 4—87）。

图 4—87　落弓

（5）关闭主控制器钥匙（见图 4—88）。

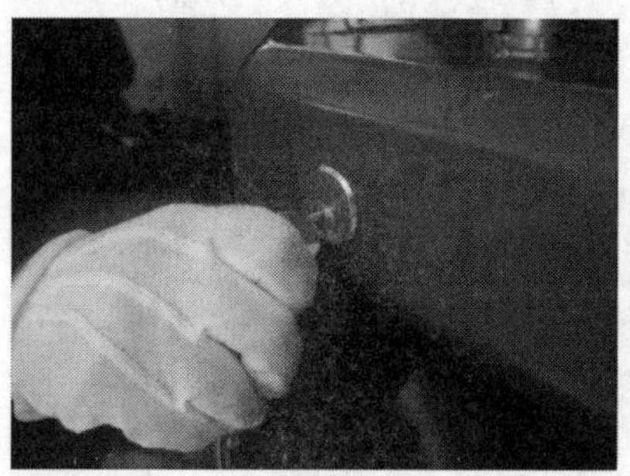

图4—88　关闭主控制器钥匙

（6）分断蓄电池开关（见图4—89）。

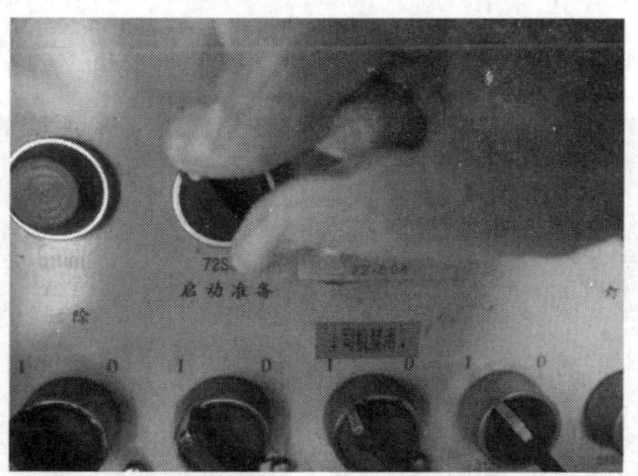

图4—89　分断蓄电池开关

4.2　一次出乘准备作业故障检查

4.2.1　列车外部准备作业故障检查

1．车辆阀门类故障检查

阀门作为气动系统中重要的元器件，用于截断和导通相应的列车气路连接。如应导通的阀门被切除则会导致相应的功能丧失。因此，列车驾驶员在一次出乘时必须对阀门进行检查，确保其在规定位置。列车驾驶员一次出乘时应检查下列阀门状态。

（1）对中风缸排气阀。它安装在全自动/半自动车钩的下方，用于对对中风缸及电器连接器的气路控制。正常情况下应与管路平行，如切除则会造成对中风缸排气，车钩可自由晃动，以及列车连挂时电器连接器无法自动打开（见图4—90）。

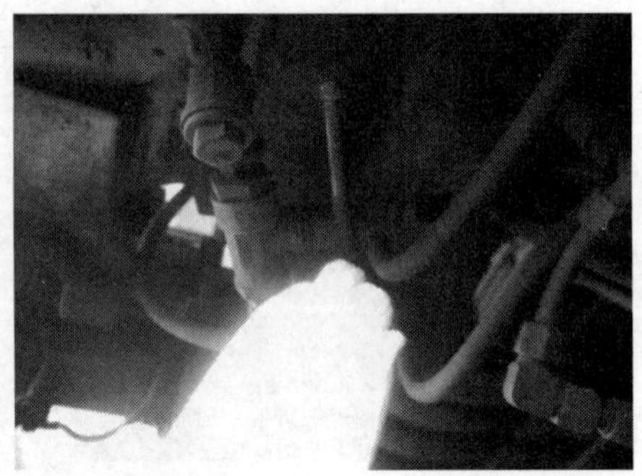

图 4—90　检查对中风缸排气阀

（2）列车管排气阀。它安装在车钩连接处，每节车两个，用于列车车厢与车厢/列车与列车之间的气路连接。正常情况下应与管路平行，如切除一个则会造成列车管排气，如车钩连接处两个列车管排气阀同时切除则造成列车气路无法导通（见图 4—91）。

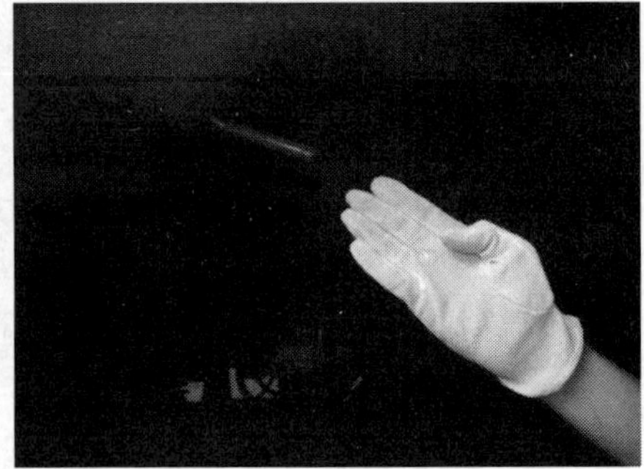

图 4—91　检查列车管排气阀

（3）主风缸排水阀。它安装在主风缸下方，每节车一个，用于不定时的人工排除主风缸内的积水。正常情况下应处于切除位（与管路垂直），如导通则会造成主风缸排气（见图 4—92）。

图 4—92　检查主风缸排水阀

（4）主风缸截止阀。它安装在主风缸上方，每节车一个，用于切断主风缸向列车管供气。正常情况下应与管路平行，如切除则会造成主风缸无法存储压缩空气，从而导致空压机不断工作（见图4—93）。

图4—93 检查主风缸截止阀

（5）制动风缸截止阀。它安装在车底气制动控制箱内，每节车一个，用于控制向制动风缸供气。正常情况下应与管路平行，如切除则会造成列车管无法向制动风缸充气，从而导致该节车厢施加停放制动（见图4—94）。

图4—94 检查制动风缸截止阀

（6）车门供气截止阀。它安装在车底气制动控制箱内，每节车一个，用于控制向本节车十扇车门上方的驱动气缸供气。正常情况下应与管路平行，如切除则会造成本节车十扇车门的驱动气缸无压缩空气，从而导致该节车厢左右侧车门无法解锁以及无法打开和关闭（见图 4—95）。

图 4—95 检查车门供气截止阀

（7）空气弹簧供气截止阀。它安装在车底气制动控制箱内，每节车一个，用于控制向本节车二系悬挂风缸供气。正常情况下应与管路平行，如切除则会造成本节车空气弹簧无法充气，从而导致无法调节地板面高度（见图 4—96）。

图 4—96 检查空气弹簧供气截止阀

（8）列车管压力检测阀。它安装在 C 车主风缸边，用于控制向列车压力传感器供气。正常情况下应与管路平行，如切除则会造成压力传感器无法检测到列车管的压力，从而导致空气机不停打风（见图 4—97）。

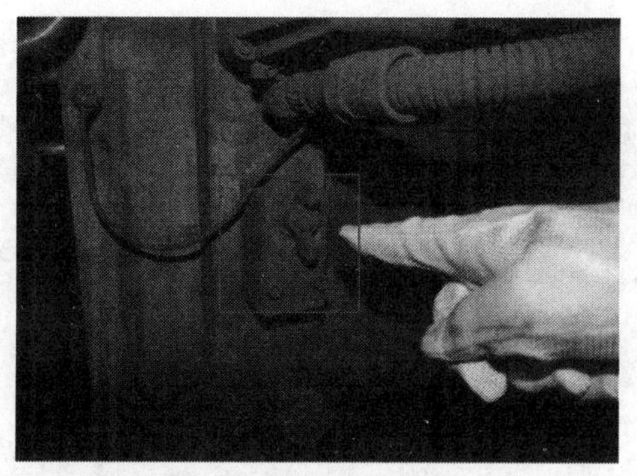

图4—97 检查列车管压力检测阀

2. 车辆箱盖类锁闭故障检查

列车底部装有很多类型及作用不同的车辆设备箱，如高速开关箱、辅助逆变器箱、蓄电池箱、牵引箱等，此类车辆设备箱的箱盖一般都处于锁闭状态。列车驾驶员在列车检查作业中必须确认车辆设备箱箱盖处于锁闭状态且锁孔处于正确位置，防止列车在运行过程中由于车辆箱盖锁闭不牢引发的侵限事故。此外，若车间电源箱盖未能锁闭良好在列车运行中途打开，会造成列车制动无法缓解，对行车秩序产生较大的影响（见图4—98）。

图4—98 检查车辆箱盖类

3. 车辆转向架故障检查

列车车辆的转向架由构架、抗侧滚扭杆、高度调整阀、液压减振器、轴箱、速度传感器、一系悬挂装置、二系悬挂装置、轮对等部件组成，此外动车车辆转向架还装有牵引电动机。列车驾驶员在对车辆转向架的检查过程中，应重点观察及判断以上各部件的外观是否有明显裂纹、老化变形，轮对是否存在擦伤等（见图4—99）。

图 4—99　检查车辆转向架

4．列车车钩故障检查

车钩一般分为三种类型：全自动车钩、半自动车钩和半永久车钩。车钩连接不良会造成无法启车或在运行途中突然收车故障的发生。因此，列车驾驶员在对车钩的检查中，应重点检查其机械及电气外观连接是否良好，电气连接线是否存在松动的现象（见图 4—100）。

图 4—100　检查列车车钩

4.2.2　列车内部准备作业故障检查

1．客室检查故障识别

客室内的检查过程中应着重对车门、升弓截止阀、气制动缓解阀位置进行检查，确认其位置是否准确，确保后续静动态调试作业的顺利进行。同时也应兼顾对客室内的乘客服务设施设备做必要的巡视。

（1）车门检查。列车驾驶员在检查车门时应着重对车门整体外观、车门关闭情况、车门盖板锁闭情况、紧急拉手位置进行检查。确保全列车车门处于完好状态（见图4—101）。

（2）升弓截止阀。它安装在B车座位下的脚踏泵边，用于控制向列车受电弓供气。正常情况下应与管路平行，如切除则会造成本节B车受电弓无法升起（见图4—102）。

图4—101　检查车门

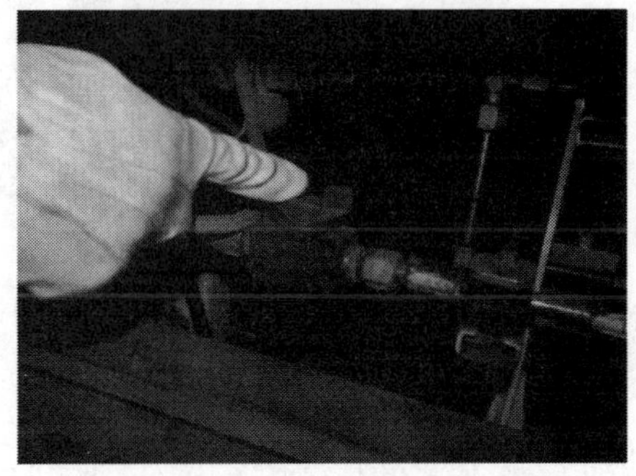
图4—102　检查升弓截止阀

（3）气制动缓解阀。每节车有两个，各控制一个转向架。安装在座位下，用于排除转向架上制动闸缸风压。正常情况下应与管路平行，如切除则会造成本转向架上的气制动切除（见图4—103）。

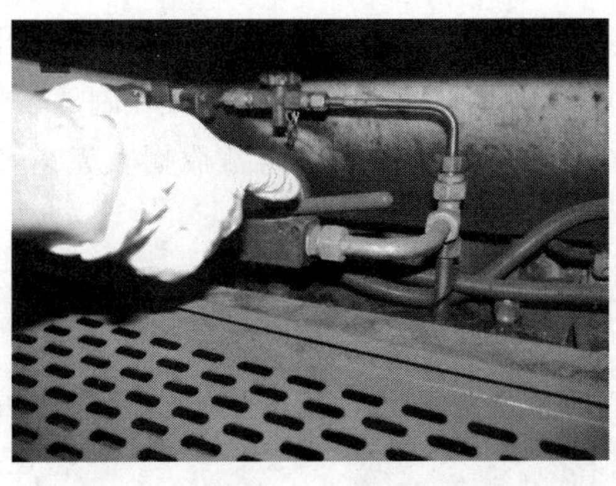
图4—103　检查气制动缓解阀

（4）乘客服务设施故障检查。列车服务设施的好坏直接影响到地铁服务质量和运行安全。因此列车驾驶员在一次出乘时应检查座位、地板、扶手是否有损坏或不清洁，座位下方的灭火器是否存在遗失或压力过低，车窗玻璃是否有碎裂，座位上方顶板是否有松动脱落，客室照明是否存在大面积不亮，广告板内是否塞有小广告等（见图4—104）。

图4—104　检查乘客服务设施

2．列车驾驶室检查故障识别

列车驾驶员在进入列车驾驶室进行检查时，主要对设备柜内的所有空气断路器的位置、旁路开关的位置进行确认，同时对主驾驶台、副驾驶台上的设备如速度表、话筒、对讲机、压力表、列车驾驶员座椅外观进行检查，确认其外观良好。此外，还应确认安全门是否关闭到位、汽笛阀门位置是否正确、风管有无损坏等。

（1）设备外观故障检查。驾驶室内的各设备外观是否良好，如挡风玻璃有无裂痕、应急箱内应急设备有无缺失、设备柜是否锁闭良好等。

（2）开关位置状态故障检查。驾驶台上的各开关位置是否正确、设备柜内的空气开关位置是否正确以及旁路开关位置是否正确、是否加封（见图4—105）。

（3）喇叭及刮雨器阀门。喇叭及刮雨器阀门安装在副驾驶台下的设备柜内，用于控制本端列车驾驶室的喇叭及刮雨器。切除会造成喇叭无声及刮雨器不动作（见图4—106）。

图4—105　检查开关位置

图4—106　检查喇叭及刮雨器阀门

4.3 列车驾驶

4.3.1 出入场列车驾驶

1. 列车出场

（1）出库驾驶操作

1）列车驾驶员检车作业完毕后与信号楼值班员进行车调联控，确认出库列车车号、车次及股道。

2）列车驾驶员确认库门开启良好，并对出库信号进行手指呼唤。

3）列车驾驶员以“慢速前行”模式限速 5 km/h 驾驶列车至车库门口一度停车，确认平交道上无人车通过，具备安全通行条件后，启动列车出库。待列车全部出清出库平交道后，列车驾驶员让列车以限速 20 km/h 车速在停车场内运行。

（2）出场驾驶操作

1）列车在停车场内行驶时，列车驾驶员应认真确认进路上每一架信号机的显示和每副道岔的开通位置，并进行手指呼唤。有人员在线路上行走时，应鸣笛警示并减速停车；过平交道口时应停车确认，具备通行条件后方可通过。

2）经出场线（入场线）出场的列车，列车驾驶员应在出场信号机前一度停车牌处一度停车，转换列车无线车载台讯道，对出场信号机及道岔开通位置进行手指呼唤，确认具备运行条件后驾驶列车出场。

3）列车驾驶员驾驶列车运行至信号模式转换点前的一度停车牌处一度停车，建立 ATC 信号模式并确认列车收到正确的车次号和目的地号后对信号机开放、道岔位置、速度码进行手指呼唤。

4）列车驾驶员按运行图规定的驾驶模式驾驶列车进入正线车站。

2. 列车入场

（1）入场驾驶操作

1）列车入场前，列车驾驶员应确认车站站务员清客完毕，具备动车条件后，对出站信号机或道岔防护信号机、前方进路进行手指呼唤。

2）列车驾驶员以 ATP 或 ATO 模式驾驶列车运行至信号模式转换点前的一度停车牌处一度停车，转换驾驶模式至“慢速前行”模式，运行至入场信号机前一度停车牌处再度停车，转换无线车载台讯道，与信号楼值班员车调联控，确认车次、车号及停车股道，对入场信号机进行手指呼唤后，启动列车。

3）列车在停车场内行驶时，列车驾驶员应认真确认进路中每个信号机的显示及每副道岔的开通位置，并进行相应的手指呼唤。

4）列车在停车场内行驶时，限速 20 km/h，做到瞭望不间断，有人员在前方线路上行走时，应鸣笛警示并减速停车，过平交道口应停车确认，具备通行条件后方可通过。

（2）入库驾驶操作

1）列车在进入停车库前的平交道处应一度停车，列车驾驶员下车对库门、股道送电、无人及异物侵入限界进行手指呼唤后，驾驶列车进入车库。

2）列车进库限速 5 km/h，在接近停车位置时控制好速度，并在规定停车点停车。

3）列车进入尽头线股道停车时，列车驾驶员应在离停车位置 10 m 处前一度停车，然后限速 3 km/h 至规定停车处停车。

4）列车入库后，列车驾驶员应配合基地保安巡视客室内部。

5）列车驾驶员离车前，应将有关行车记录填写完毕，并记录两头列车驾驶室内的列车走行公里数，同时携带好驾驶器具，离开列车时应将两端列车驾驶室门全部锁闭，并对列车驾驶室杂物进行清理。

4.3.2 正线列车驾驶

1. ATC/ATP 驾驶模式操作

（1）ATC/ATP 正线驾驶作业

1）巡道作业。正线巡道列车驾驶员应根据运行图要求执行巡道作业。巡道作业前，由运转值班员向列车驾驶员递交巡道作业的调度命令。巡道列车驾驶员按调度书面命令手动驾驶，限速 45 km/h（遇特殊情况，按调度命令执行）。遇列车进站、曲线区段、瞭望条件不良等情况应适当减速，并加强前方线路瞭望。

巡道列车驾驶员驾驶时应加强瞭望，确认限界、积水、线路及触网情况。若发现异常情况或不具备安全通行条件时，应立即紧急停车，仔细确认、判明情况，并向行车调度员报告，根据调度命令办理相关作业。若线路设备异常但不影响列车正常通过的，列车驾驶员应向行车调度员建议限速运行，并得到许可后通过该区段。

2）区间运行。列车在区间运行时，驾驶员应坐姿端正，上身轻靠椅背，左右手均放置在操纵台上，做好随时紧急停车准备，座位高度调节至满足驾驶员瞭望视线清晰。

列车在区间运行时，驾驶员应认真瞭望前方信号、线路及触网情况，发现异物侵入限界，应立即采取紧急停车措施。

列车在区间运行时，遇进站信号机、出站信号机、道岔防护信号机时，驾驶员应执行手指呼唤。

在地面线路遇阳光斜射刺眼时，驾驶员可调整遮阳帘至合适位置，在地下线路或地面线路背光处，应将遮阳帘拉至最上方。

列车在区间运行时，驾驶员应时刻注意列车故障面板、各类指示灯、仪表的显示，发现故障应及时向行车调度员报告，并进行有效处置。

在手动驾驶时，驾驶员应平稳驾驶，做到合理牵引和制动，严格按照指示速度和区间信号的显示驾驶列车。运行途中应适时核对运行时分，防止晚点。

列车在区间运行时，驾驶员应加强瞭望，以防有人或异物侵入限界，无特殊情况严禁鸣笛。遇大风、大雨、大雪、浓雾等恶劣天气或在小半径曲线地段、瞭望条件不理想的线路上运行时，驾驶员应根据调度命令或规定的限速要求运行。在经过长大坡度区段时，应合理使用牵引和制动，避免列车冲动或超速。

3）进站作业。ATO 模式下的列车在进站前，驾驶员应确认列车程序停车情况，遇程序停车未启动或列车制动力明显不足时，应立即采取紧急停车措施，防止列车越过停车位置。

列车驾驶员在手动驾驶列车进站前，应适当减速，带制动进站，以保证制动的平稳。

列车进站时，驾驶员应注意观察站内及站台情况，以防有人或异物侵入限界，发现异常情况要鸣笛示警，必要时应及时采取紧急停车措施。

遇钢轨涂油或轨面湿滑，应提前减速，防止列车越过停车位置。

4）车站停车及开关门作业

①列车进站后，驾驶员应将列车在规定停车位置处停稳（规定停车位置处于列车驾驶室侧门范围内）。

②列车停稳后，驾驶员跨出列车驾驶室一步（约 50 cm），站立在站台监护区域，转体面对车体，以立正姿势站立，按压靠站台侧开门按钮，打开所有该侧车门，通过观察站台与 CCTV 显示情况监护乘客上下、无异常情况发生及发车表示器的显示。

③在装有屏蔽门/安全门/电动栏杆的站台，驾驶员应同时确认屏蔽门/安全门/电

动栏杆全部开启。如屏蔽门或安全门未自动开启时，立即手动打开屏蔽门或安全门。

④当发车表示器闪亮或停站计时器到达 15 s 后，驾驶员应根据乘客上下情况，掌握好关门时机，按压靠站台侧关门按钮，关闭所有该侧车门，尽量做到一次关门成功。

⑤列车关门后，驾驶员应确认车门全部关闭、无夹人夹物，车站站务员显示的“关门良好”手信号及 CCTV 显示屏显示站台安全，遇有出站信号机、道岔防护信号机的车站，必须确认信号机开放，手指呼唤后方可进入列车驾驶室。遇车门/屏蔽门/安全门/电动栏杆未全部关闭或瞭望不清时，严禁进入列车驾驶室（除确认故障面板故障及行车调度呼叫联系外）。

⑥在安装屏蔽门/安全门/电动栏杆的车站，驾驶员应确认屏蔽门/安全门/电动栏杆关闭，且屏蔽门/安全门/电动栏杆和列车车体之间无人员或物品侵入，确认站台尾部光带完整或红外探测装置未报警。

5）出站作业。列车启动前，驾驶员应对速度码、出站信号机进行手指呼唤，具备发车条件后发车。列车出站前，遇有道岔时，驾驶员应对道岔防护信号机及道岔位置进行手指呼唤后，方可发车。驾驶员在手动驾驶列车出站时，应控制好牵引，做到平稳启动列车。

（2）折返驾驶作业。列车驾驶员确认站务员清客完毕走出客室后，关闭车门、屏蔽门/安全门/电动栏杆，并确认站务员显示“关门良好”手信号及 CCTV 显示器显示站台无异常情况，与接车驾驶员进行联控，对前方道岔防护信号及道岔开通位置进行手指呼唤后，驶入折返线。若前方道岔防护信号未开放，严禁进入列车驾驶室（除确认故障面板故障及行车调度呼叫联系外）。

驾驶员在手动驾驶列车折返时，应思想集中，根据列车限速要求驾驶。手动驾驶时，应做到距离过半，速度减半。

列车在折返线规定位置处停车后，驾驶员应确认列车无压岔和占标，并关闭主控制器钥匙，通过驾驶室联络与接车驾驶员进行联控，待控制权转换后在驾驶室等候。

在驾驶室控制权转换后，交车驾驶员应锁闭驾驶员室门、关闭客室通道门、关闭车窗及刮雨器。接车驾驶员应提前在规定地点等候折返列车，到达驾驶室后与交车驾驶员进行联控，同时交车驾驶员需将列车技术状况和其他必要的行车信息告知接车驾驶员。接车驾驶员待列车停稳，与交车驾驶员进行联控后打开主控制器，对前方道岔防护信号机、道岔位置、速度码进行手指呼唤后，方可驶出折返线。

2. ATP 切除驾驶模式操作

（1）ATP 切除正线驾驶作业。ATP 切除驾驶作业是指列车发生车载信号设备故障，经驾驶员应急处置、重启车载信号软件等措施无法恢复，仅能以切除 ATP 方式运行的作业。

列车以切除 ATP 方式行车必须立即清客（列车位于区间则在前方车站进行清客），并就近退出正线运行。列车驾驶员以切除 ATP 方式行车必须得到调度命令授权，严禁擅自动车。驾驶员严格按照规定驾驶列车限速运行，遇设备限速低于 40 km/h，按设备限速执行，在遇 400 m 及以下半径的弯道等瞭望条件不良的区段时，以不高于 30 km/h 的速度通过。

运行过程中列车驾驶员应加强瞭望，严格确认前方安全行车条件（道岔位置正确、线路空闲、信号机状态显示）及授权运行终点，遇危及行车安全的情况必须立即停车，并立即报告行车调度，根据调度命令执行。

列车驾驶员在 ATP 切除驾驶作业时，不得越过未经授权通过的禁行信号，如遇未经授权通过的禁行信号或情况不明时，应立即停车严禁越过，确认情况并汇报调度，根据调度命令继续运行。驾驶员驾驶列车运行至授权运行终点后，主动与行车调度汇报，根据调度命令指示执行，严禁擅自运行超出授权运行范围。

（2）ATP 切除正线折返驾驶作业。列车驾驶员在列车车载信号设备故障的情况下，切除 ATP 进行折返驾驶作业时，此时列车由于无速度码的保护，列车驾驶员凭行车调度有效的命令，严格确认信号显示及道岔的位置，折返作业过程中应严格按照规定的限速要求，以不大于 20 km/h 速度进行折返，严格执行驾驶员标准化及联控作业，严防列车冒进信号及挤岔事故的发生。

技能要求

排除列车外部设置故障 1

操作准备

1. 多媒体教室。
2. 电动列车检车仿真多媒体软件。
3. 计时器。

操作步骤

步骤 1　进行列车前端检查（见图 4—107）。

步骤 2　进行列车侧面检查（见图 4—108）。

图 4—107　检查列车前端

图 4—108　检查列车侧面

步骤 3　发现主风管截止阀关闭（见图 4—109）。

图 4—109　主风管截止阀关闭

步骤 4　将主风管恢复至接通位（见图 4—110）。

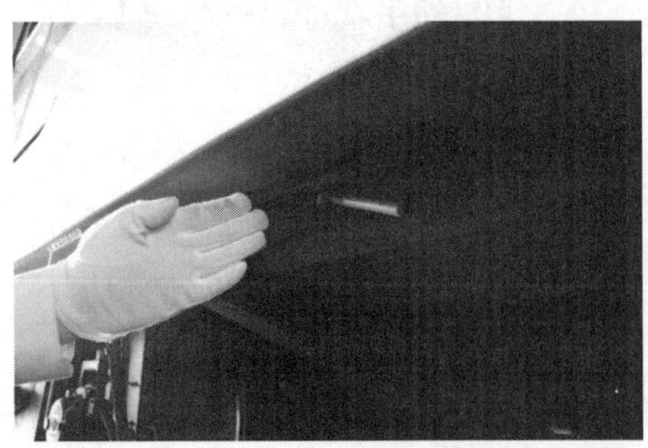

图 4—110　主风管截止阀接通

排除列车外部设置故障2

操作准备

1．多媒体教室。

2．电动列车检车仿真多媒体软件。

3．计时器。

操作步骤

步骤1　进行列车前端检查。

步骤2　进行列车侧面检查。

步骤3　发现辅助逆变器箱盖打开（见图4—111）。

步骤4　将辅助逆变器箱盖关闭并锁闭（见图4—112）。

图4—111　辅助逆变器箱盖打开

图4—112　辅助逆变器箱盖关闭

排除列车外部设置故障3

操作准备

1．多媒体教室。

2．电动列车检车仿真多媒体软件。

3．计时器。

操作步骤

步骤1　进行列车前端检查。

步骤2　进行列车侧面检查。

步骤 3　发现列车外部乘务员钥匙孔盖板打开（见图 4—113）。

步骤 4　将列车外部乘务员钥匙孔盖板关闭并锁闭（见图 4—114）。

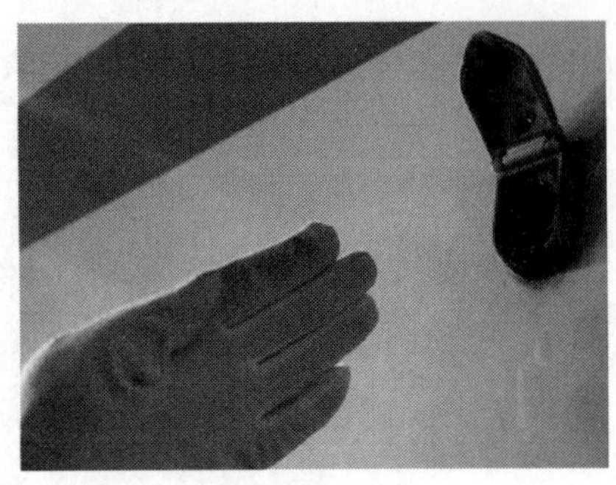

图 4—113　乘务员钥匙孔盖板打开

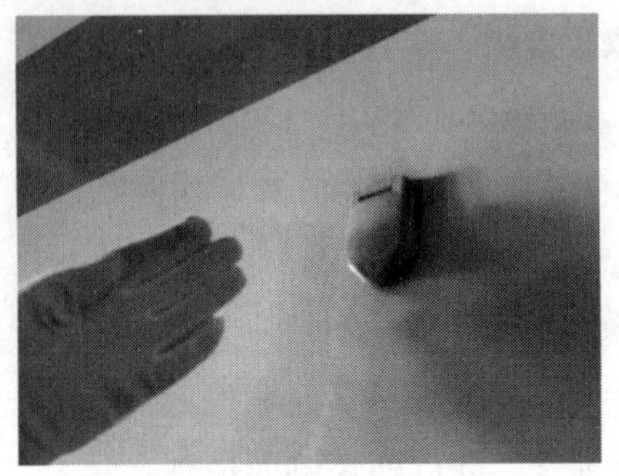

图 4—114　乘务员钥匙孔盖板关闭

排除列车外部设置故障 4

操作准备

1．多媒体教室。

2．电动列车检车仿真多媒体软件。

3．计时器。

操作步骤

步骤 1　进行列车前端检查。

步骤 2　进行列车侧面检查。

步骤 3　发现空压机供风阀门关闭（见图 4—115）。

步骤 4　将空压机供风阀门恢复至打开位置（见图 4—116）。

图 4—115　空压机供风阀门关闭

图 4—116　空压机供风阀门打开

排除客室及列车驾驶员室设置故障1

操作准备

1. 多媒体教室。
2. 电动列车检车仿真多媒体软件。
3. 计时器。

操作步骤

步骤1　进行列车客室行车设备检查（见图4—117）。

步骤2　进行列车客室服务设施检查（见图4—118）。

图4—117　检查列车客室行车设备

图4—118　检查列车客室服务设施

步骤3　发现客室座椅下气制动缓解阀关闭（见图4—119）。

步骤4　将气制动缓解阀恢复至打开位置（见图4—120）。

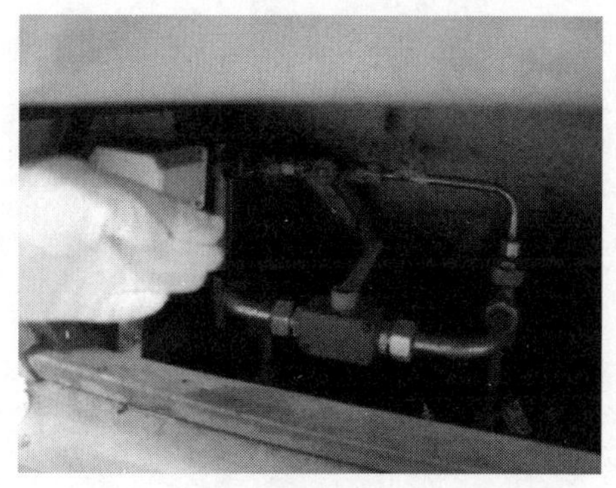

图4—119　气制动缓解阀关闭

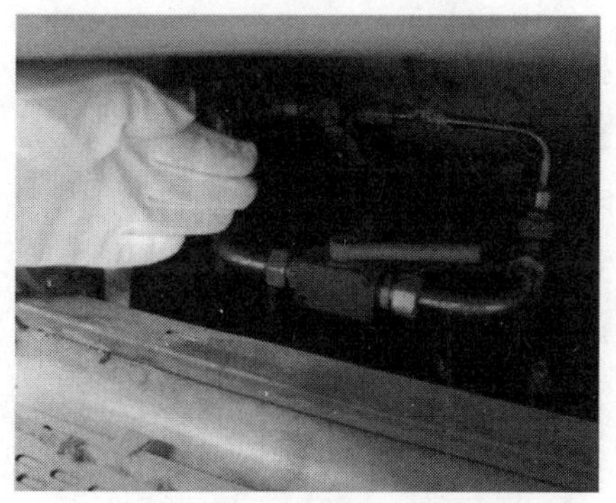

图4—120　气制动缓解阀打开

排除客室及列车驾驶员室设置故障 2

操作准备

1. 多媒体教室。
2. 电动列车检车仿真多媒体软件。
3. 计时器。

操作步骤

步骤 1　进行列车客室行车设备检查。

步骤 2　进行列车客室服务设施检查。

步骤 3　发现客室车门紧急拉手拉下（见图 4—121）。

步骤 4　将客室车门紧急拉手恢复至正常位置（见图 4—122）。

图 4—121　车门紧急拉手拉下

图 4—122　紧急拉手正常位置

排除客室及列车驾驶员室设置故障 3

操作准备

1. 多媒体教室。
2. 电动列车检车仿真多媒体软件。
3. 计时器。

操作步骤

步骤 1　进行列车客室行车设备检查。

步骤 2　进行列车客室服务设施检查。

步骤 3　发现升弓截止阀关闭（见图 4—123）。

步骤 4　将升弓截止阀恢复至正常位置（见图 4—124）。

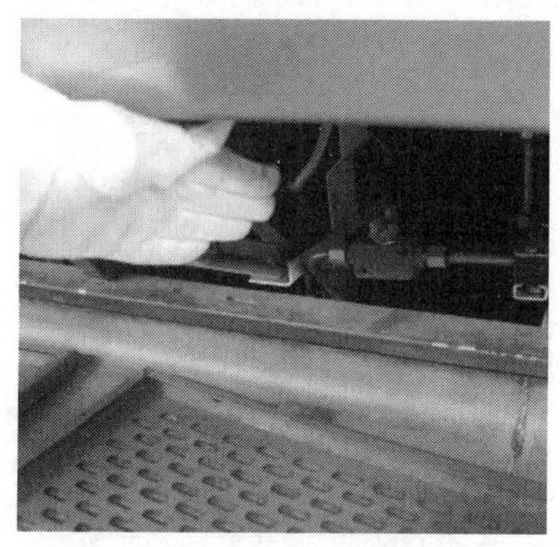

图4—123　升弓截止阀关闭

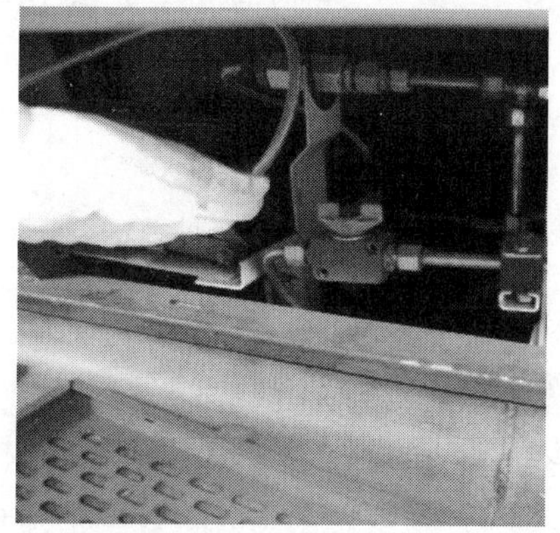

图4—124　升弓截止阀正常位置

排除客室及列车驾驶员室设置故障4

操作准备

1. 多媒体教室。
2. 电动列车检车仿真多媒体软件。
3. 计时器。

操作步骤

步骤1　进行列车驾驶室行车设备检查。

步骤2　发现列车驾驶室紧急停车按钮按下（见图4—125）。

步骤3　将列车驾驶室紧急停车按钮恢复至正常位置（见图4—126）。

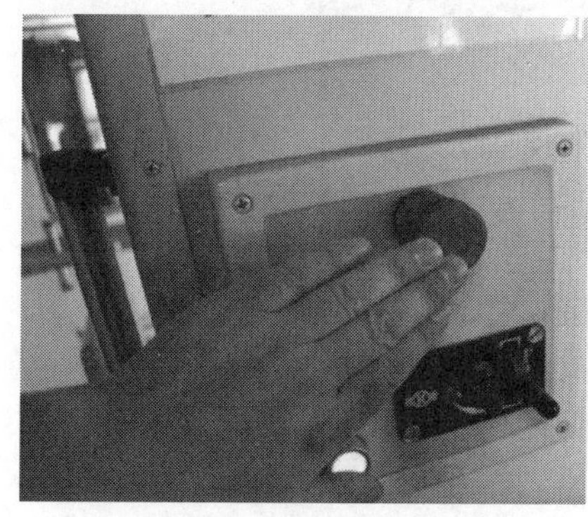

图4—125　紧急停车按钮按下

图4—126　恢复紧急停车按钮

排除客室及列车驾驶员室设置故障 5

操作准备

1. 多媒体教室。
2. 电动列车检车仿真多媒体软件。
3. 计时器。

操作步骤

步骤 1　进行列车驾驶室行车设备检查。

步骤 2　发现列车驾驶室设备柜列车空气开关扳至关断位（见图 4—127）。

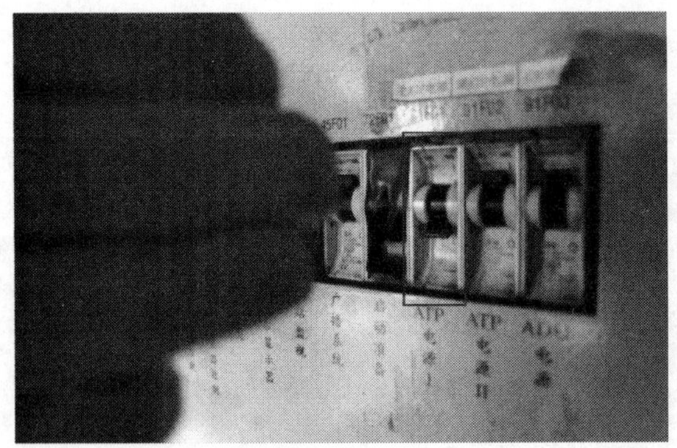

图 4—127　设备柜列车空气开关断位

步骤 3　将列车驾驶室设备柜列车空气开关恢复至合上位（见图 4—128）。

图 4—128　设备柜列车空气开关合上

理论知识复习题

一、判断题（将判断结果填入括号中。正确的填“√”，错误的填“×”）

1. 在一次出乘作业前须确认无异物侵入限界。（ ）

2. 驾驶员目测检查列车车体无倾斜、无明显变形。（ ）

3. 客室内座位底下箱盖可以不用检查。（ ）

4. 西门子 A 型电动列车进行动态试验前应缓解停放制动。（ ）

5. 西门子 A 型电动列车进行向前试验时应先按下警惕按钮。（ ）

6. 如启动西门子 A 型电动列车前，列车安全阀阀门的位置应在关闭位，应将其打开。（ ）

7. 如启动西门子 A 型电动列车前，B 车制动电阻箱箱盖打开，应将其锁闭。（ ）

8. 如启动西门子 A 型电动列车前，B 车乘务员钥匙孔盖板打开，应将其关闭。（ ）

9. 如启动西门子 A 型电动列车前，A 车电子柜中 ATP1 电源开关在关位，应将其扳至开位。（ ）

10. 如启动西门子 A 型电动列车前，客室设备柜中空调调节装置放置在制冷挡，应当调整到自动挡。（ ）

11. 电动列车入库时，当列车车头越过车库门口就可以加速至 20 km/h。（ ）

12. 电动列车必须在规定地点停车进行进入正线前模式转换。（ ）

13. 手动驾驶 ATP 切除西门子 A 型电动列车时，驾驶员不需始终按下警惕按钮。（ ）

14. 手动驾驶电动列车进行折返作业时无限速要求。（ ）

15. 电动列车只能经入场线入场。（ ）

二、单项选择题（选择一个正确的答案，将相应的字母填入题内的括号中）

1. 在一次出乘作业前，电动列车驾驶员须确认（ ）股道送电正确。

A. 相应　　B. 1 道　　C. 2 道　　D. 3 道

2. 驾驶员目测检查自动车钩外观良好，钩舌位置正确，（ ）装置开启。

A. 机械　　B. 电气　　C. 对中　　D. 气路

3. 驾驶员应确认西门子 A 型电动列车人字弹簧（ ）。

A. 无老化　　B. 老化　　C. 锁闭一半　　D. 锁闭良好

4．西门子 A 型电动列车每节车装备有（　　）个气制动缓解阀门。

A．1　　B．2　　C．3　　D．4

5．西门子 A 型电动列车进行向前试验时应施加（　　）常用制动。

A．100%　　B．50%　　C．20%　　D．10%

6．启动西门子 A 型电动列车前应将拖行/标准/紧急牵引开关由紧急牵引位扳至（　　）位。

A．拖行　　B．0　　C．制动　　D．标准

7．如启动西门子 A 型电动列车前，A 车设备柜中 ATP 门控旁路开关在 0 位，应将其扳至（　　）位。

A．开　　B．0　　C．1　　D．2

8．如启动西门子 A 型电动列车前，B 车逆变器箱箱盖打开，应（　　）。

A．将其锁闭　　B．继续启动列车

C．可以投入运行　　D．可以进行调车作业

9．西门子 A 型电动列车设备柜中 ATP 切除开关应在（　　）位。

A．0　　B．1　　C．2　　D．3

10．西门子 A 型电动列车蓄电池欠压时，可使用（　　）应急启动进行紧急操作。

A．蓄电池　　B．受电弓　　C．牵引箱　　D．逆变器

11．电动列车必须在规定地点停车，进行（　　）与正线驾驶的转换。

A．出场驾驶　　B．自动驾驶　　C．退行　　D．洗车

12．电动列车进库前，（　　）应确认库门开启良好，安全销插好，库内无人或异物侵入限界。

A．维修人员　　B．驾驶员　　C．门卫　　D．运转值班员

13．正线自动驾驶西门子 A 型电动列车时，方式/方向手柄应放在（　　）位置。

A．向前　　B．向后　　C．ATC　　D．常用制动

14．自动驾驶电动列车进行折返作业时，必须按（　　）停车，如列车无制动趋势，驾驶员应采取紧急制动措施。

A．速度码　　B．信号机　　C．停车牌　　D．道岔

15．电动列车入库时，在接近停车位置时，驾驶员应（　　）。

A．惰行　　B．施加全常用制动

C．施加紧急制动　　D．控制好速度

理论知识复习题答案

一、判断题

1. √　2. √　3. ×　4. √　5. √　6. ×　7. √　8. √
9. √　10. √　11. ×　12. √　13. ×　14. ×　15. ×

二、单项选择题

1. A　2. C　3. A　4. B　5. A　6. D　7. C　8. A
9. B　10. D　11. A　12. B　13. C　14. C　15. D

操作技能复习题

【排除列车外部设置故障】

一、排除列车外部设置故障（一）（试题代码：1.1.1；考核时间：15 min）

试题单

（1）操作条件

配有电动列车 AC－01 检车仿真软件。

（2）操作内容

1）检车前准备工作。

2）列车一单元前端检查。

3）列车一单元侧面检查。

4）恢复设置故障。

（3）操作要求

1）准备工作完善、正确，无遗漏。

2）列车前端、侧面检查正确，无遗漏。

3）正确恢复预先设置的故障。

4）作业安全规范，无违规、违章操作。

二、排除列车外部设置故障（二）（试题代码：1.1.2；考核时间：15 min）

试题单

（1）操作条件

配有电动列车 AC－01 检车仿真软件。

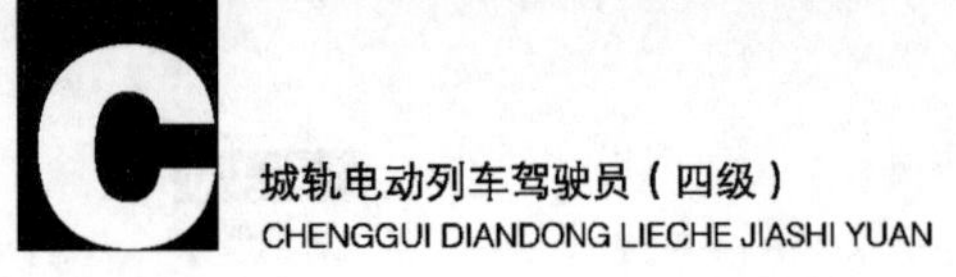

（2）操作内容

1）检车前准备工作。

2）列车二单元客室内部检查。

3）恢复设置故障。

（3）操作要求

1）准备工作完善、正确，无遗漏。

2）列车客室内部检查正确，无遗漏。

3）正确恢复预先设置的故障。

4）作业安全规范，无违规、违章操作。

【排除客室及驾驶室设置故障】

一、排除客室及驾驶室设置故障（一）（试题代码：1.2.1；考核时间：15 min）

试题单

（1）操作条件

配有电动列车 AC－01 检车仿真软件。

（2）操作内容

1）检车前准备工作。

2）列车二单元客室内部检查。

3）恢复设置故障。

（3）操作要求

1）准备工作完善、正确，无遗漏。

2）列车客室内部检查正确，无遗漏。

3）正确恢复预先设置的故障。

4）作业安全规范，无违规、违章操作。

二、排除客室及驾驶室设置故障（二）（试题代码：1.2.5；考核时间：15 min）

试题单

（1）操作条件

配有电动列车 AC－01 检车仿真软件。

（2）操作内容

1）检车前准备工作。

2）列车二单元驾驶员室内部检查。

3）恢复设置故障。

（3）操作要求

1）准备工作完善、正确，无遗漏。

2）列车驾驶员室内部检查正确，无遗漏。

3）正确恢复预先设置的故障。

4）作业安全规范，无违规、违章操作。

第5章

列车故障应急处置

学习目标

完成本章的学习后，您能够：

- ✔ 掌握列车故障判断的知识
- ✔ 掌握列车故障处置的作业步骤及流程要求
- ✔ 掌握行车调度与驾驶员的联系方法知识
- ✔ 掌握列车故障处置正确汇报的方法知识
- ✔ 能够进行列车故障的应急处置

知识要求

5.1 列车故障判断与处置

5.1.1 故障处置基本技巧

列车故障是影响列车正常运营秩序的主要原因之一，随着车辆设备的老化以及原有设计得不合理等诸多因素，列车在载客运营中发生因故障掉线、清客、救援的现象不断发生，给正常的运营组织带来混乱。列车故障形成的原因主要包括设备老化、欠修、维修保养不当、驾驶员操作不当、人为损坏等。

为了减少列车故障发生的频率，除了按时做好维修保养以外，驾驶员要规范驾驶列车，合理使用各项功能，最重要的是掌握各类车型的故障排除技能，一旦发生列车故障能及时快速处理，恢复运营秩序。通常列车故障发生后，都有一定的表象，驾驶员可根据表象来判断故障原因和部位，从而快速、正确地处理，处理故障时可使用下列方法。

1. 故障恢复法

通过驾驶员室显示屏或仪表指示灯显示内容，确定故障发生部位并检查相关设备有无异常。如空气断路器断开、供气阀门关闭等原因引发的列车故障，可恢复其功能以达到排除故障的目的（见图5—1）。

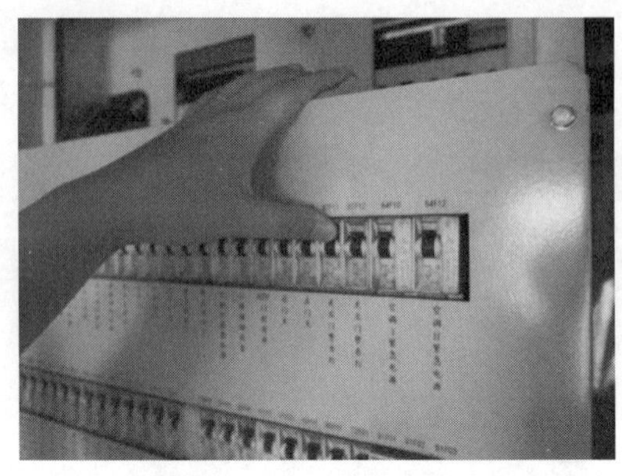

图 5—1 恢复空气断路器

2．故障切除法

有些设备故障发生会直接影响列车的驾驶性能及安全性能，因此列车在电路设计中对重要部件安装了监控系统，该设备一旦发生故障，遵循设备故障导向安全这一设计原则，车辆控制系统会采取限速运行或停止运行等手段来确保列车安全。驾驶员必须通过故障现象准确查找故障原因，通过切除故障设备不让其工作的方法来维持列车运行，以减少故障状态下对运营的影响。如车门发生关闭不到位时，驾驶员可以采取切除该车门的方法继续载客运行（见图 5—2）。

图 5—2 切除故障车门

3．旁路法

在车辆监控系统发生故障时，也会影响列车的驾驶功能，导致列车无法牵引，此时驾驶员必须按故障情况严格区分故障发生的成因，也就是区分是否是监控系统本身原因发生的故障，在这种情况下，驾驶员可尝试使用旁路相关监控设备，维持列车运行。如监测列车空气制动是否缓解的压力传感器发生故障时，会导致全列车无牵引的现象，驾驶员必须先确定列车制动已真正缓解后再使用旁路制动监控电路的方法排除故障（见图5—3）。

图5—3　切除监控旁路开关

4．重启法

20世纪90年代末引进的列车基本采用计算机控制，在控制信号或通信信号发生误差时会造成信息显示紊乱，严重的会影响列车某些设备的正常使用（或称为死机），在这种情况下最好采用重新启动列车或重新启动相关设备的方法，激活故障设备，恢复列车功能。如列车车门死机后，可通过重启EDCU的方法重新激活车门驱动控制（见图5—4）。

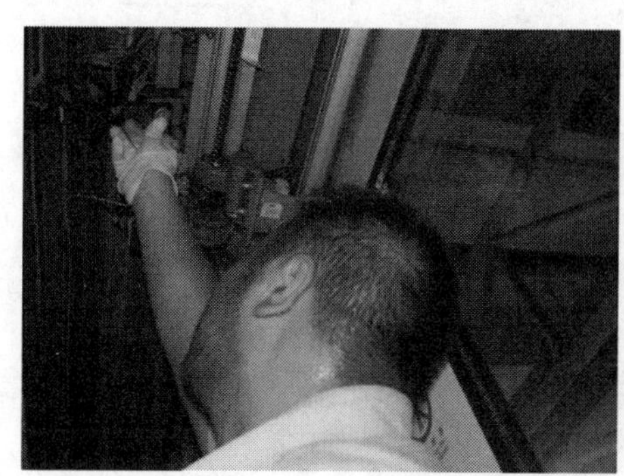

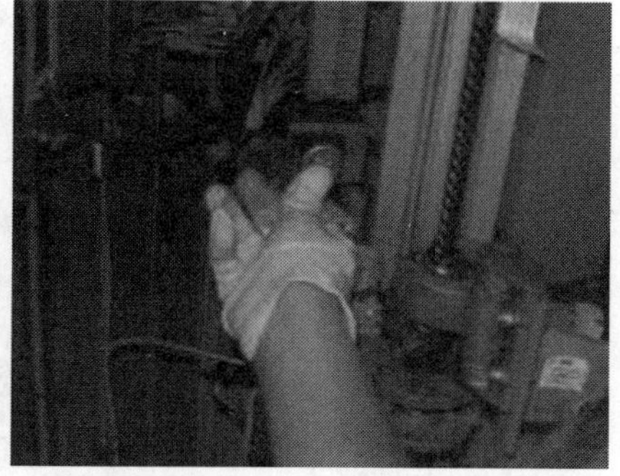

图5—4　激活车门驱动控制

5.1.2　判断故障的基本方法及分析

列车在运营过程中发生故障时，驾驶员可通过观察各类指示灯（见图5—5）、仪表或驾驶员显示屏来获取列车故障信息，驾驶员显示屏有供列车驾驶员和车辆维修人员独自使用的界面，在驾驶过程中采用驾驶员界面，驾驶员在运行过程中应注意驾驶员显示屏的显示，对显示的信息在第一时间做出分析和判断，以便采取恰当的措施和方法排除故障，所以要学会初级故障的判断就必须掌握驾驶员显示屏的显示含义以及操作方法。

图5—5 侧墙指示灯

上海轨道交通西门子A型电动列车的驾驶员界面有“运行”“综合显示”“设置”“事件信息”“事件清单”“菜单”选择按钮，如图5—6所示。列车发生简单、轻微的故障时，在驾驶员显示屏固定菜单按钮的正上方保存有系统信息及警告，如果要查找以前的事件信息可进入事件清单界面，查找所需要的信息，设置界面是驾驶员用来设置起始站和终点站广播的操作界面，驾驶员在运行中一般使用“运行”“综合显示”这两个界面，其中又以“运行”界面为主，以“综合显示”界面为辅。

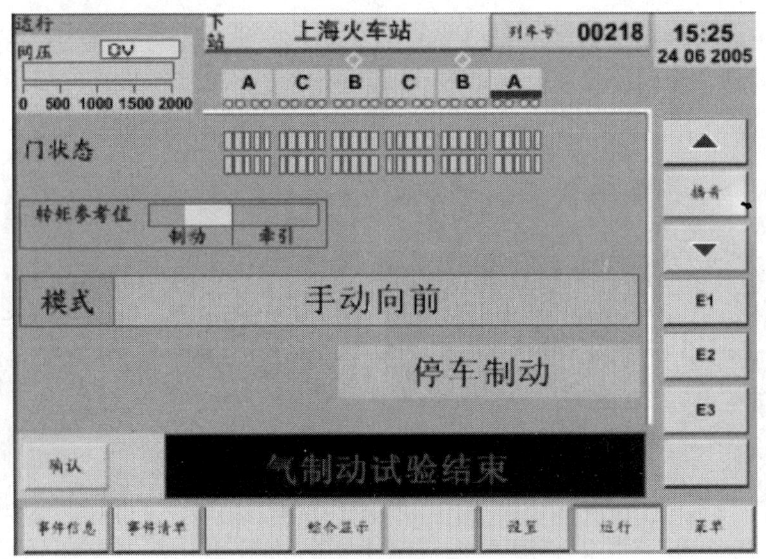

图5—6 驾驶员显示屏

在“运行”界面中有车门状态的显示，牵引制动的转矩参考值显示、列车模式状态显示、停放制动状态显示、列车电脑报站显示以及电脑报站操作按钮。

在“综合显示”界面中（见图5—7）有12个空调状态显示，6个辅助逆变器状态显示，4个高速开关状态显示，2个压缩机状态显示，6个广播状态显示，2个ATC状态显示，4个牵引控制单元状态显示，6个制动控制单元状态显示。若设备状态正常则代表设备相应的圆点显示为白色，若有故障则显示为红色，方便列车驾驶员查找到故障设备及其故障的位置。

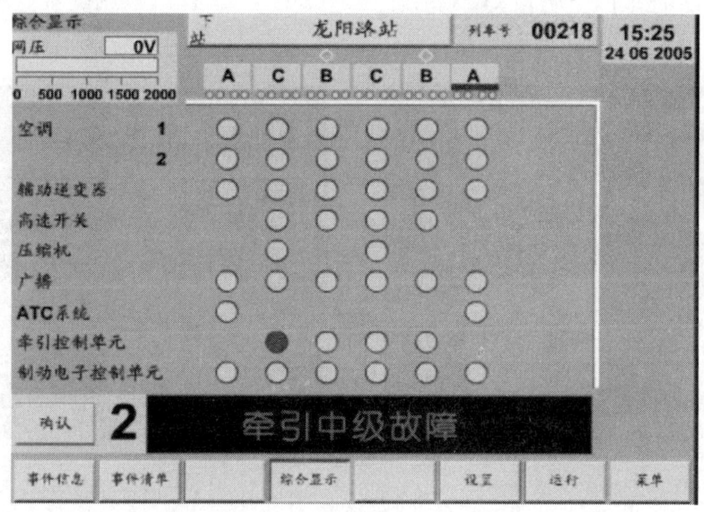

图5—7 “综合显示”界面

驾驶员可通过界面的切换来判断故障的内容，同时被显示的列车结构中的车厢相应于所显示的事件用引人注目的红色来表示。

1．车门故障现象判断分析

（1）全列车门没打开的故障现象判断分析

1）按下开门按钮全列车侧墙黄灯不亮（见图5—8）。

2）全列车所有车门上方红灯不亮（见图5—9）。

图5—8 侧墙黄灯不亮

图5—9 车门上方红灯不亮

3）全列车门未打开（见图5—10）。

（2）单节车门未打开的故障现象判断分析

1）按下开门按钮单节车侧墙黄灯不亮。

2）单节车所有车门上方红灯不亮。

3）单节车门未打开（见图5—11）。

图5—10　全列车门未打开

图5—11　单节车门未打开

（3）单扇车门未关好的故障现象判断分析

1）按下关门按钮单节车侧墙黄灯不灭（见图5—12）。

2）单扇车门上方红灯不灭（见图5—13）。

图5—12　单节车侧墙黄灯不灭

图5—13　车门上方红灯不灭

3）驾驶员室内关门指示灯不亮（见图5—14）。

4）制动风缸压力2 bar不缓解（见图5—15）。

（4）单扇车门关不上的故障现象判断分析

1）按下关门按钮单节车侧墙黄灯不灭。

图 5—14　驾驶员室内对应侧墙关门灯不亮

图 5—15　制动风缸压力 2 bar 不缓解

2）驾驶员显示屏显示单扇车门红色。

3）单扇车门上方红灯不灭（见图 5—16）。

4）驾驶员室内对应侧墙关门灯不亮。

5）制动风缸压力 2 bar 不缓解（见图 5—17）。

图 5—16　单扇车门上方红灯不灭

图 5—17　制动风缸压力 2 bar 不缓解

6）故障车门滑槽内有异物，车门气缸坏、钢丝绳断裂（见图 5—18）。

（5）疏散梯未关好的故障现象判断分析

1）驾驶台“疏散梯解锁灯”亮（见图 5—19）。

2）制动风缸压力 3 bar 不缓解（见图 5—20）。

2．制动故障现象判断分析

（1）停放制动未缓解的故障现象判断分析

1）列车侧墙蓝灯不灭（见图 5—21）。

图 5—18　故障车门滑槽内有异物

图 5—19　驾驶台“疏散梯解锁灯”亮

图 5—20　制动风缸压力 3 bar 不缓解

图 5—21　列车侧墙蓝灯不灭

2）施加牵引情况下，副驾驶台“停放制动缓解灯”不亮（见图 5—22）。

3）制动风缸压力 2 bar 不缓解（见图 5—23）。

4）驾驶员显示屏显示手柄强迫回零（见图 5—24）。

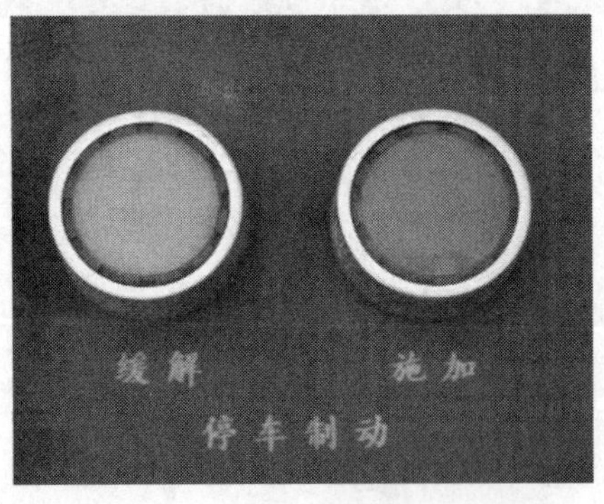

图 5—22　“停放制动缓解灯”不亮

图 5—23　制动风缸压力 2 bar 不缓解

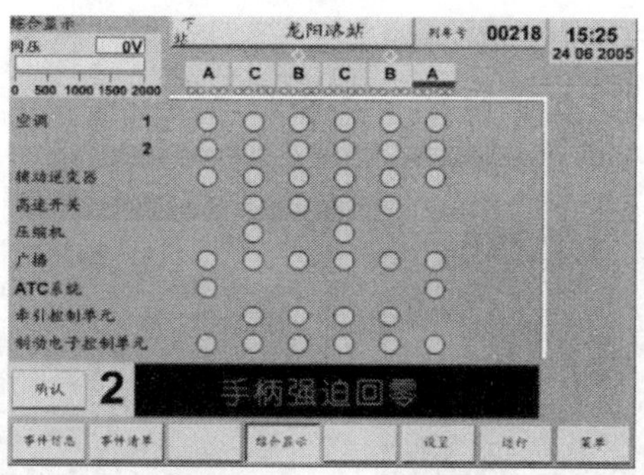

图5—24 显示屏显示手柄强迫归零

（2）摩擦制动未缓解的故障现象判断分析

1）列车侧墙红灯不灭（见图5—25）。

2）施加牵引情况下，主驾驶台、副驾驶台气制动缓解灯、气制动施加灯均不亮（见图5—26）。

图5—25 列车侧墙红灯不灭

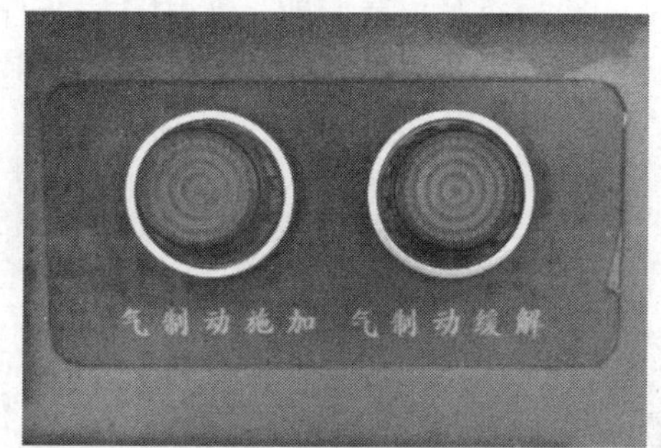

图5—26 气制动缓解灯、气制动施加灯均不亮

3）制动风缸压力2 bar不缓解（见图5—27）。

4）驾驶员室显示屏显示手柄强迫归零（见图5—28）。

图5—27 制动风缸压力2 bar不缓解（A车制动）

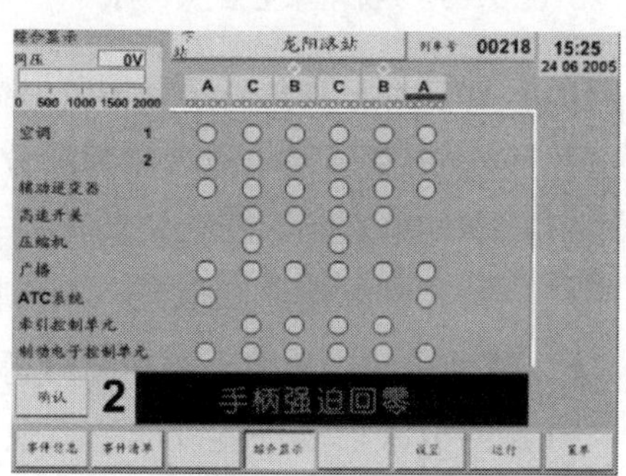

图5—28 显示屏显示手柄强迫归零

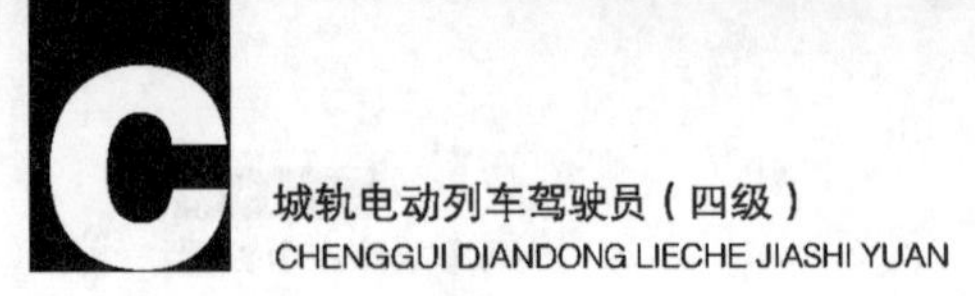

3. 列车中央控制单元故障判断分析

（1）驾驶员室主台 CCU 故障灯亮（见图 5—29）。

（2）驾驶员显示屏黑屏（见图 5—30）。

图 5—29　驾驶员室主台 CCU 故障灯亮

图 5—30　驾驶员显示屏黑屏

（3）列车客室应急照明（见图 5—31）。

（4）副驾驶台受电弓升弓灯、落弓灯均不亮（见图 5—32）。

图 5—31　列车客室应急照明

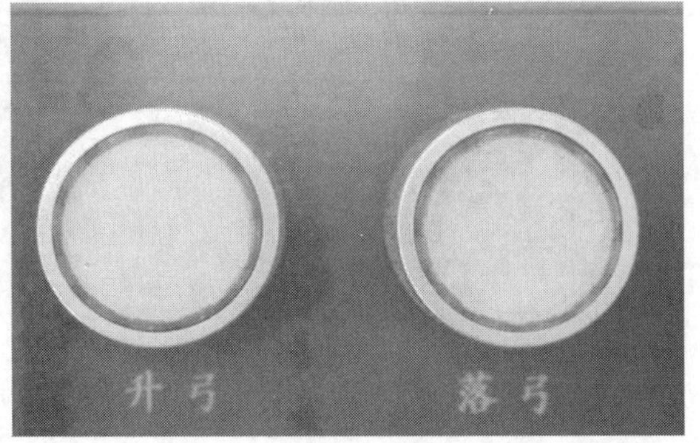

图 5—32　受电弓升弓灯、落弓灯均不亮

（5）驾驶员室主台高速开关分、高速开关合按钮灯均不亮（见图 5—33）。

4. 列车控制回路故障现象判断分析

（1）本端电客钥匙断于钥匙孔内。

（2）转换电客钥匙发现另一端驾驶员无法交换主控制权（见图 5—34）。

5. 辅助逆变器故障现象判断分析

（1）两节 A 车辅助逆变器故障现象判断分析

1）列车在运行中司机显示屏显示一二单元 A 车逆变器故障（见图 5—35）。

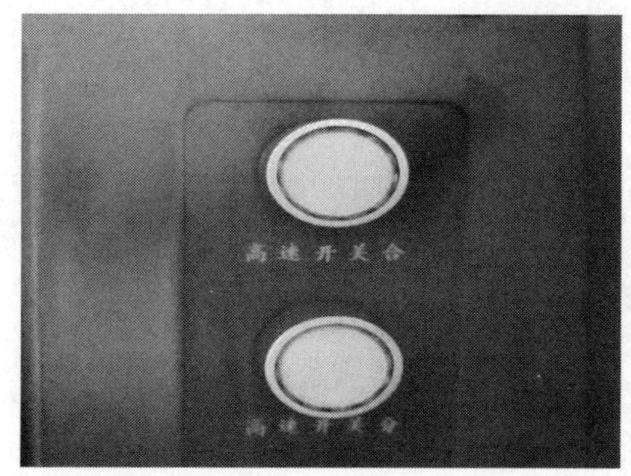

图 5—33　高速开关分、高速开关合按钮灯均不亮

图 5—34　无法交换主控制权

2）牵引、制动一级故障（见图 5—36）。

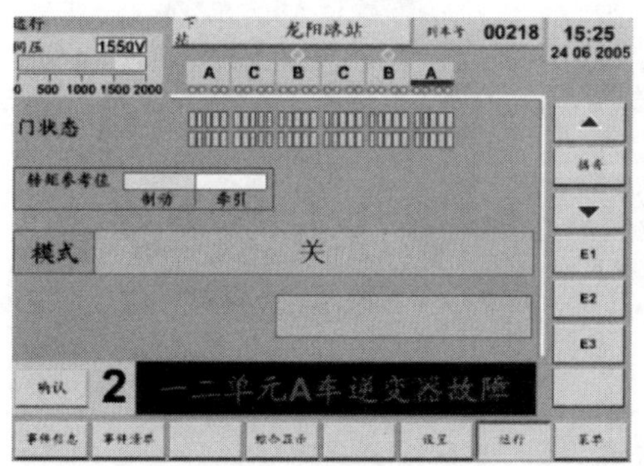

图 5—35　屏显示一二单元 A 车逆变器故障

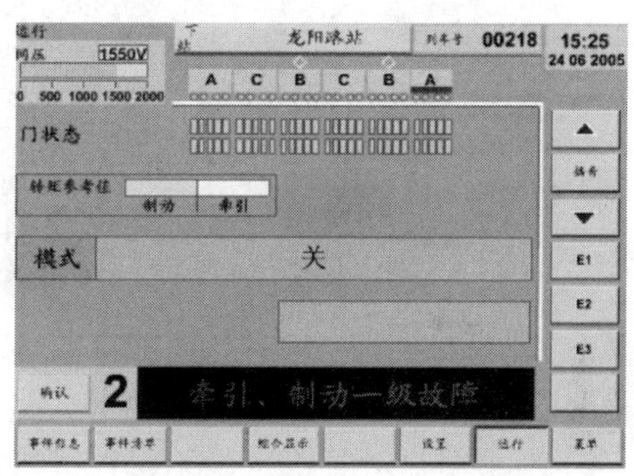

图 5—36　牵引、制动一级故障

3）全列车客室应急照明（见图 5—37）。

（2）列车遭雷击故障现象判断分析

1）驾驶员显示屏显示“逆变器严重故障”（见图 5—38）“空压机故障”（见图 5—39）。

2）主风缸压力低于 7 bar（见图 5—40）。

6. 列车主回路故障现象判断分析

（1）所有高速开关跳开故障现象判断分析

1）列车在牵引或制动工况下，“高速开关分”指示灯（21S01）、“高速开关合”指示灯（21S02）突然均不亮（见图 5—41）。

图 5—37　全列车客室应急照明

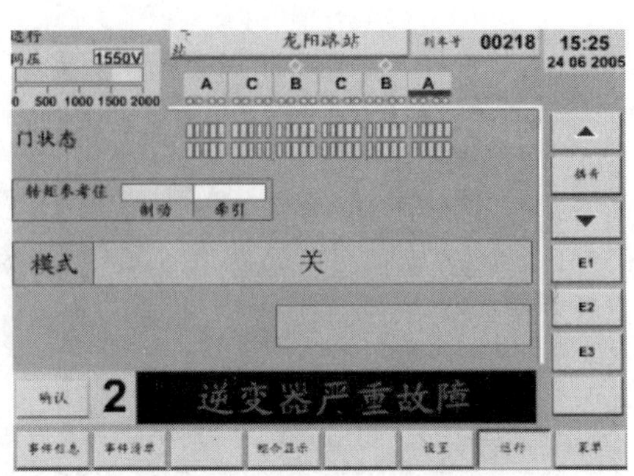

图 5—38　逆变器严重故障

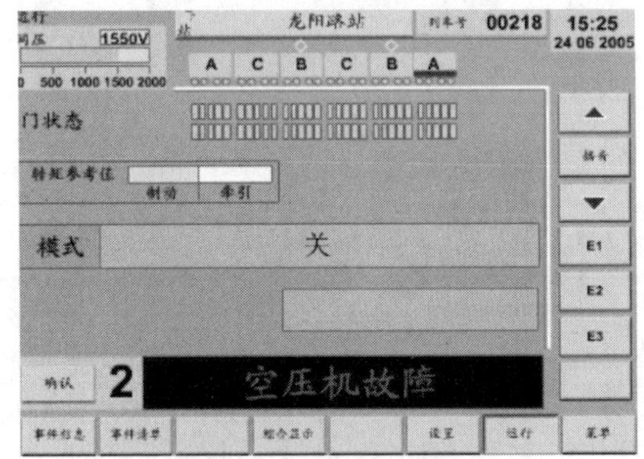

图 5—39　空压机故障

图 5—40　主风缸压力低于 7 bar

2）驾驶员显示屏显示“高速开关严重故障”。

（2）基准值转换器损坏故障现象判断分析

1）驾驶员显示屏显示一、二单元 B、C 车牵引严重故障（见图 5—42）。

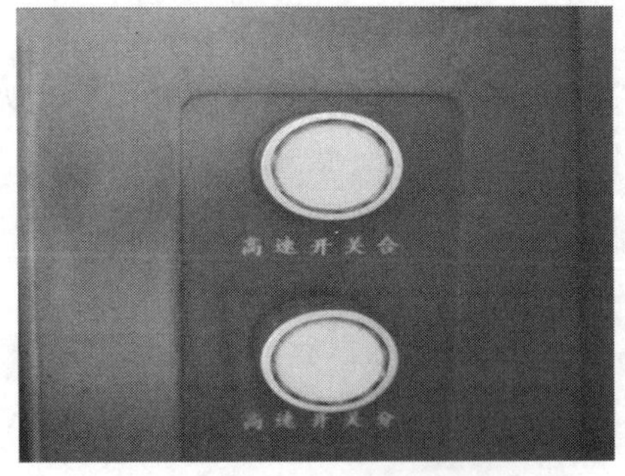

图 5—41　高速开关指示灯不亮

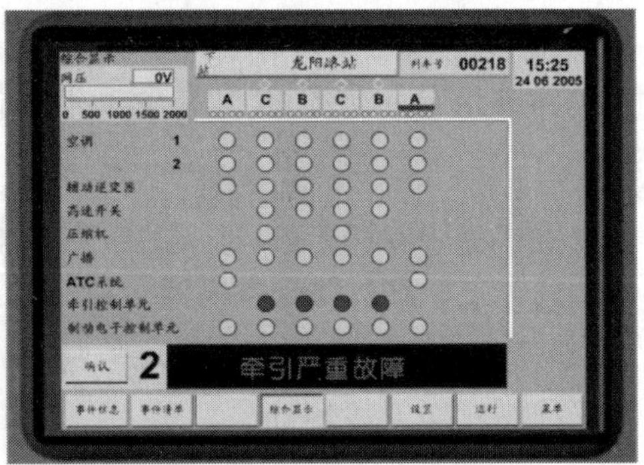

图 5—42　一、二单元 B、C 车牵引严重故障

2）列车制动压力 2 bar 不缓解。（见图 5—43）。

（3）受电弓异常故障现象判断分析

1）驾驶员显示屏显示“受电弓严重故障”（见图 5—44）。

图 5—43　列车 2 bar 不缓解

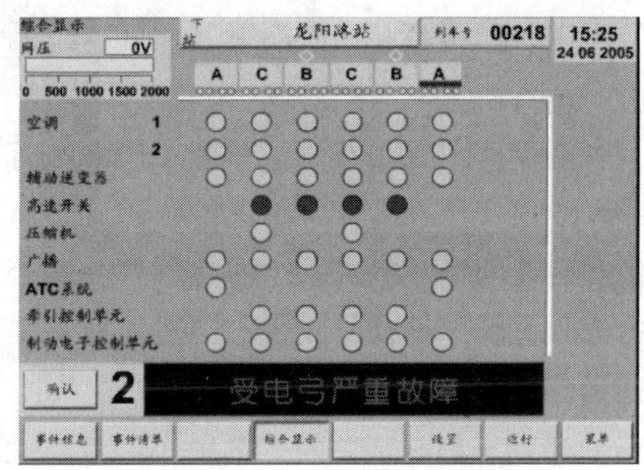

图 5—44　受电弓严重故障

2）驾驶员显示屏显示“高速开关严重故障”。

5.1.3　列车故障应急处置

1. 客室车门故障应急处置

客室车门故障是最为常见的列车故障，按故障类型可以分为全列车车门无法打开、全列车车门无法关闭、单节车门无法打开或关闭、单扇车门无法关闭、车门关闭但关门灯不亮、安全疏散梯未锁闭到位故障等。

（1）全列车车门无法打开。要使得全列车车门打开必须同时满足以下条件：

1）列车停稳且收到 ATP 发送的允许开门信号。为防止在列车运行过程中开门、错开车门或未在规定地点开门，在开门控制电路中引入了 ATP 的保护功能。列车只有运行到规定地点（站台停车位置处）并且停稳，ATP 才会发送相对应站台侧的开门信号，驾驶员只有按下该侧的开门按钮车门才能打开。当 ATP 发生故障等情况时，驾驶员可以切除“ATP 门控旁路”开关开门，此时开门侧方向和开门地点不受 ATP 设备保护，驾驶员在开门作业时应先上站台后开门。

2）开门列车线空气开关合闸。为防止车门电路故障的扩大，在车门电路上设有空气断路器，当车门电路故障（短路、过流、过载）时空气开关能迅速跳开，保护整个列车 110 V 直流电路。因此，当全列车车门无法打开时驾驶员应检查开门列车线空气开关是否跳闸。

3）驾驶员按下相对应侧的备用开门按钮。电动列车一般设有备用的开关门按钮。当驾驶员按下开门按钮无效时，可以尝试使用备用按钮打开全列车门。

当上述操作都无效时，驾驶员可以至后方驾驶室，激活操纵权并切除“ATP 门控旁路”开关开门清客。在极端情况下可以拉下每节车一扇车门上方的紧急拉手清客退出运行。

（2）单节车门无法打开。单节车门无法打开故障主要是由控制本节车开门的列车信号指令线空气开关跳闸所引起的。因此，当发生单节车门无法打开时，驾驶员可以至该节车检查列车开门指令线的空气开关是否跳闸。在客流低峰情况下，遇单节车门无法打开或关闭，可以通过客室广播引导乘客从相邻的车厢下车的方式，运行至终点站退出运营。

（3）单扇车门无法关闭。单扇车门无法关闭故障主要原因是门导轨被异物卡阻、门导轨或门叶变形、门钩没有落下、气缸故障所引起的。因此，当发生单扇车门无法关闭时，驾驶员应至现场查看门导轨是否被异物卡阻或变形，轻拍门叶上方使得门钩落下，然后切除该扇车门。如车门无法关闭到位且无法用手动方式合拢的，则有可能是气缸故障，需拆除气缸联动锁销来排除故障。

（4）单扇车门未关好。车门关闭但关门灯不亮故障主要原因是由于门关好行程开关没有到位所导致的，司机可以通过侧墙上黄灯以及车门上方的红灯来判断故障车门，然后将其切除。如侧墙上黄灯全部熄灭但关门灯不亮时，可采取清客并切除“门关好旁路”开关退出运营。

（5）疏散梯未关好故障。疏散梯未关好故障大多是由检测安全疏散梯关闭到位的限位开关松动所导致的列车施加保护性紧急制动。处理该故障时，驾驶员可先确认安全疏散梯关闭到位且锁闭良好的情况下，切除“疏散梯解锁旁路”开关后启动列车运行至终点站退出运营。

2．制动故障应急处置

制动故障是所有列车故障中最为严重的故障，绝大部分列车救援都是由制动故障所引起的。制动故障可分为停放制动不缓解故障和摩擦制动不缓解故障两种。驾驶员遇到故障时可通过驾驶员显示屏、指示灯、双针压力表等来判断列车制动故障类型及位置。

（1）停放制动不缓解故障。停放制动又称为弹簧制动，通过停放制动缸排气使得弹簧复位并紧贴轮对起到列车长时间停车时避免溜车的作用。当列车停放制动没有缓解时，将导致列车常用制动无法缓解。

由于正线运行的列车不施加停放制动，因此在正线运行中所遇到的停放制动故障一般是停放制动监控电路故障，即停放制动实际上是处于缓解状态，但监控系统认为停放制动没有缓解。因此，驾驶员在判断故障时都可以通过驾驶员显示屏以及侧墙蓝灯来进行判断，在处置中可清客并切除“停放制动缓解旁路”开关来强迫列车牵引，并将列车驶离正线。

（2）制动未缓解故障。列车在运行过程中，如果监控系统检测到列车某一个转向架处于抱闸状态下时，列车会自动切断牵引力，阻止列车继续运行。驾驶员在判断故障时可以通过驾驶员显示屏以及侧墙的红灯和绿灯进行判断哪一节车厢抱闸，在处置中可清客并切除“气制动缓解旁路”开关来强迫列车牵引，如驾驶员在切除“摩擦制动缓解旁路”开关后仍有阻滞感或抱闸现象时可以切除该节车“制动缓解阀”后将列车驶离正线。

3．中央控制单元故障应急处置

20 世纪后期制造的地铁列车一般都采用列车网络技术来控制列车以减少列车线以及继电器的数量，提高列车可靠性和安全性。因此，当列车网络发生故障时全列车常用制动无法缓解，列车无法牵引。司机可以操纵“紧急牵引”开关运营至终点退出运营。紧急牵引开关动作后将旁路列车网络通信，使牵引指令直接通过列车硬线传递给牵引控制系统。

4．控制回路故障应急处置

列车正线运行中常见的控制回路故障为主控制器钥匙故障。

当驾驶员激活主控制器钥匙发现主控制器钥匙断裂时，应判断钥匙断裂在开启位还是关闭位。如断裂在开启位，驾驶员可驾驶列车继续运行至终点站，在终点站换端折返时。操纵端驾驶员可以分断“司机室控制”空气开关，起到断开主控制器钥匙的目的，此时非操纵端驾驶员可以正常激活主控制器钥匙。如断裂在关闭位，而后方设有存车线时，驾驶员可以至后方驾驶员室激活主控制器钥匙驾驶列车进入折返线退出运营，如后方无存车线则申请救援。

5．辅助逆变器故障应急处置

辅助逆变器作为列车中压供给装置主要为列车提供 110 V 控制电源、220 V 照明电源、380 V 设备通风及空调工作电源。西门子 A 型八节编组列车共有 8 个辅助逆变器，两端 A 车为全列车提供 110 V 控制电源、220 V 照明电源、380 V 设备通风电源，中间 6 节车的辅助逆变器为本单元列车空调提供 380 V 工作电源。

辅助逆变器故障按照不同现象可分为两节 A 车辅助逆变器故障和列车遭雷击故障两大类。

（1）两节 A 车辅助逆变器故障。两节 A 车辅助逆变器故障时全列车失去了 110 V

控制电源只能采用蓄电池供电、车厢失去了正常照明电源以及 380 V 设备通风电源，因此列车无法正常运行，驾驶员必须通过切复驾驶端或非驾驶端的“本车逆变器切除”开关来重启本车逆变器以确保一个 A 车辅助逆变器正常工作。

（2）列车遭雷击故障。雷击时由于大电压的冲击，列车辅助逆变器将会停止工作。列车同样无法正常运行，驾驶员必须通过切复驾驶端或非驾驶端的“本车逆变器切除”开关来重启本车逆变器以确保一个 A 车辅助逆变器正常工作。如无效，驾驶员应收车并使用“逆变器紧急启动”按钮重启列车。

6. 主回路故障应急处置

在主回路中较易发生故障的部件主要有所有高速开关跳开故障、基准值转换器故障以及受电弓故障。

（1）高速开关故障。高速开关作为列车主回路的保护部件，如主回路发生短路、过流、过载等情况，高速开关将自动分断以保护主回路。以六节编组电动列车为例，全列车共有四个高速开关，驾驶员可以通过驾驶员显示屏和副驾驶台上高速开关分合指示灯来判断高速开关状态。如发现列车合上两个或以上高速开关的则运营至终点退出运营；合上一个高速开关的则清客就近退出运营；四个全部无法合上则清客救援。

（2）基准值转换器故障。基准值转换器是将牵引制动手柄发出的电压信号转换为脉宽信号并传给全列车制动控制单元和动车的牵引控制单元，以调整制动力和牵引力的大小。当基准值转换器故障时，列车牵引控制单元无法得知牵引力大小；列车制动控制单元无法得知制动力大小，因此驾驶员显示屏显示一、二单元 B、C 车牵引严重故障，同时列车制动 2bar 不缓解。驾驶员在处置基准值转换器故障时可以重新分合一次列车主控制器钥匙，使得基准值转换器重启一次，看是否有效。如无效，驾驶员可以检查本端驾驶室设备柜内“基准值转换器”22F05 开关是否跳开。最后可以使用“紧急牵引开关”（操作“紧急牵引开关”时列车牵引和制动指令将跳过基准值转换器处于全牵引和全制动工况）清客退出运营。

（3）受电弓故障。受电弓是列车主回路中重要部件，其作用是将电流从接触网上传递至列车上，起到列车受流的作用。因此，受电弓正常与否将直接影响列车的正常运营。当驾驶员显示屏显示受电弓故障时，驾驶员可以通过驾驶员显示屏显示或目测来确定受电弓实际位置，如升弓状态下驾驶员可以继续运营至终点站退出运营；如单弓无法升起时，列车将失去故障受电弓所处列车单元的动力，但不影响列车运营，驾驶员可以继续运营至终点站退出运营。如所有受电弓都无法升起时，驾驶员可以操作副驾驶台上落弓和升弓按钮重新升落一次受电弓。如仍无法升起，驾驶员可以至就近 B

车设备柜，检查“列车信号线落弓”空气开关是否落下。如仍无效则申请救援。

5.2 驾驶员与行车调度联系方法

5.2.1 调度与驾驶员的通信分类

1. 故障报修

（1）当列车有故障时驾驶员应主动与行车调度员联系，若故障无法处理时应及时汇报。

（2）汇报内容包括车次号、车体号、车站（说明上下行）、故障/事件情况。

2. 调度命令

（1）调度命令分书面命令和口头命令。口头命令与书面命令同样具有严肃性，均须做到规范发令、严格执行。

（2）所有命令必须有命令号，书面命令号每月由1～100顺序循环使用，口头命令每天由101至200顺序循环使用。

（3）口头命令为向单个受令对象（一般为列车驾驶员）直接发布的短期性指令，书面命令一般至少有两个受令对象，有时还需送达驾驶员，较长时间影响行车的命令一般为书面命令。

（4）调度命令要求清楚简洁、要素齐全。一般采用任务制发令。驾驶员在接收调度命令时应对调度命令进行复诵。

3. 调度建议、通知

列车发生故障时，调度员可对相应的处理措施进行提醒和建议，该类建议不作为调度命令，不具有强制执行性，仅作为参考。

5.2.2 调度与驾驶员的通信渠道

1. 正常手段

在正常运营情况下，调度与驾驶员之间采用无线对讲机进行联系。行车调度员通过控制台操作可对列车车载台或手持机进行选呼、组呼、全呼。

2. 紧急手段

在无线对讲机故障或受干扰时，驾驶员可用站台电话、轨旁电话或手机与行车调度员联系，并明确联系方式。

驾驶员需离开驾驶员室及其他可能与行车调度员失去联系的情况下，驾驶员需主动留下手机号。

发生紧急呼叫时，驾驶员需主动与行车调度员联系并说明原因。

技能要求

全列车门未打开故障应急处置

操作准备

1. 多媒体教室。
2. 电动列车故障处理仿真多媒体软件。
3. 计时器。

操作步骤

步骤 1　检查列车是否对位准确，若对位不准，手动对位后开门（见图 5—45）。

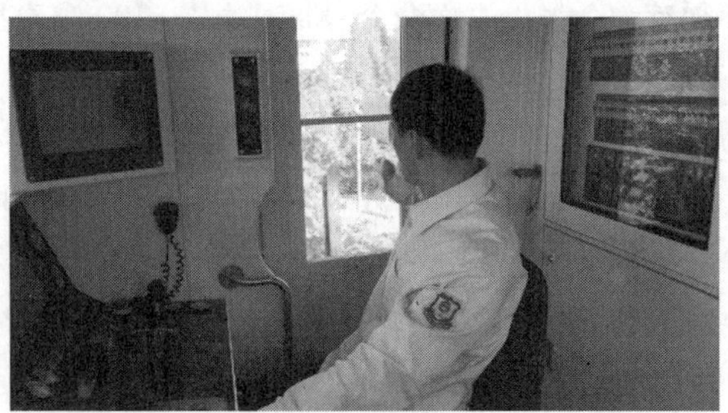

图 5—45　手动对位

步骤 2　检查列车是否收到开门码，如未收到，则扳动“ATP 门控旁路”81S09 开关，按下开门按钮开门（见图 5—46）。

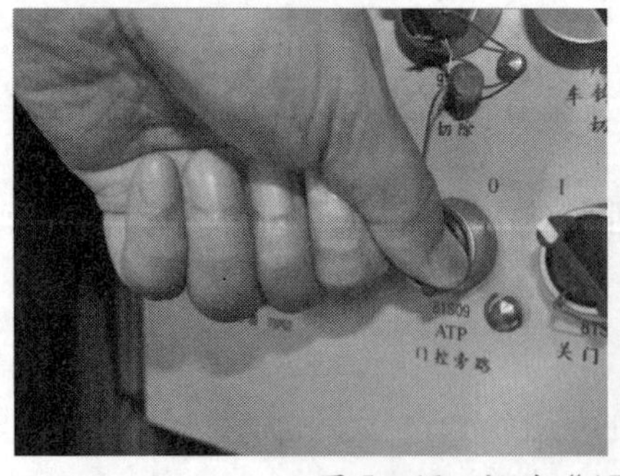

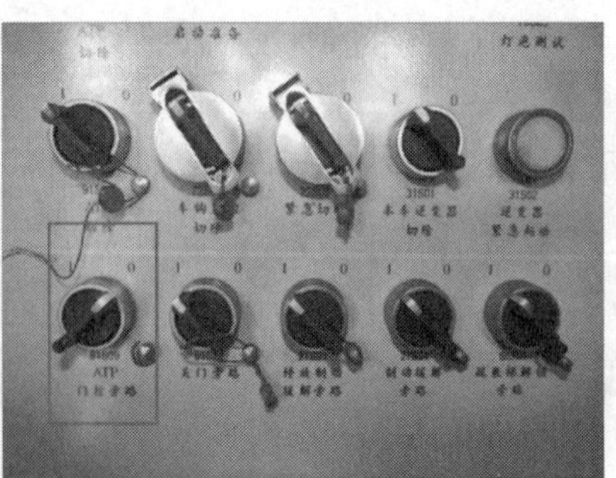

图 5—46　扳动“ATP 门控旁路”81S09

步骤3　检查 A 车设备柜内“ATP 门控有效”81F01、“右侧车门解锁”81F03、“左侧车门解锁”81F04 是否跳闸（见图 5—47）。

图 5—47　检查相关空气开关是否跳闸

步骤4　轻拍列车开门按钮处侧墙，先多按几下列车关门按钮（右门关 81S03、左门关 81S04），然后再按列车开门按钮（右门开 81S01、左门开 81S02）开门。若为左门未打开，使用右侧备用左门开按钮 81S12 开门（见图 5—48）。

图 5—48　多次按下列车关门按钮

步骤5　屏蔽门车站直接清客，没有屏蔽门的车站，到另一单元 A 车，扳动“ATP 门控旁路”81S09，将 ATP 门控旁路后，进行“开关门”作业，若车门无法开启，清客后退出运营（见图 5—49）。

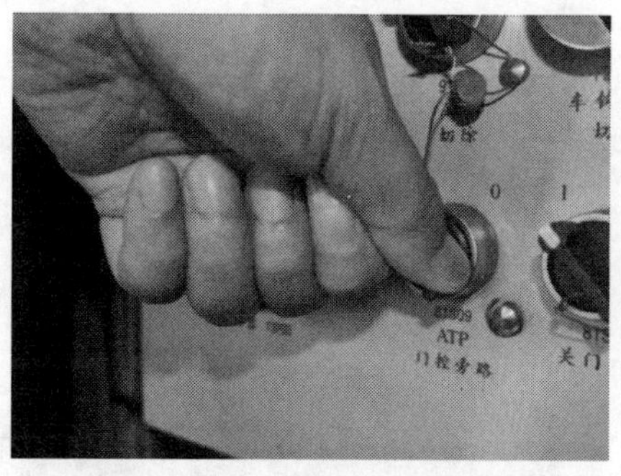

图 5—49　扳动“ATP 门控旁路”81S09

步骤6　以上无效时，拉下车门紧急拉手（或通过乘务员钥匙孔），在每节车中打开一扇车门，清客退出运营（见图 5—50）。

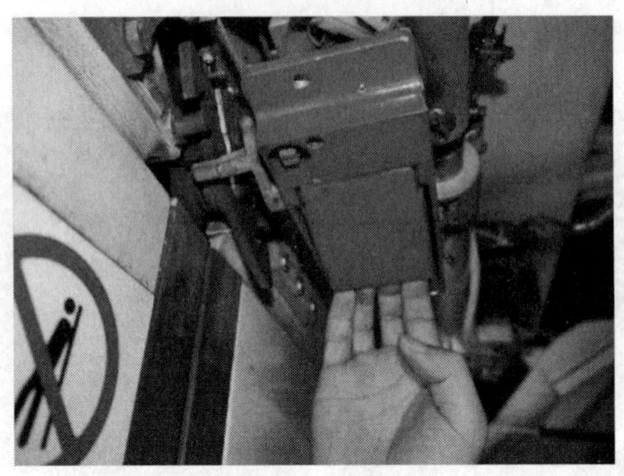

图 5—50　步骤 6

单节列车车门未打开故障应急处置

操作准备

1．多媒体教室。

2．电动列车故障处理仿真多媒体软件。

3．计时器。

操作步骤

步骤 1　观察侧墙灯显示或显示屏，判断故障车辆（见图 5—51）。

步骤 2　切“ATP 门控旁路”81S09，重新开关门一次（见图 5—52）（左侧用 81S01，右侧用 81S02）。

图 5—51　观察侧墙灯显示

图 5—52　重新开关门

步骤3　驾驶员广播告知乘客从相邻车厢下车。

步骤4　检查故障车设备柜内“右侧车门解锁”81F03、“关右门警告灯”81F11 或“左侧车门解锁”81F04、“关左门警告灯”81F12 是否跳开。跳开则合上，继续运营（见图5—53）。

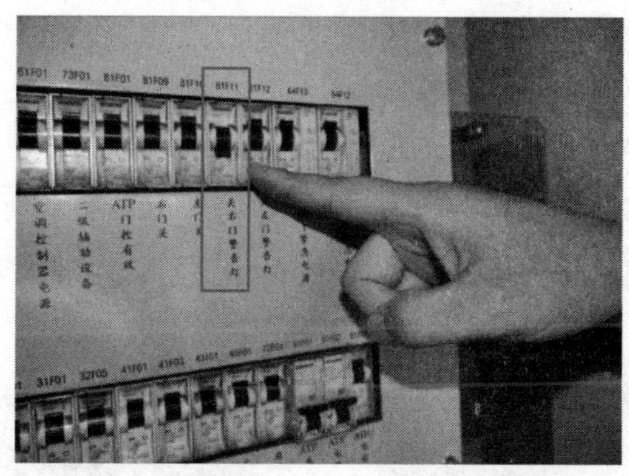

图5—53　检查相关空气开关是否跳开

单扇车门未关好故障应急处置

操作准备

1. 多媒体教室。
2. 电动列车故障处理仿真多媒体软件。
3. 计时器。

操作步骤

步骤1　将“ATP门控旁路”81S09 切除（见图5—54），重新开关门。

步骤2　对侧墙黄灯不灭的车辆逐扇拍门（见图5—55），正常后继续运行。

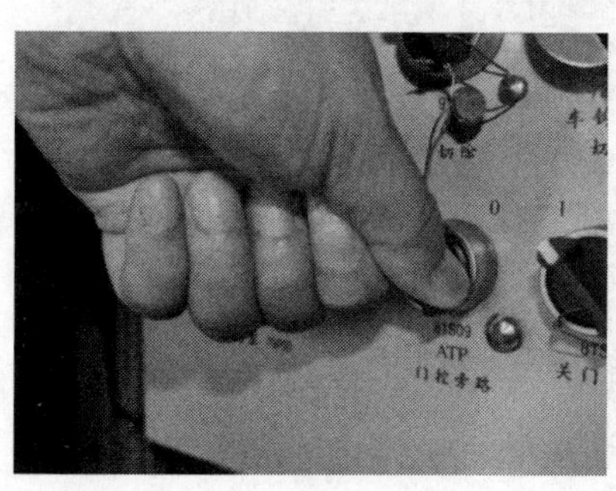

图5—54　切除“ATP门控旁路”81S09 开关

图5—55　逐扇拍门

单扇车门关不上故障应急处置

操作准备

1．多媒体教室。

2．电动列车故障处理仿真多媒体软件。

3．计时器。

操作步骤

步骤 1　观察显示屏和侧墙客室车门外红色指示灯判定故障车门（见图 5—56）。

步骤 2　切除该门，继续正常运行（见图 5—57）。

图 5—56　观察侧墙客室车门外红色指示灯

图 5—57　切除车门

步骤 3　如有异物则取出关门，若无法取出，切除“关门旁路”81S10 和“ATP 旁路”91S01，切除该门，派人看护（见图 5—58）。

步骤 4　若车门气缸坏，钢丝绳断，则将故障车门切除，继续运营（见图 5—59）。

图 5—58　切除相关旁路开关

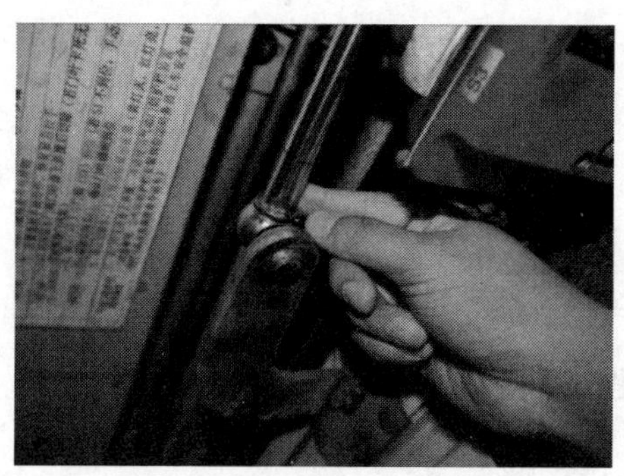

图 5—59　取出钢丝环

步骤 5　门槛条变形，切除“关门旁路”81S10 和“ATP 旁路”91S01，切除该门，派人看护。

疏散梯未关好故障应急处置

操作准备

1. 多媒体教室。
2. 电动列车故障处理仿真多媒体软件。
3. 计时器。

操作步骤

步骤 1　通过显示屏判断为哪一节 A 车。

步骤 2　先推安全疏散梯以确认安全疏散梯在机械方面确实锁紧后，将“疏散梯解锁旁路”86S04 切至 0 位，待“疏散梯解锁指示灯”86H01 灭后，维持运营（见图 5—60）。

图 5—60　将“疏散梯解锁旁路”86S04 切至 0 位

停放制动未缓解故障应急处置

操作准备

1. 多媒体教室。

2. 电动列车故障处理仿真多媒体软件。

3. 计时器。

操作步骤

步骤 1　切除“停放制动缓解旁路”27S03（A 车设备柜内），在 ATP 手动驾驶模式下，施加 15% 牵引，如列车牵引力正常，运行至终点后退出运营（见图 5—61）。

图 5—61　切除“停放制动缓解旁路”27S03

步骤 2　若牵引力不足，清客，就近退出运营。

制动未缓解故障应急处置

操作准备

1. 多媒体教室。

2. 电动列车故障处理仿真多媒体软件。

3. 计时器。

操作步骤

步骤1　切除“制动缓解旁路”27S04（A车设备柜内），在ATP手动驾驶模式下，施加15%牵引，如列车牵引力正常，运行至终点后退出运营（见图5—62，应确认列车是否带闸）。

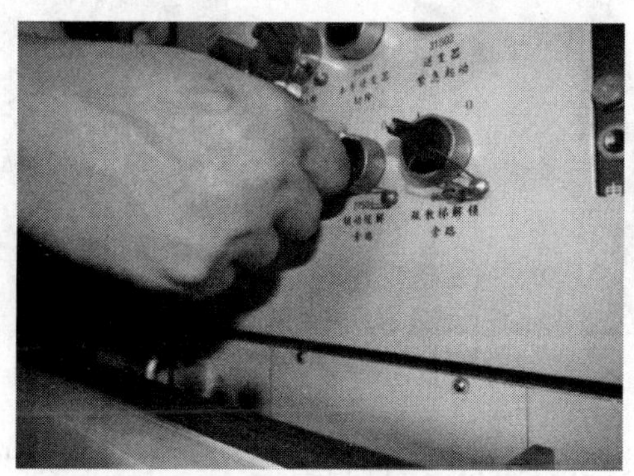

图5—62　切除“制动缓解旁路”27S04

步骤2　若牵引力不足，切除故障车“制动缓解”B9阀，清客后退出运营（见图5—63）。

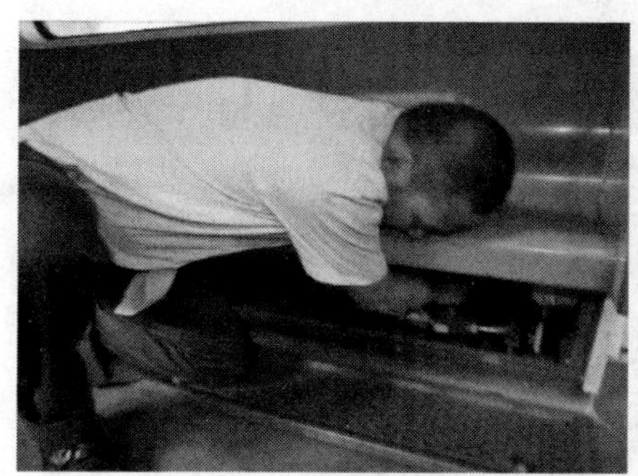

图5—63　切除故障车“制动缓解”B9阀

CCU（中央控制单元）故障应急处置

操作准备

1. 多媒体教室。
2. 电动列车故障处理仿真多媒体软件。
3. 计时器。

操作步骤

步骤1　尝试牵引列车，看列车能否正常牵引，能则运行至终点后退出运营（见图5—64）。

步骤 2　关主控制器钥匙，等待至少 7 s 后再打开主控制器钥匙，观察显示屏是否正常（见图 5—65）。

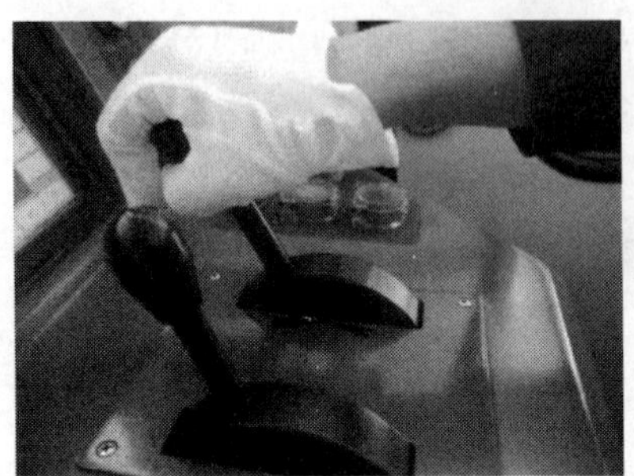

图 5—64　尝试牵引列车

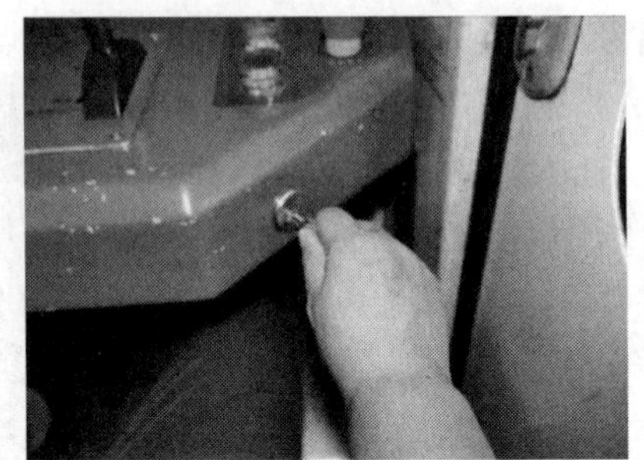

图 5—65　重新开关主控制器钥匙

步骤 3　检查驾驶员室内设备柜是否有空气开关跳开，跳开则合上。

步骤 4　将“紧急牵引”22S08 扳至紧急牵引位置，ATP 手动，运行至终点后退出运营（见图 5—66）。

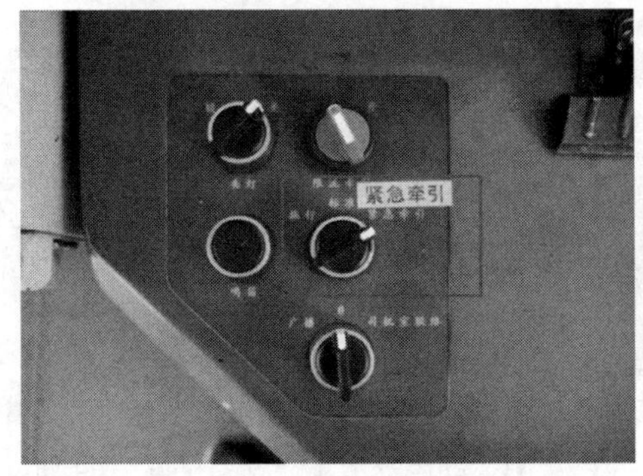

图 5—66　将“紧急牵引”22S08 扳至紧急牵引位置

列车主控制器在开启位，钥匙断于孔内或无法取出故障应急处置

操作准备

1. 多媒体教室。
2. 电动列车故障处理仿真多媒体软件。
3. 计时器。

操作步骤

步骤 1　列车继续运行到终点，通知日检。

步骤2　若需改变运行方向，切除故障端“驾驶员室控制”22F01，并禁止恢复，将列车的操作控制权交另一端驾驶员室，继续运营（见图5—67）。

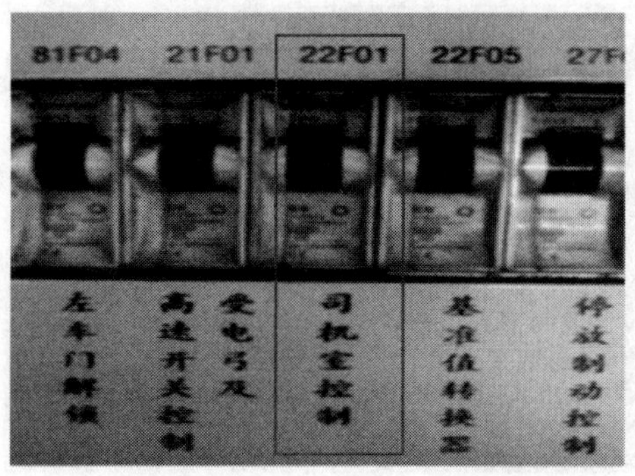

图5—67　切除故障端“驾驶员室控制”22F01

两节A车辅助逆变器故障应急处置

操作准备

1．多媒体教室。

2．电动列车故障处理仿真多媒体软件。

3．计时器。

操作步骤

步骤1　观察显示屏显示内容（注意触网是否有电），将列车惰行到下一站。

步骤2　检查本端A车“辅助逆变器控制”31F01是否跳闸，如跳则合上（见图5—68）。

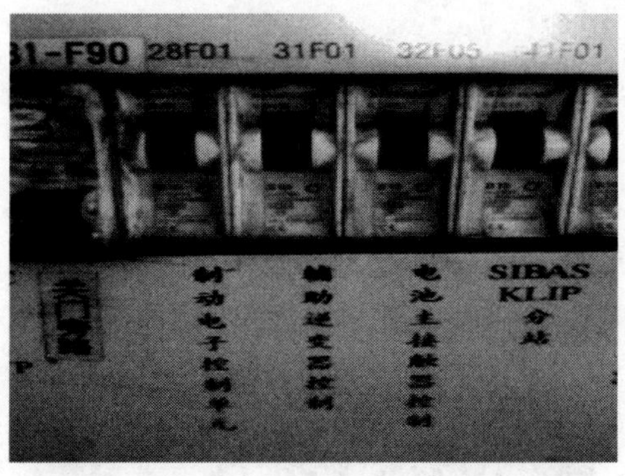

图5—68　检查本端A车“辅助逆变器控制”31F01是否跳闸

步骤 3　切除“本车逆变器切除”开关 31S01（见图 5—69），等待 10 s 后重新合上 31S01，如启动成功，继续运行至终点后退出运营。

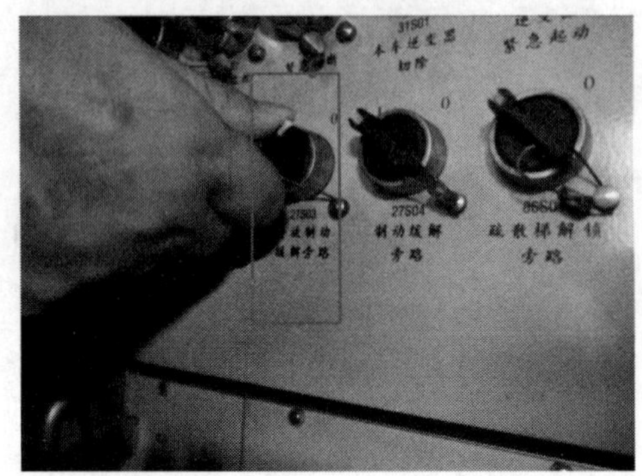

图 5—69　切除“本车逆变器切除”开关 31S01

步骤 4　至另一端进行同样操作。

列车遭雷击后故障应急处置

操作准备

1. 多媒体教室。
2. 电动列车故障处理仿真多媒体软件。
3. 计时器。

操作步骤

步骤 1　切除“本车逆变器切除”31S01（见图 5—70），等待 10 s 后重新合上。

步骤 2　检查“空压机控制电源”34F02（见图 5—71）、“空压机控制”34F05 是否跳闸（见图 5—72）。

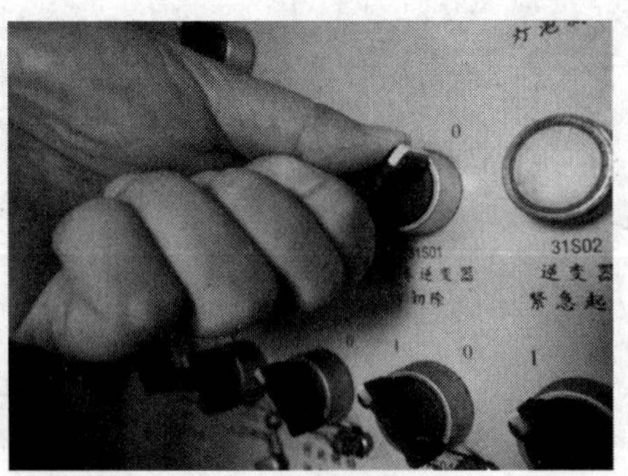

图 5—70　切除“本车逆变器切除”31S01

图 5—71　检查“空压机控制电源”34F02 是否跳闸

图 5—72　检查“空压机控制”34F05 是否跳闸

步骤 3　广播告知乘客，做逆变器紧急启动（见图 5—73）（最多 5 次）。

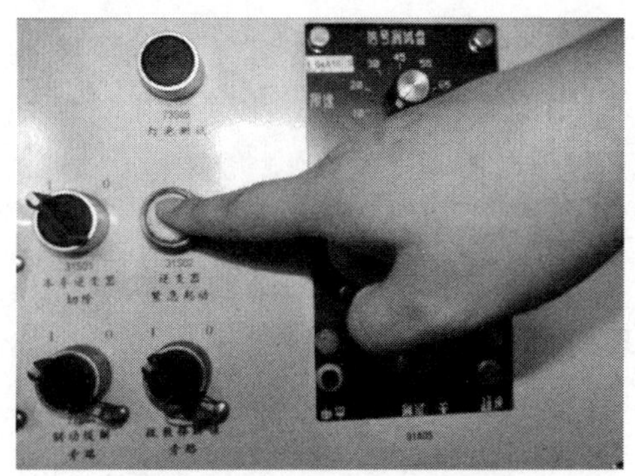

图 5—73　逆变器紧急启动

步骤 4　至另一端驾驶员室进行辅助逆变器应急启动操作。

所有高速开关跳开故障应急处置

操作准备

1. 多媒体教室。
2. 电动列车故障处理仿真多媒体软件。
3. 计时器。

操作步骤

步骤 1　惰行到车站停稳后，重新分合一次高速开关（见图 5—74）。

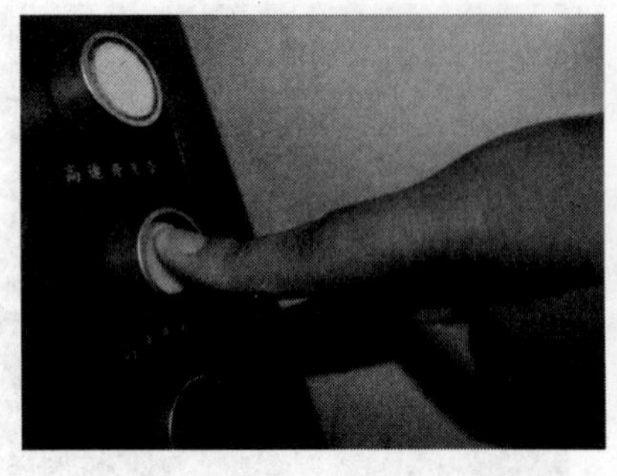

图 5—74　重新分合一次高速开关

步骤 2　如无法全部合上，观察显示屏；如合上两只或以上，运行至终点后退出运营；如只合上一只，则清客，就近退出运营。

步骤 3　如四只全部无法合上，清客等待救援。

基准值转换器损坏故障应急处置

操作准备

1. 多媒体教室。
2. 电动列车故障处理仿真多媒体软件。
3. 计时器。

操作步骤

步骤 1　关断主控制器钥匙，等驾驶员显示屏熄灭后重新打开主控制器钥匙。

步骤 2　检查驾驶员室电气设备柜内“基准值转换器”22F05 是否跳开，如跳开就合上，合不上申请救援（见图 5—75）。

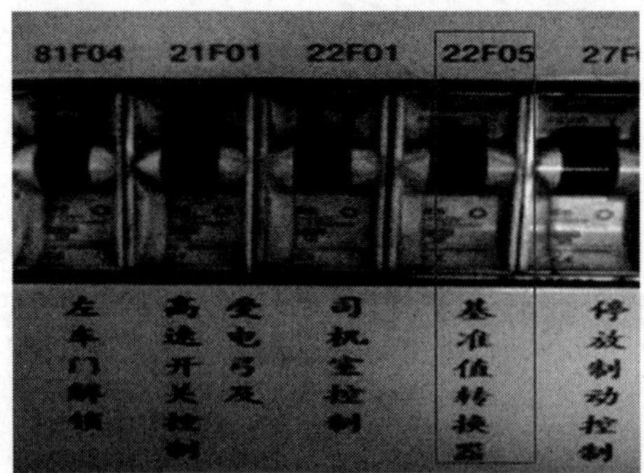

图 5—75　检查“基准值转换器”22F05 是否跳开

步骤3　合上后故障依旧（未合上），将“紧急牵引”22S08 切至紧急牵引位置，ATP 手动驾驶列车运行至终点后退出运营（见图 5—76）。

图 5—76　将“紧急牵引”22S08 切至紧急牵引位置

受电弓异常故障应急处置

操作准备

1. 多媒体教室。
2. 电动列车故障处理仿真多媒体软件。
3. 计时器。

操作步骤

步骤1　确认列车牵引是否正常，若正常，继续运营至终点处理。

步骤2　检查副驾驶台上各按钮显示是否异常，正常则落弓后重新升弓，继续运营。

步骤3　若受电弓全部无法升起，将本单元 B 车电气设备柜内“列车信号线落弓”21F08 断开后复位，重新进行升弓，合高速开关，继续运行至终点后退出运营（见图 5—77）。

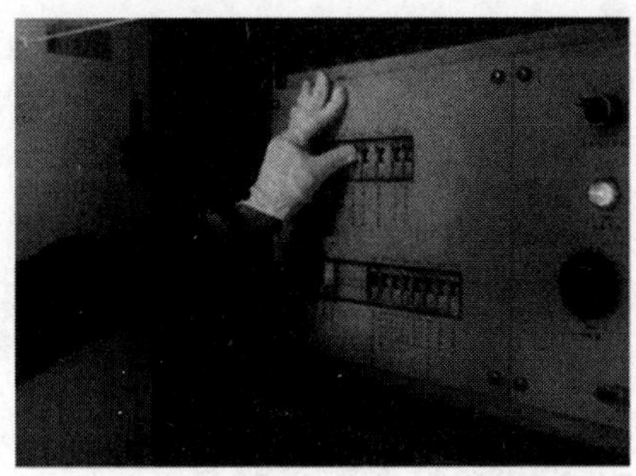

图 5—77　将“列车信号线落弓”21F08 断开后复位

步骤4　若处理后受电弓仍旧无法升起，申请救援（见图5—78）。

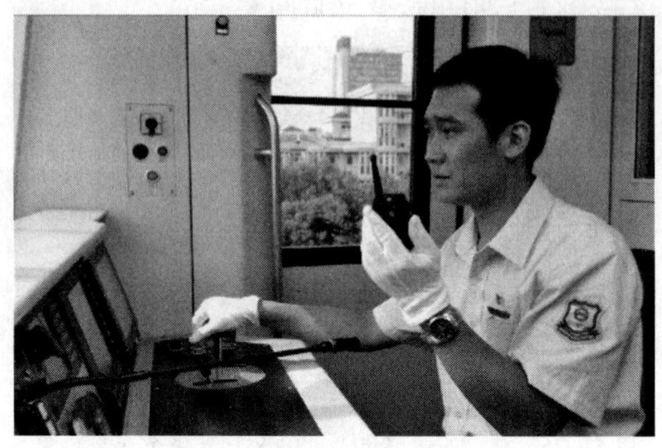

图5—78　申请救援

理论知识复习题

一、判断题（将判断结果填入括号中。正确的填“√”，错误的填“×”）

1. 故障切除法是通过切除故障设备不让其工作的方法来维持列车运行，以减少故障状态下对运营的影响。（　　）

2. 当西门子A型电动列车的某一节列车的车门没有打开时，驾驶室故障显示屏有相应显示。（　　）

3. 当西门子A型电动列车基准值转换器22 F05保险开关跳闸时，驾驶室故障显示屏显示一、二单元B、C制动严重故障，列车3 bar不缓解。（　　）

4. 当西门子A型电动列车运行中发生单节A车辅助逆变器故障，全列车客室照明一半时，驾驶室故障显示屏显示辅助逆变器严重故障。（　　）

5. 当西门子A型电动列车的某节车常用制动不缓解时，驾驶台上的制动灯及缓解灯均不亮。（　　）

6. 当电动列车在正线上发生故障时，驾驶员应主动与运转值班员联系。（　　）

7. 所有命令必须有命令号，书面命令号每月由1～100顺序循环使用。（　　）

8. 调度命令分书面命令、口头命令及口头通知。（　　）

9. 在正常运营情况下，调度与驾驶员之间采用无线对讲机进行联系。（　　）

10. 发生紧急呼叫时，驾驶员需主动与行车调度员联系并说明原因。（　　）

二、单项选择题（选择一个正确的答案，将相应的字母填入题内的括号中）

1. 电动列车使用（　　）处置故障，驾驶员必须对列车安全承担责任。

A. 故障切除法　　B. 故障恢复法　　C. 旁路法　　D. 重启法

2. 处理西门子A型电动列车两节A车辅助逆变器故障的第1步是（　　）。

A. 观察驾驶员故障显示屏显示内容，将列车惰行到下一站

B. 检查本端A车“辅助逆变器控制”31F01是否跳闸，如跳则合上

C. 切除“本车逆变器切除”开关31S01，等待10 s后重新合上31S01，如启动成功，继续运行至终点

D. 至另一端进行同样操作

3. 当西门子A型电动列车在运行中发生牵引故障限速60km/h时，驾驶室故障显示屏显示（　　）。

A. 牵引系统轻级故障　　B. 牵引系统中级故障

C. 牵引系统严重故障　　D. 列车控制严重故障

4. 当西门子A型电动列车的某扇车门没有关闭时，该节车侧墙指示灯的（　　）亮。

A. 绿灯　　B. 红灯　　C. 黄灯　　D. 蓝灯

5. 当西门子A型电动列车出现某节车门未打开时，驾驶员应切“ATP门控旁路”（　　），重新开关门一次。

A. 81S01　　B. 81S02　　C. 81S03　　D. 81S09

6. 当电动列车在正线上发生故障时，驾驶员应主动与（　　）联系。

A. 运转值班员　　B. 行车调度员

C. 信号楼值班员　　D. 班组长

7. 当电动列车在正线上发生故障时，向行车调度员汇报的内容有：车次号、（　　）、车站、故障/事件等情况。

A. 姓名　　B. 班组　　C. 线路情况　　D. 列车号

8. 当电动列车在正线上发生故障，驾驶员成功处理完毕后应主动向（　　）汇报列车情况。

A. 运转值班员　　B. 行车调度员

C. 信号楼值班员　　D. 班组长

9. 调度命令要求清楚简洁、要素齐全。一般采用（　　）发令。驾驶员需要呼唤应答，对调度命令进行复诵。

A．任务制　　B．命令制　　C．科目制　　D．方案制

10．当电动列车在正线上发生故障时，向行车调度员汇报的内容有：车次号、（　　）、车站、故障/事件等情况。

A．姓名　　B．班组　　C．线路情况　　D．列车号

理论知识复习题答案

一、判断题

1．√　2．√　3．×　4．×　5．√　6．×　7．√　8．×　9．√　10．√

二、单项选择题

1．C　2．A　3．B　4．C　5．D　6．B　7．D　8．B　9．A　10．D

操作技能复习题

【列车车门故障的应急处理】

列车车门故障的应急处理（试题代码：2.1.1；考核时间：15 min）

1．试题单

（1）操作条件

配有电动列车故障处理仿真多媒体软件。

（2）操作内容

1）全列车门没打开故障现象判断。

2）全列车门没打开故障应急处理。

（3）操作要求

1）准确判断故障现象。

2）正确排除故障。

3）作业安全规范，无违规、违章操作。

【列车中央控制单元故障的应急处理】

列车中央控制单元故障的应急处理（试题代码：2.2.1；考核时间：15 min）

1. **试题单**

(1)操作条件

配有电动列车故障处理仿真多媒体软件。

(2)操作内容

1)中央控制单元故障现象判断。

2)中央控制单元故障应急处理。

(3)操作要求

1)准确判断故障现象。

2)正确排除故障。

3)作业安全规范，无违规、违章操作。

理论知识考试模拟试卷及答案

城轨电动列车驾驶员（四级）理论知识试卷

注 意 事 项

1. 考试时间：75 min。
2. 请首先按要求在试卷的标封处填写您的姓名、准考证号和所在单位的名称。
3. 请仔细阅读各种题目的回答要求，在规定的位置填写您的答案。
4. 不要在试卷上乱写乱画，不要在标封区填写无关的内容。

	一	二	总分
得　分			

得　分	
评分人	

一、判断题（第 1 ~ 35 题。将判断结果填入括号中。正确的填“√”，错误的填“×”。每题 1 分，满分 35 分）

1. 西门子 A 型电动列车进行动态试验前应缓解停放制动。（　　）
2. 西门子 A 型电动列车客室地板的底层是铝合金实心型材。（　　）
3. 西门子 A 型电动列车驾驶室车窗安装有约 16 mm 厚的安全风窗玻璃。（　　）
4. 西门子 A 型电动列车扶手是用铝管制成。（　　）
5. 发生道床伤亡事故时，如处置不及时、不规范，可能形成运营大间隔，使企业形象受到损害。（　　）
6. 道床伤亡事故处置要及时发现、处理后报告。（　　）
7. 属地派出所负责现场初期勘察，清除障碍，下达可以恢复运行的指令。（　　）

8. 道床伤亡事故发生地车站站务员必须寻找、挽留目击证人。(　　)

9. 隧道内积水，当 $h \geqslant 150$ mm 时，允许电动列车以正常速度通过积水地段。(　　)

10. 当电动列车遭遇雷击后，驾驶员首先应确定列车状态，如驾驶员故障显示屏无故障显示，客室照明情况正常时，列车可以继续正常运行。(　　)

11. 驾驶员发现触网挂有异物时应立即停车，地面线路或高架线路时需报告行车调度员。(　　)

12. 载客电动列车错开车门、运行途中开车门、车未停稳开车门为险性事故。(　　)

13. 列车挤岔为一般事故。(　　)

14. 电动列车驾驶员在值乘过程中对工作所涉及的相关行车设备和乘客安全不负责。(　　)

15. 乘务人员心理发生问题或障碍，必然会对运行安全产生相应的后果。而这种后果具有一般的不可预测性和严重性。(　　)

16. 西门子 A 型电动列车 A 车蓄电池箱箱盖应锁闭良好。(　　)

17. 如启动西门子 A 型电动列车前，A 车 1 个 B9 阀门在关闭位，应将其打开。(　　)

18. 处理西门子 A 型电动列车两节 A 车辅助逆变器故障的第 1 步是观察驾驶员故障显示屏显示内容，将列车惰行到下一站。(　　)

19. 全自动车钩人工解钩时，操作者可通过拉动连接在心轴下端的钢丝绳，使钩舌板转动，达到与解钩气缸使钩舌板转动的同样效果。(　　)

20. 西门子 A 型电动列车车轮为整体铸铁轮。(　　)

21. 西门子 A 型电动列车二系悬挂装置采用人字形橡胶弹簧。(　　)

22. 西门子 A 型电动列车二系悬挂装置由空气弹簧、高度调整阀、垂向液压减振器、抗侧滚扭杆等组成。(　　)

23. 电动列车气制动又分为再生制动和电阻制动两种形式。(　　)

24. 电动列车常用制动应首先充分利用电制动。(　　)

25. 直流牵引电动机的主磁极简称主极。(　　)

26. 电动列车一般使用的是单臂受电弓。(　　)

27. 电动列车牵引逆变器由主逆变器和制动电阻组成。(　　)

28. 道床是铺设在路基之下、轨枕之上的结构层，它主要有承受并传递荷载、稳

定轨道结构的作用。(　　)

29. 限界是指列车沿固定的轨道安全运行时所需要的尺寸。(　　)

30. 城轨交通供电系统主变电站的 35 kV、10 kV 侧采用单母线。(　　)

31. 数字编码轨道电路为基础的 ATS 系统，是近阶段城轨交通 ATC 系统的主要制式。(　　)

32. 电动列车入库时，当列车车头越过车库门口就可以加速至 20 km/h。(　　)

33. 当西门子 A 型电动列车的某扇车门没有关闭时，该节车侧墙指示灯的黄灯亮。(　　)

34. 故障恢复法是通过驾驶员故障显示屏或仪表指示灯，确定故障发生部位并检查相关设备有无异常，如空气断路器落下，可恢复其功能以达到排除故障的目的。(　　)

35. 当电动列车在正线上发生故障时，驾驶员应主动与运转值班员联系。(　　)

得　分	
评分人	

二、单项选择题（第 1 ~65 题。选择一个正确的答案，将相应的字母填入题内的括号中。每题 1 分，满分 65 分）

1. 西门子 A 型电动列车室侧墙是用（　　）构成。

A. 玻璃　　B. 钢　　C. 铁　　D. 铝合金型材

2. 西门子 A 型电动列车驾驶室车窗玻璃内埋有（　　）。

A. 电加热丝　　B. 防雾线　　C. 隔音层　　D. 防水槽

3. 西门子 A 型电动列车驾驶室车窗玻璃外侧装有（　　）。

A. 电加热丝　　B. 开关　　C. 头灯　　D. 刮雨器

4. 西门子 A 型电动列车扶手的直径为（　　）。

A. 25 mm　　B. 30 mm　　C. 35 mm　　D. 40 mm

5. 轨道交通常见道床伤亡事故是指被在（　　）行驶的电动列车撞、轧人员受伤或死亡。

A. 路面上　　B. 站台内　　C. 轨道上 V　　D. 站场内

6. 道床伤亡事故现场清晰，（　　）明确，快速处置后能够及时恢复轨道交通正常运营。

A. 责任关系　　B. 因果关系

C. 事故关系　　D. 人员伤亡

7. 道床伤亡事故的处置，必须遵循（　　），尽快恢复运行的工作原则。

A. 各负其责　　B. 通知行车调度员

C. 搞清事故关系　　D. 优先动车

8. 处置道床伤亡事故时，各相关部门通力配合、协作，处置时间一般不超过（　　）。

A. 30 min　　B. 25 min　　C. 20 min　　D. 15 min

9. 行车人员、站务人员等运输相关人员要坚守岗位、忠于职责，及时发现（　　）隐患，及时处置。

A. 交通　　B. 安全　　C. 故障　　D. 人员

10. 当发现隧道区间积水时，电动列车驾驶员应及时向（　　）汇报。

A. 行车调度员　　B. 运转值班员　　C. 车站值班站长D. 站务员

11. 隧道内积水，当（　　）时，允许电动列车以正常速度通过积水地段。

A. $h \geqslant 150$ mm　　B. 100 mm$\leqslant h < 150$ mm

C. 10 mm$\leqslant h < 50$ mm　　D. 50 mm$\leqslant h < 100$ mm

12. 电动列车在区间遇到触网停电时，驾驶员要服从（　　）指挥。

A. 行车调度员　　B. 车站值班员　　C. 现场指挥人　　D. 部门领导

13. 当电动列车在（　　）运行时，驾驶员应加强瞭望，以防有异物侵入限界及高空坠物。

A. 隧道内　　B. 地下线路　　C. 站场内　　D. 紧邻楼房的线路上

14. 双线中断行车（　　）min 其以上者为重大事故。

A. 100　　B. 120　　C. 150　　D. 180

15. 电动列车冒进信号为（　　）。

A. 一般事故　　B. 险性事故　　C. 大事故　　D. 重大事故

16. 要以（　　）为基础管理思路注重观察与分析、了解驾驶员的生理、心理状态。

A. 规章制度　　B. 沟通　　C. 以人为本　　D. 驾驶心理

17. 电动列车（　　）应无倾斜、无变形。

A. 车体　　B. 车窗　　C. 车门　　D. 车灯

18. 西门子 A 型电动列车贯通道的底部是用轧花铝合金制成的（　　）。

A. 隔板　　B. 过渡板　　C. 整体折棚　　D. 竖杆

19. 西门子 A 型电动列车 A 车逆变器箱箱盖应（　　）。

A. 全部打开　　B. 打开一半　　C. 锁闭一半　　D. 锁闭良好

20. 正常运行时西门子 A 型电动列车 B9 阀门与风管的夹角为（　　）。

A. 0°　　B. 60°　　C. 90°　　D. 120°

21. 电动列车驱动气缸由压缩空气推动其活塞杆运动，并带动左车门开、关，再通过（　　）将动力传递至右车门。

A. 横杆　　B. 钢丝绳　　C. 连杆　　D. 滑轮

22. 西门子 A 型电动列车每扇车门上有（　　）个行程开关。

A. 2　　B. 3　　C. 4　　D. 5

23. 全自动车钩水平对中装置可分为气动对中装置和（　　）对中装置。

A. 信号　　B. 电力　　C. 磁力　　D. 机械

24. 西门子 A 型电动列车空调系统提供（　　）紧急通风。

A. 35 min　　B. 40 min　　C. 45 min　　D. 50 min

25. 电动列车（　　）是保持车辆沿钢轨运行、防止脱轨的重要部分。

A. 轴箱　　B. 车轴　　C. 轮对　　D. 轮缘

26. 西门子 A 型电动列车当气囊失效时，（　　）可承受车辆载荷，确保车辆行车安全。

A. 主弹簧　　B. 应急弹簧　　C. 气囊　　D. 辅助弹簧

27. 西门子 A 型电动列车基础制动装置采用踏面制动单元，安装在构架（　　）上。

A. 正梁　　B. 侧梁　　C. 齿轮箱　　D. 牵引杆

28. 为便于车辆通过曲线，电动列车转向架的（　　）和中心销之间可彼此相对转动。

A. 上心盘　　B. 下心盘　　C. 转向架　　D. 车厢

29. 西门子 A 型电动列车允许车轮磨耗最小轮径为（　　）。

A. 750 mm　　B. 760 mm　　C. 770 mm　　D. 780 mm

30. 再生制动是第（　　）优先制动。

A. 1　　B. 2　　C. 3　　D. 4

31. 电动列车机械制动的气源来自于（　　）。

A. 逆变器　　B. 空压机　　C. 牵引箱　　D. 辅助箱

32. 西门子A型电动列车（　　）干燥器没有再生储风缸。

A. 单塔式　　B. 双塔式　　C. 三塔式　　D. 四塔式

33. 西门子A型电动列车（　　）装置是车辆在无气情况下长时间停放时用的。

A. 电制动　　B. 紧急制动　　C. 常用制动　　D. 停放制动

34. 交流牵引电动机（　　）铁芯的作用是作为电动机中磁路的一部分和放置定子绕组。

A. 转子　　B. 定子　　C. 电流　　D. 电磁

35. 电动列车三相逆变器包括（　　）静态开关，用来将直流电压转换为交流电压。

A. 3只　　B. 4只　　C. 5只　　D. 6只

36. 电动列车辅助系统设备主要包括以下部分：辅助逆变器、空压机、（　　）、列车空调等。

A. 客室座椅　　B. 灭火器　　C. 客室照明　　D. 扶手

37. 制动电阻冷却方式为（　　）。

A. 强迫风冷　　B. 自然通风　　C. 风扇冷却　　D. 水冷

38. 避雷器利用电阻片优异的（　　）伏安特性来实现过电压保护。

A. 非线性　　B. 线性　　C. 直流　　D. 交流

39. 电动列车牵引逆变器安装在动车（　　）。

A. 设备柜内　　B. 电子柜内　　C. 客室内　　D. 车底部

40. 当西门子A型电动列车运行中发生（　　）辅助逆变器故障时，驾驶室故障显示屏显示辅助逆变器严重故障。

A. 一、二单元　　B. 一单元　　C. 二单元　　D. 三单元

41. 应急照明是在辅助逆变器无法正常工作时，由列车（　　）提供部分照明系统供电。

A. 逆变器　　B. 发电机　　C. 牵引电动机　　D. 主蓄电池

42. （　　）用于列车运行过程中前进方向的照明，供驾驶员能对前方路况及信息进行观察。

A. 运营灯　　B. 尾灯　　C. 信息灯　　D. 头灯

43. 按单根钢轨的（　　）不同，钢轨又可分为：标准轨、缩短轨、短尺轨等。

A. 强度　　B. 长度　　C. 材质　　D. 作用

44. 城轨交通正线线路大多采用混凝土短枕、混凝土（　　）以及混凝土长枕。

A. 板块　　B. 支撑块　　C. 道床　　D. 枕木

45. 限界越大，安全度越（　　）。

A. 高　　B. 低　　C. 正常　　D. 不正常

46. 限界主要分为车辆限界、设备限界、建筑限界、（　　）限界等。

A. 站台　　B. 电动机　　C. 车体　　D. 受电弓

47.（　　）馈线直接配电给牵引变电站、牵引降压混合站、降压变电站和中心降压变电站。

A. 30 kV　　B. 35 kV　　C. 40 kV　　D. 45 kV

48. 转辙机按动作能源和（　　）分为：电动转辙机、电动—液压转辙机、电空转辙机。

A. 传动方式　　B. 功能　　C. 操作方法　　D. 用电性能

49. 数字轨道电路的频偏为（　　）。

A. ±100 Hz　　B. ±200 Hz　　C. ±300 Hz　　D. ±400 Hz

50. 为了保证轨道电路工作的可靠，数字编码轨道电路设有（　　）套完全相同的轨道电路控制器。

A. 两　　B. 三　　C. 四　　D. 五

51. 车载（　　）子系统主要实现列车位置检测、列车间隔保护、超速防护、信号显示、故障报警等功能。

A. ATC　　B. ATP　　C. ATS　　D. ATO

52.（　　）子系统主要用实现“地对车控制”，即用地面信息实现对列车驱动、制动的控制。

A. ATC　　B. ATP　　C. ATS　　D. ATO

53. 车体静止时如果发生倾斜则说明有（　　）有异常。

A. 橡胶弹簧　　B. 空气弹簧　　C. 心盘　　D. 旁承

54. 如启动西门子 A 型电动列车前，B 车制动电阻箱箱盖打开，应（　　）。

A. 将其锁闭　　B. 继续启动列车

C. 可以投入运行　　D. 可以进行调车作业

55. 西门子 A 型电动列车每节车装备有（　　）个气制动缓解阀门。

A. 一　　B. 两　　C. 三　　D. 四

56. 电动列车在规定位置停好后不可立即分断（　　）。

A. 牵引箱　　B. 蓄电池　　C. 空调　　D. 照明

57. 电动列车入库时，在接近停车位置时，驾驶员应（　　）。

A. 惰行　　B. 施加全常用制动

C. 施加紧急制动　　D. 控制好速度

58. 电动列车进库前，（　　）应确认库门开启良好，安全销插好，库内无人或异物确认限界。

A. 维修人员　　B. 驾驶员　　C. 门卫　　D. 运转值班员

59. 电动列车可以经（　　）出场。

A. 试车线　　B. 上行线　　C. 下行线　　D. 出场线

60. 电动列车必须在规定地点停车，进行（　　）与正线驾驶的转换。

A. 出场驾驶　　B. 自动驾驶　　C. 退行　　D. 洗车

61. 手动驾驶西门子 A 型电动列车时，驾驶员应（　　）按下警惕按钮。

A. 随意　　B. 不用　　C. 始终　　D. 每隔 10 s

62. 当西门子 A 型电动列车的某扇车门没有关闭时，该节车侧墙指示灯的（　　）亮。

A. 绿灯　　B. 红灯　　C. 黄灯　　D. 蓝灯

63. 当西门子 A 型电动列车的某节车常用制动不缓解时，驾驶台上的（　　）及缓解灯均不亮。

A. 开门灯　　B. 关门灯　　C. 高速开关合　　D. 制动灯

64. 电动列车的供气阀门关闭宜采用故障（　　）来处理。

A. 旁路法　　B. 重启法　　C. 切除法　　D. 恢复法

65. 当电动列车在正线上发生故障，驾驶员未能在规定时间内成功处理故障时应及时向（　　）汇报。

A. 运转值班员　　B. 行车调度员

C. 信号楼值班员　　D. 班组长

城轨电动列车驾驶员（四级）理论知识试卷答案

一、判断题（第 1 题 ~ 第 35 题。将判断结果填入括号中。正确的填“√”，错误的填“×”。每题 1 分，满分 35 分）

1. √	2. ×	3. ×	4. ×	5. √	6. ×	7. √	8. √
9. √	10. √	11. √	12. √	13. √	14. ×	15. ×	16. √
17. √	18. √	19. √	20. ×	21. ×	22. √	23. ×	24. √
25. √	26. √	27. √	28. ×	29. ×	30. √	31. ×	32. ×
33. √	34. √	35. ×					

二、单项选择题（第 1 题 ~ 第 65 题。选择一个正确的答案，将相应的字母填入题内的括号中。每题 1 分，满分 65 分）

1. D	2. A	3. D	4. C	5. C	6. B	7. A	8. D
9. B	10. A	11. A	12. A	13. D	14. C	15. B	16. C
17. A	18. B	19. D	20. A	21. B	22. C	23. D	24. C
25. D	26. B	27. B	28. B	29. C	30. A	31. B	32. B
33. D	34. B	35. D	36. C	37. A	38. A	39. D	40. A
41. D	42. D	43. B	44. B	45. A	46. D	47. B	48. A
49. B	50. A	51. B	52. D	53. B	54. A	55. B	56. B
57. D	58. B	59. D	60. A	61. C	62. C	63. D	64. D
65. B							

操作技能考核模拟试卷

注 意 事 项

1. 考生根据操作技能考核通知单中所列的试题做好考核准备。

2. 请考生仔细阅读试题单中具体考核内容和要求，并按要求完成操作或进行笔答或口答，若有笔答请考生在答题卷上完成。

3. 操作技能考核时要遵守考场纪律，服从考场管理人员指挥，以保证考核安全顺利进行。

注：操作技能鉴定试题评分表及答案是考评员对考生考核过程及考核结果的评分记录表，也是评分依据。

国家职业资格鉴定
城轨电动列车驾驶员（四级）操作技能考核通知单

姓名：

准考证号：

考核日期：

试题 1

试题代码：1. 1. 2。

试题名称：排除列车外部设置故障。

考核时间：15 min。

配分：35 分。

试题 2

试题代码：2. 1. 2。

试题名称：列车车门故障的应急处理。
考核时间：15 min。
配分：40 分。

试题 3
试题代码：3. 1. 3。
试题名称：分析轨道线路上有异物情况时的处置。
考核时间：30 min。
配分：25 分。

城轨电动列车驾驶员（四级）操作技能鉴定试题单（笔试类）

试题代码：3.1.3。

试题名称：分析轨道线路上有异物情况时的处置。

考核时间：30 min。

1. 背景资料

城轨电动列车驾驶员是负责完成电动列车驾驶的专业人员，其必须具备一定的突发事件的判断能力、应变能力及处置能力，因此电动列车驾驶员必须熟练掌握突发事件的处置预案，才能完成工作任务。

2. 试题要求

（1）当发现轨道运行线路上有垃圾或异物时的处置。

（2）当发现轨道运行线路上有垃圾或异物并侵入限界，或虽未侵入限界但有可能影响列车安全运行时的处置。

（3）如行车调度员要求驾驶员下车清理时的处置。

（4）如值乘驾驶员在清理异物时有困难时的处置。

城轨电动列车驾驶员（四级）操作技能鉴定试题评分表及答案

考生姓名：　　　　　　　　　　　　准考证号：

1. 评分表

<table>
<tr><td colspan="2">试题代码及名称</td><td colspan="3">3.1.3 分析轨道线路上有异物情况时的处置</td><td colspan="3">考核时间/min</td><td colspan="3">30</td></tr>
<tr><td colspan="2" rowspan="2">评价要素</td><td rowspan="2">配分</td><td rowspan="2">等级</td><td rowspan="2">评分细则</td><td colspan="5">评定等级</td><td rowspan="2">得分</td></tr>
<tr><td>A</td><td>B</td><td>C</td><td>D</td><td>E</td></tr>
<tr><td rowspan="5"></td><td rowspan="5">分析轨道线路上有异物情况时的处置（笔试）</td><td rowspan="5">25</td><td>A</td><td>按试题要求写出轨道线路上有异物情况时的处置</td><td rowspan="5"></td><td rowspan="5"></td><td rowspan="5"></td><td rowspan="5"></td><td rowspan="5"></td><td rowspan="5"></td></tr>
<tr><td>B</td><td>按试题要求写出轨道线路上有异物情况时的处置缺一项</td></tr>
<tr><td>C</td><td>按试题要求写出轨道线路上有异物情况时的处置缺两项</td></tr>
<tr><td>D</td><td>按试题要求写出轨道线路上有异物情况时的处置缺三项</td></tr>
<tr><td>E</td><td>无答案</td></tr>
<tr><td colspan="2">合计配分</td><td>25</td><td colspan="7">合计得分</td><td></td></tr>
</table>

考评员（签名）：

等级	A（优）	B（良）	C（及格）	D（差）	E（未答题）
比值	1.0	0.8	0.6	0.2	0

2. 参考答案

（1）当发现轨道运行线路上有垃圾或异物时的处置

1）列车驾驶员应认真确认，如未侵入限界，不影响列车正常运行时，允许列车按正常速度通过。

2）驾驶员应将情况及时报告行车调度员。

（2）当发现轨道运行线路上有垃圾或异物并侵入限界，或虽未侵入限界但有可能影响列车安全运行时的处置

1）驾驶员应立即停车确认，并将情况及时报告行车调度员。

2）待行车调度员通知有关人员到现场清除处理完毕后，驾驶员根据行车调度员的调度命令恢复运行。

（3）如行车调度员要求驾驶员下车清理时的处置

1）驾驶员应做到迅速、果断，下车后和处理时应密切注意邻线车辆运行情况，确保自身安全。

2）经过清理的轨道线路应不影响本次列车、后续列车或邻线列车的正常运行。

3）清理完毕后，驾驶员应将处理情况及时报告行车调度员，同时做好记录，并按调度命令尽快恢复运行。

（4）如值乘驾驶员在清理异物有困难时的处置。必须及时报告行车调度员请求支援或配合。

城轨电动列车驾驶员（四级）操作技能鉴定试题单（操作类）

试题代码：1.1.2

试题名称：排除列车外部设置故障。

考核时间：15 min。

1. 操作条件

配有电动列车 AC－01 故障处理仿真多媒体软件。

2. 操作内容

（1）检车前准备工作。

（2）列车二单元前端检查。

（3）列车二单元侧面检查。

（4）恢复设置故障。

3. 操作要求

（1）准备工作完善、正确，无遗漏。

（2）列车前端、侧面检查正确，无遗漏。

（3）正确恢复预先设置的故障。

（4）作业安全规范，无违规、违章操作。

城轨电动列车驾驶员（四级）操作技能鉴定试题评分表及答案

考生姓名：　　　　　　　　　　准考证号：

1．评分表

试题代码及名称	1.1.2　排除列车外部设置故障	考核时间/min	15

评价要素		配分	等级	评分细则	评定等级					得分
					A	B	C	D	E	
1	准备工作 1. 劳动防护用品穿戴 2. 工具准备 3. 股道确认 4. 列车确认	3	A	四项全部做到						
			B	—						
			C	做到其中三项						
			D	做到其中两项及以下						
			E	未做确认						
2	列车侧面检查 1. 车钩 2. 走行部 3. 空气管路 4. 阀门 5. 车底架设备 6. 各类连线	5	A	六项全部检查到						
			B	检查其中五项						
			C	检查其中四项						
			D	检查其中三项						
			E	检查其中两项及以下						
3	列车前端检查 1. 车体外观 2. 有无倾斜 3. 车钩 4. 空气管路 5. 阀门 6. 各类连线	15	A	六项全部检查到						
			B	检查其中五项						
			C	检查其中四项						
			D	检查其中三项						
			E	检查其中两项及以下						

续表

试题代码及名称		1.1.2 排除列车外部设置故障			考核时间/min				15	
评价要素		配分	等级	评分细则	评定等级					得分
					A	B	C	D	E	
4	恢复设置故障：二单元 Tc 车辅助逆变器箱盖打开	10	A	恢复设置故障						
			B	—						
			C	—						
			D	—						
			E	未恢复设置故障						
5	作业安全规范 1. 无违规操作 2. 无违章操作	2	A	两项全部做到						
			B	—						
			C	—						
			D	做到其中一项						
			E	一项没有做到						
合计配分		35	合计得分							

等级	A（优）	B（良）	C（及格）	D（差）	E（未答题）
比值	1.0	0.8	0.6	0.2	0

考评员（签名）：

城轨电动列车驾驶员（四级）操作技能鉴定试题单（操作类）

试题代码：2.1.2。

试题名称：列车车门故障的应急处理。

考核时间：15 min。

1．操作条件

配有电动列车故障处理仿真多媒体软件。

2．操作内容

（1）判断故障现象。

（2）排除故障。

3．操作要求

（1）准确判断故障现象。

（2）正确排除故障。

（3）作业安全规范，无违规、违章操作。

城轨电动列车驾驶员（四级）操作技能鉴定试题评分表及答案

考生姓名：　　　　　　　　　准考证号：

1. 评分表

<table>
<tr><td colspan="2">试题代码及名称</td><td colspan="3">2.1.2　列车车门故障的应急处理</td><td colspan="5">考核时间/min</td><td>15</td></tr>
<tr><td colspan="2" rowspan="2">评价要素</td><td rowspan="2">配分</td><td rowspan="2">等级</td><td rowspan="2">评分细则</td><td colspan="5">评定等级</td><td rowspan="2">得分</td></tr>
<tr><td>A</td><td>B</td><td>C</td><td>D</td><td>E</td></tr>
<tr><td rowspan="5">1</td><td rowspan="5">判断故障现象：
列车到站停车后，驾驶员按下列车开门按钮后，某一节车门没有打开。
结论：单节车门未打开</td><td rowspan="5">10</td><td>A</td><td>故障判断准确</td><td rowspan="5"></td><td rowspan="5"></td><td rowspan="5"></td><td rowspan="5"></td><td rowspan="5"></td><td rowspan="5"></td></tr>
<tr><td>B</td><td>—</td></tr>
<tr><td>C</td><td>—</td></tr>
<tr><td>D</td><td>—</td></tr>
<tr><td>E</td><td>故障判断错误</td></tr>
<tr><td rowspan="5">2</td><td rowspan="5">排除故障
（1 至 4 步）</td><td rowspan="5">28</td><td>A</td><td>1～4 步处理步骤正确</td><td rowspan="5"></td><td rowspan="5"></td><td rowspan="5"></td><td rowspan="5"></td><td rowspan="5"></td><td rowspan="5"></td></tr>
<tr><td>B</td><td>1～3 步处理步骤正确</td></tr>
<tr><td>C</td><td>1～2 步处理步骤正确</td></tr>
<tr><td>D</td><td>1 步处理步骤正确</td></tr>
<tr><td>E</td><td>其他情况</td></tr>
<tr><td rowspan="9">3</td><td rowspan="9">操作安全规范
1. 无违规操作
2. 无违章操作</td><td rowspan="9">2</td><td>A</td><td>两项全部做到</td><td rowspan="9"></td><td rowspan="9"></td><td rowspan="9"></td><td rowspan="9"></td><td rowspan="9"></td><td rowspan="9"></td></tr>
<tr><td>B</td><td>—</td></tr>
<tr><td>C</td><td>—</td></tr>
<tr><td>D</td><td>做到其中一项</td></tr>
<tr><td>E</td><td>有违章、违规行为</td></tr>
<tr><td>B</td><td>—</td></tr>
<tr><td>C</td><td>—</td></tr>
<tr><td>D</td><td>做到其中一项</td></tr>
<tr><td>E</td><td>一项都没有做到</td></tr>
<tr><td colspan="2">合计配分</td><td>40</td><td colspan="7">合计得分</td><td></td></tr>
</table>

等级	A（优）	B（良）	C（及格）	D（差）	E（未答题）
比值	1.0	0.8	0.6	0.2	0